北京文化书系
古都文化丛书

胡同——守望相助

中共北京市委宣传部
北京市社会科学院 组织编写
王越 著

北京出版集团
北京出版社

图书在版编目（CIP）数据

胡同：守望相助 / 中共北京市委宣传部，北京市社会科学院组织编写 ；王越著．— 北京 ：北京出版社，2021.12
（北京文化书系．古都文化丛书）
ISBN 978-7-200-15516-7

Ⅰ．①胡… Ⅱ．①中… ②北… ③王… Ⅲ．①胡同—介绍—北京 Ⅳ．①K921

中国版本图书馆CIP数据核字（2020）第051553号

北京文化书系　古都文化丛书
胡同
——守望相助
HUTONG
中共北京市委宣传部
北京市社会科学院
组织编写
王越　著
*
北京出版集团
北京出版社
出版
（北京北三环中路6号）
邮政编码：100120
网　　址：www.bph.com.cn
北京出版集团总发行
新华书店经销
北京华联印刷有限公司印刷
*
787毫米×1092毫米　16开本　17.75印张　246千字
2021年12月第1版　2021年12月第1次印刷
ISBN 978-7-200-15516-7
定价：168.00元
如有印装质量问题，由本社负责调换
质量监督电话：010-58572393；发行部电话：010-58572371

“北京文化书系”编委会

“古都文化丛书”编委会

“北京文化书系”
序言

文化是一个国家、一个民族的灵魂。中华民族生生不息绵延发展、饱受挫折又不断浴火重生，都离不开中华文化的有力支撑。北京有着三千多年建城史、八百多年建都史，历史悠久、底蕴深厚，是中华文明源远流长的伟大见证。数千年风雨的洗礼，北京城市依旧辉煌；数千年历史的沉淀，北京文化历久弥新。研究北京文化、挖掘北京文化、传承北京文化、弘扬北京文化，让全市人民对博大精深的中华文化有高度的文化自信，从中华文化宝库中萃取精华、汲取能量，保持对文化理想、文化价值的高度信心，保持对文化生命力、创造力的高度信心，是历史交给我们的光荣职责，是新时代赋予我们的崇高使命。

党的十八大以来，以习近平同志为核心的党中央十分关心北京文化建设。习近平总书记作出重要指示，明确把全国文化中心建设作为首都城市战略定位之一，强调要抓实抓好文化中心建设，精心保护好历史文化金名片，提升文化软实力和国际影响力，凸显北京历史文化的整体价值，强化“首都风范、古都风韵、时代风貌”的城市特色。习近平总书记的重要论述和重要指示精神，深刻阐明了文化在首都的重要地位和作用，为建设全国文化中心、弘扬中华文化指明了方向。

2017年9月，党中央、国务院正式批复了《北京城市总体规划（2016年—2035年）》。新版北京城市总体规划明确了全国文化中心建设的时间表、路线图。这就是：到2035年成为彰显文化自信与多元包容魅力的世界文化名城；到2050年成为弘扬中华文明和引领时代潮流的世界文脉标志。这既需要修缮保护好故宫、长城、颐和园等享誉中外的名胜古迹，也需要传承利用好四合院、胡同、京腔京韵等具有老北京地域特色的文化遗产，还需要深入挖掘文物、遗迹、设施、景点、语言等背后蕴含的文化价值。

组织编撰“北京文化书系”，是贯彻落实中央关于全国文化中心建设决策部署的重要体现，是对北京文化进行深层次整理和内涵式挖掘的必然要求，恰逢其时、意义重大。在形式上，“北京文化书系”表现为“一个书系、四套丛书”，分别从古都、红色、京味和创新四个不同的角度全方位诠释北京文化这个内核。丛书共计47部。其中，“古都文化丛书”由20部书组成，着重系统梳理北京悠久灿烂的古都文脉，阐释古都文化的深刻内涵，整理皇城坛庙、历史街区等众多物质文化遗产，传承丰富的非物质文化遗产，彰显北京历史文化名城的独特韵味。“红色文化丛书”由12部书组成，主要以标志性的地理、人物、建筑、事件等为载体，提炼红色文化内涵，梳理北京波澜壮阔的革命历史，讲述京华大地的革命故事，阐释本地红色文化的历史内涵和政治意义，发扬无产阶级革命精神。“京味文化丛书”由10部书组成，内容涉及语言、戏剧、礼俗、工艺、节庆、服饰、饮食等百姓生活各个方面，以百姓生活为载体，从百姓日常生活习俗和衣食住行中提炼老北京文化的独特内涵，整理老北京文化的历史记忆，着重系统梳理具有地域特色的风土习俗文化。“创新文化丛书”由5部书组成，内容涉及科技、文化、教育、城市规划建设等领域，着重记述新中国成立以来特别是改革开放以来北京日新月异的社会变化，描写北京新时期科技创新和文化创新成就，展现北京人民勇于创新、开拓进取的时代风貌。

为加强对“北京文化书系”编撰工作的统筹协调，成立了以“北京文化书系”编委会为领导、四个子丛书编委会具体负责的运行架构。“北京文化书系”编委会由中共北京市委常委、宣传部部长莫高义同志和市人大常委会党组副书记、副主任杜飞进同志担任主任，市委宣传部分管日常工作的副部长赵卫东同志担任副主任，由相关文化领域权威专家担任顾问，相关单位主要领导担任编委会委员。原中共中央党史研究室副主任李忠杰、北京市社会科学院研究员阎崇年、北京师范大学教授刘铁梁、北京市社会科学院原副院长赵弘分别担任“红色文化”“古都文化”“京味文化”“创新文化”丛书编委会主编。

在组织编撰出版过程中，我们始终坚持最高要求、最严标准，突出精品意识，把“非精品不出版”的理念贯穿在作者邀请、书稿创作、编辑出版各个方面各个环节，确保编撰成涵盖全面、内容权威的书系，体现首善标准、首都水准和首都贡献。

我们希望，“北京文化书系”能够为读者展示北京文化的根和魂，温润读者心灵，展现城市魅力，也希望能吸引更多北京文化的研究者、参与者、支持者，为共同推动全国文化中心建设贡献力量。

“北京文化书系”编委会

2021年12月

“古都文化丛书”
序言

北京不仅是中国著名的历史文化古都，而且是世界闻名的历史文化古都。当今北京是中华人民共和国首都，是中国的政治中心、文化中心、国际交往中心、科技创新中心。北京历史文化具有原生性、悠久性、连续性、多元性、融合性、中心性、国际性和日新性等特点。党的十八大以来，习近平总书记十分关心首都的文化建设，指出北京丰富的历史文化遗产是一张金名片，传承保护好这份宝贵的历史文化遗产是首都的职责。

作为中华文明的重要文化中心，北京的历史文化地位和重要文化价值，是由中华民族数千年文化史演变而逐步形成的必然结果。约70万年前，已知最早先民“北京人”升腾起一缕远古北京文明之光。北京在旧石器时代早期、中期、晚期，新石器时代早期、中期、晚期，经考古发掘，都有其代表性的文化遗存。自有文字记载以来，距今3000多年以前，商末周初的蓟、燕，特别是西周初的燕侯，其城池遗址、铭文青铜器、巨型墓葬等，经考古发掘，资料丰富。在两汉，通州路（潞）城遗址，文字记载，考古遗迹，相互印证。从三国到隋唐，北京是北方的军事重镇与文化重心。在辽、金时期，北京成为北中国的政治中心、文化中心。元朝大都、明朝北京、清朝京师，北京是全中国的政治中心、文化中心。民国初期，首都在北京，后都城虽然迁到南京，但北京作为全国文化中心，既是历史事实，也是人们共识。北京历史之悠久、文化之丰厚、布局之有序、建筑之壮丽、文物之辉煌、影响之远播，已经得到证明，并获得国际认同。

从历史与现实的跨度看，北京文化发展面临着非常难得的机遇。上古“三皇五帝”、汉“文景之治”、唐“贞观之治”、明“永宣之治”、清“康乾之治”等，中国从来没有实现人人吃饱饭的愿望，现在全面建成小康社会，历史性告别绝对贫困，这是亘古未有的大事。中华民族迎来了从站起来、富起来到强起来的伟大飞跃，迎来了实现伟大复兴的光明前景。

“建首善自京师始”，面向未来的首都文化发展，北京应做出无愧于时代、无愧于全国文化中心地位的贡献。一方面整体推进文化发展，另一方面要出文化精品，出传世之作，出标识时代的成果。近年来，北京市委宣传部、市社科院组织首都历史文化领域的专家学者，以前人研究为基础，反映当代学术研究水平，特别是新中国成立70多年来的成果，撰著“北京文化书系·古都文化丛书”，深入贯彻落实习近平总书记关于文化建设的重要论述，坚决扛起建设全国文化中心的职责使命，扎实做好首都文化建设这篇大文章。

这套丛书的学术与文化价值在于：

其一，在金、元、明、清、民国（民初）时，北京古都历史文化，留下大量个人著述，清朱彝尊《日下旧闻》为其成果之尤。但是，目录学表明，从辽金经元明清到民国，盱古观今，没有留下一部关于古都文化的系列丛书。历代北京人，都希望有一套“古都文化丛书”，既反映当代研究成果，也是以文化惠及读者，更充实中华文化宝库。

其二，“古都文化丛书”由各个领域深具文化造诣的专家学者主笔。著者分别是：（1）《古都——首善之地》（王岗研究员），（2）《中轴线——古都脊梁》（王岗研究员），（3）《文脉——传承有序》（王建伟研究员），（4）《坛庙——敬天爱人》（龙霄飞研究馆员），（5）《建筑——和谐之美》（周乾研究馆员），（6）《会馆——桑梓之情》（袁家方教授），（7）《园林——自然天成》（贾珺教授、黄晓副教授），（8）《胡同——守望相助》（王越高级工程师），（9）《四合院——修身齐家》（李卫伟副研究员），（10）《古村落——乡愁所寄》（吴文涛副研究员），（11）《地名——时代印记》（孙冬虎研究员），（12）《宗教——和谐共生》（郑永华研究员），（13）《民族——多元一体》（王卫华教授），（14）《教育——兼济天下》（梁燕副研究员），（15）《商业——崇德守信》（倪玉平教授），（16）《手工业——工匠精神》（章永俊研究员），（17）《对外交流——中国气派》（何岩巍助理研究员），（18）《长城——文化纽带》（董耀会教授），（19）《大运河——都城命脉》（蔡蕃研究员），（20）《西山永定河——血脉根基》（吴文涛副研究员）等。署名著者分属于市社科院、清华大学、中央民族大学、首都经济贸易大学、北京教育科学研究院、北京古代建筑研究所、故宫博物院、首都博物馆、中国长城学会、北京地理学会等高校和学术单位。

其三，学术研究是个过程，总不完美，却在前进。“古都文化丛书”是北京文化史上第一套研究性的、学术性的、较大型的文化丛书。这本身是一项学术创新，也是一项文化成果。由于时间较紧，资料繁杂，难免疏误，期待再版时订正。

本丛书由市社科院原院长王学勤研究员担任执行主编，负责全面工作；市社科院历史研究所所长刘仲华研究员全面提调、统协联络；北京出版集团给予大力支持；至于我，忝列本丛书主编，才疏学浅，年迈体弱，内心不安，实感惭愧。本书是在市委宣传部、市社科院的组织协调下，大家集思广益、合力共著的文化之果。书中疏失不当之处，我都在在有责。敬请大家批评，也请更多谅解。

是为“古都文化丛书”序言。

阎崇年

目　录

前　言

“没有胡同，就不叫北京城。”对于这样的一种说法，起初我仅仅是把它理解为“这是文学上常用的夸张手法”，如此而已。但是，随着岁月的流逝，我对北京城的了解日渐深入，我意识到：北京城就像是放在人们眼前一本硕大无朋的皇皇大书，需要我们静下心来细细地品读……

明清北京城是中国历代都城的最后结晶，也是封建时代王城的最高典范。它继承了中国古代都城在规划中将“天、地、人”看作一个有机整体的指导思想，以“天人合一，象天设都，法天而治”为理念，按照《周礼·考工记》所提出营建王城的理想模式，展现了把城市作为一个整体来进行规划建设的成果，追求了“天、地、人”三者的和谐统一。

一个城市的街道、胡同，犹如一个人的骨骼，架构了这座城的交通脉络，体现了这座城市的独有风格。胡同，虽然仅仅是这座城市中供人们日常往来的通道，但都是北京城生命印记中须臾不可或缺的组成部分。甚至可以这样说，正是因为有了胡同，才使得北京人拥有了一种独特的生活方式和习惯，进而成了融入北京人血液之中的一种看得见摸得着的乡愁。

城市，不论是在哪个时代，都主要是为当时的社会制度服务的，而作为都城的所在，更要体现出统治者的政治信念、制度和道德理念。因之，其平面布局的程序安排，便成了古代都城规划设计的灵魂。因为正是它控制了人们在建筑群中运动时得到的心灵感受。其景象的空间大小、次第的安排，也就成了表达完美理念的重要手段。

试看，整座北京城，高崇雄伟且金碧辉煌的紫禁城位于整座城的中心部位，其四周则以皇城、内城、外城（原计划亦是呈四合形的，只因当时明朝廷财政拮据仅修了南城一面，因此才成了我们今日所见的呈“凸”字形的平面格局）形成了层层拱卫之势，再以“中轴突出，两翼对称”为原则统领全城，由街道与胡同编织而成的、大面积的、数以万计的、低矮而又是灰色的民居——四合院，从四周承托着紫禁城。相同时代的同类建筑，论气魄和规模，与之相较都要大为逊色。无怪乎英国科技史家李约瑟这样感慨道：“中国人的观念是十分深远和极为复杂的。因为，在一个构图中有数以万计的建筑物，而宫殿本身只不过是整个城市连同它的城墙、街道等更大的有机体的一个组成部分……这种建筑，这种伟大的总体布局，早已达到了它的最高水平。它将深沉的对大自然的谦恭情怀与崇高的诗意组合起来，形成任何文化都未能超越的有机图案。”丹麦的规划大师瑞思穆森更惊呼北京城是“世界的奇观之一……象征着一个伟大文明的顶峰”。

就全国而言，胡同虽非北京一地所独有，但就北京胡同分布之密集、数量之众多、名称之繁杂、历史之厚重，无论就其长短、宽窄，乃至其成因、文化渊源都有所不同，是其他任何一座城市所望尘莫及的。胡同之于北京，犹如“小桥流水人家”之于苏州、“粉墙黛瓦马头墙”之于徽州、“客家土楼”之于闽南、“吊脚楼”之于湘西……是不可或缺的。我们也从这里理解了“没有胡同，就不叫北京城”的深层次的文化含义。

近数十年在下虽有著述问世，但从未请友朋为拙作写“序”。当然，“人贵有自知之明”，自己也从未给友朋的著述写过什么“序”。

或问，你这次怎么破例了？

数十年来，有关北京胡同的作品可谓“汗牛充栋”。但其中的不少作品，似乎都陷入“胡同是蒙古语‘水井’的意思”“砖塔胡同是北京的胡同之根”一类的窠臼。而王越先生所著的《胡同——守望相助》这本书，则是他多年积累、悉心收集资料、沿流追溯、正本清源的成果。他不仅系统阐述了北京胡同的历史渊源，而且廓清了许多至今还流传于世的谬误。

胡同之于北京城，犹如“绿叶”之于“红花”。如果失去了“绿叶”的衬托，那北京城还能有往昔的辉煌吗？又，如果对北京的胡同没有一个正本清源的阐述，那又将如何对得起北京这座文化古都所拥有的胡同？

这就算是我今天要为王越先生这部著述写“序”的缘由。

朱祖希
谨识于虎怡斋
2019年6月6日

第一章

北京胡同的历史演进

北京胡同的历史，与中国古代城市管理所执行的“营国制度”“闾里制度”“里坊制度”有关。按照《考工记》中的“营国制度”，王城每面城墙设城门三座，城内街巷平直，在相对的城门间形成南北、东西各九条大道，配以与之平行的次干道，结合顺城的环涂构成棋盘式道路网。在棋盘式道路网内，划分出大大小小、方方正正的闾里，闾里的四周砌有高大的围墙。闾里中的道路称巷，里中通向闾巷的小巷称衖，即胡同。在两千多年漫长的历史岁月中，人们经受着封闭式闾里制和里坊制管理，关注更多的是“街”和“里坊”，所以在史籍中很难看到巷和小巷的标准名称。

宋统一中国后，由于商业与手工业日益发展，宵禁制度已不适应城市生活的需要，于是拆除了里坊的围墙，初步形成新型城市商业网布局，城市管理也从“里坊制”过渡到开放的“坊巷制”。“坊巷制”只是一种区划，四周不设围墙，那些曾被坊墙围绕的小巷，可以直接与坊外的街道随意连通。隋唐以降，吴音大盛，宋代为防火定制的火巷和火弄标准被各地城市所采用。明《五杂俎》：“闽中方言：‘家中小巷谓之弄。’弄即巷也。《元经世大典》谓之火弄，今京师讹为胡同。”吴音“火弄”在北方话中念“胡同”，于是小巷在民间又流传有“胡同”的名号。金中都和元大都官方典籍采用吴音“火弄”，北方民间则流传“胡洞”。这种南北两音共存的局面，直到明朝才得以解决。

明朝对胡同的发展做出了重大贡献，不仅把胡同列为街巷通名，还把北京城里金元时留下的384条火巷、29

条火弄全部划归为胡同，使胡同一下子增加到465条。这不仅壮大了胡同的队伍，也使胡同的地位从早期“似洞的咽喉小巷”“手工业作坊的聚集地”一跃成为北京街巷中耀眼的明星。从明朝起，过去不被人重视的胡同，正式登上北京街巷的大舞台，由“时俗相传”成为正式的街巷名称，并统一写成“衚衕”。至此，胡同与巷之间已经没有什么区别。这些横平竖直的胡同整齐地排列在棋盘式道路网格内，恰似血脉经络一般与井然有序的城市细胞——四合院紧密连通，构建了明北京城的整体布局。清朝入关后，拆除了皇城，致使皇家驻地也出现了胡同，这在全世界也是独一无二的。清末，为书写方便，最终将“衚衕”简写为“胡同”。

胡同伴随着城市变化，从闾里内的一条小巷到堂而皇之地登上街巷舞台，说明具有很强的生命力，是我国古代都城规划建设史上一个完全成功的杰作。街巷胡同横平竖直、规规整整，一座座四合院背风向阳，院内外树木森荣、安详幽静。街巷胡同与院落和谐地结合在一起，成为守望相助和邻里亲情的“宜居”家园。当然，现在人们对胡同的理解，早已不限于里坊内的小巷，不仅仅包括巷，甚至连一些小街也被列入胡同之内了。

第一节　在闾里内的小巷

北京地区古称幽陵、幽都、幽州，最早的城邑是位于城区西南部的蓟城。“北京人”、“新洞人”、“山顶洞人”、门头沟东胡林人墓葬的陆续发现，证明北京地区不仅是中华民族远古祖先的发源地，也是世界人类文化的发祥地之一。

距今四千多年前，北京地区从石器时代进入青铜时代的夏商时期。夏商王朝统治中原的时候，在今北京地区和河北省北部已有北方各族在这里聚居，并出现了许多方国。蓟和燕便是在商朝已经存在的两个小国。公元前11世纪初，周武王从关中出师东伐，向商朝的殷都（河南殷墟）进兵，灭商诛纣之后北上。于是“武王克殷，反商，未及下车，而封黄帝之后于蓟”。[①]《史记》记载：“武王追思先圣王，乃褒封神农之后于焦，黄帝之后于祝，帝尧之后于蓟，……于是封功臣谋士，而师尚父为首封。……封召公奭于燕。”[②]蓟城受封之时，也是“北京湾”内有文字记载的建城之始。

蓟城在今北京市区的西南隅宣南地区，是公元前1046年北京建城之始和1153年金朝建都的肇始之地。燕城在房山区琉璃河镇东的董家林村，20世纪60年代被考古工作者发现。历史上，燕强蓟弱，地处南北交通要冲的蓟被燕所灭，从此蓟成为燕国的都城，董家林村的燕城随之被废弃。到战国时，燕与秦、楚、齐、赵、魏、韩并列“七雄”。当时，作为燕国都城的蓟城，与赵国的邯郸、齐国的临淄、楚国的宛（今河南南阳）和著名的洛阳齐名，已是富冠天下的名城。秦始皇二十一年（前226）灭燕，以为广阳郡。汉高帝封卢绾为燕王，更名燕国。王莽改曰广有，县曰伐戎。自东汉魏晋至金中都扩建前九百多年间，蓟城一直沿用旧址，除修缮城墙外无太大变化。唐

① 《礼记·乐记》，黄侃：《黄侃手批白文十三经》本，上海：上海古籍出版社，1983年影印，第140—141页。

② 《史记》卷四《周本纪》，北京：中华书局，1997年缩印本，第127页。

玄宗开元十八年（730），分割幽州东部的渔阳、玉田、三河等三县另置蓟州，治所在今天津蓟州区。此后蓟的名称逐渐用来专指现在天津市的蓟州区，原来的幽州蓟城则称幽州城，一般不再专称蓟。

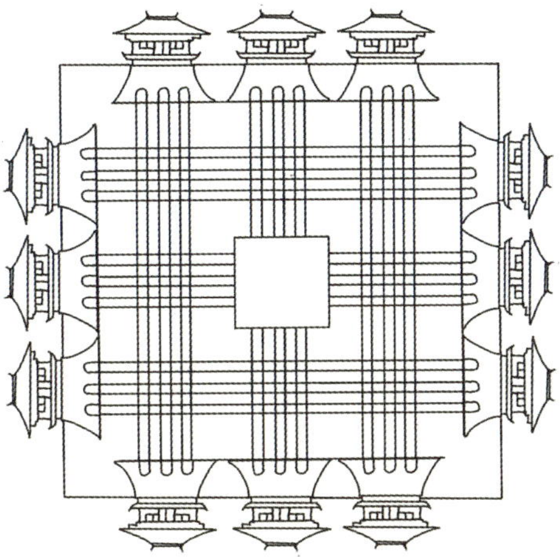

图1 《三礼图》中的周王城示意图

城市是人类文明的重要标志之一。对于城市的建设，早在成书于我国春秋时期的《考工记》里就有明确记载，并为秦汉以来历代都城设计规划者所继承。按照“营国制度”，将城邑建设体制分为王城、诸侯城（诸侯封国的都城）和都（宗室、卿大夫的采邑）三级。国指王城，古代帝都的规划形制为方形，长宽各九里，每面城垣有三座城门，城内各以相对的城门为终始点，修建南北干道和东西干道。干道也就是大街，王城每面各开三门，每门三条大街，总计东西、南北向大街各九条。自南至北谓之经，自东至西谓之纬，是为“国中九经九纬”。“环涂”指环城干道，“野涂”指城外连接其他城市的干道，由城中经纬干道和环城干道共同组成棋盘式道路网。“轨”指马拉轿车两个车轮之间的距离，经纬涂九轨，意为王城干道的宽度能并行九辆马车，古代一轨为八尺，即七丈二尺。[①]周朝时的一周尺，合今23.1厘米，则一轨约184.8厘米。“经涂九轨”，城市干道约合今16.6米。诸侯城方七里，旁二门，城市干道取王城环涂七轨的宽度，约合12.9米；宗室、卿大夫采邑城方五里，旁一门，城市干道取王城野涂五轨的宽度，约合9.2米。蓟为燕国都城，属诸侯城，依礼制按低于王城等级的诸侯城制度建设。

① 贺业钜：《考工记营国制度研究》，北京：中国建筑工业出版社，1985年，第29页。

在城市管理方面，中国从周朝开始便实行封闭的“闾里制”。居民的基层组织方式以五户为一比、五比为一闾，每个闾里将25家左右或数十百家围在一个矩形的高墙里，成为“城中之城”。闾里围墙的四面或两面有门，内有十字街道通向东西南北，小的闾里只有一条街道通向相对的两个闾门，门巷修直。里内设里正管理，早晚定时启闭里门。闾里的大门叫“里门”或“闾”，闾里的巷子称“闾巷”。按照“匠人营国”的等级管理制度，城内除皇城以外，闾里分国宅和廛两部分。《管子·大匡篇》：“仕者近公，不仕与耕者近门，工商近市。”王公贵族和朝廷重臣居住的地方叫“国宅”，属高档居住区，一般环绕在宫城左右或宫城前后。平民居住的地方称“廛”，按职业分区居住，工商业者的住处近市，一般居民分处城的四隅，使之不杂，与宫廷、朝廷、市、祖庙、社稷五者间形成强烈的反差。战国时期，屈原在楚怀王手下担任过左徒和三闾大夫。楚国的王族支脉中有昭、屈、景三大族，楚国的很多重臣高官都出自此三族。他们在楚国都城郢都内各有居住区，每个区以所住者姓氏为名，分别为昭闾、屈闾和景闾，号称“三闾”。三闾大夫即管理这三个公族宗族事务的官员。

古代城市的道路分为街和巷两大类，城内又长又宽的干道叫“街”，封闭在闾里内又窄又短的路叫“巷”。汉许慎《说文解字》：“街，四通道也。”“街”是形声字，从行，小篆像纵横相交的十字路，本义为四路相通的大道。《读史方舆纪要》引汉晋《元和志》：“蓟城，南北九里，东西七里，开十门”，南北略长、东西略窄，此当为蓟城的汉晋之制。蓟城共十门，其中两座为城内西南隅子城的城门，八座为蓟城外城的城门，每面设城门两座。《晋书·王浚传》：“蓟城内西行有二道”，相对八座城门间有沟通八门的四条大街。城内的两条东西向主干道，即今广安门大街和南横街。两条南北向主干道，一条连通旧宫城北门和大城北墙西侧的城门，明代扩建外城的时候已被分割到城外；另一条与它平行的南北干道，与今南闹市口、长椿街、牛街、右安门大街重叠。

巷指闾里内的通道。《说文解字》:“巷，里中道，从邑，从共，皆在邑中所共也。”巷的长度受闾里大小的限制，在宽度上也比街窄，等级上自然比小街还低一级。《晋书·石勒传》里提到过蓟城的街巷，“勒晨至蓟，叱门者开门。疑有伏兵，先驱牛羊数千头，声言上礼，实欲填诸街巷，使兵不得发”。“巷”字在古代有多种写法，如衖、閧、鬨、闂等异体字达到13种。上古时“巷”的读音与现在也有很大差异，古音胡贡反切，大致念成“虹”“哄”“红”。《钦定叶韵汇辑》:“巷，胡贡反；虹，胡贡切音哄。”《玉篇》:“衖亦作巷。”《韵会》:“一作閧。”《扬子·学行篇》:“一閧之市。又叶胡贡切，红去声。”大致如此，不一一赘述。

胡同是闾里内通向民居的小巷子，所谓“巷中路”，称“衕”或“洞”。汉许慎《说文解字》:“衕，通街也。”《广韵》:“徒弄切，音洞。义同。”解释了“洞”与“衕”音义相同，可以互相替代，有通达、通行的意思。“衕”字首为行，意通行，字身取“洞”字音义，指比巷还要窄的小通道。古代的小巷胡同与现在大相径庭，没有现在那么长，也没有现在那么宽。《后汉·梁冀传》:“连房洞户。注：洞，通也。”宋楼钥《小溪道中》:“后衕环村尽溯游，凤山寺下换轻舟。”北京人管进门的过道叫“门洞”，古代把室与室之间相通的门户称“洞户”。《洛阳伽蓝记》称：“崇门丰室，连房洞户。”《东京梦华录》载：“九月重阳，都下尝（赏）菊，无处无之，酒家皆以菊花缚成洞户。”《列女传》:“周宣姜后脱簪珥，待罪永巷。”永巷是胡同的别称，指皇宫内幽闭宫女的小巷。《三辅黄图》载：“永巷，宫中之长巷，幽闭宫女之有罪者。武帝时改为掖庭，置狱焉。”

衕虽然只是一条小巷，但与居民生活和邻居间亲情的养成有着密不可分的联系。《周礼·地官·大司徒》:“令五家为比，使之相保；五比为闾，使之相受；四闾为族，使之相葬。”里内相邻的五家同住在一条胡同内，相互信任，互相担保，互相救助。闾里以闾胥掌征令，由书师在书馆教授初学的学童，对血缘宗族势力起到了一定的监视与遏制作用。

中古以后，中国的东部地区字音有所分化，在江南出现了“衖”的吴音“弄”，给小巷增添了无限光彩。《南齐书》：“萧谌领兵先入宫，……及见帝出，各欲自奋，帝竟无一言。出西弄，杀之。”“弄”，《南齐书》注：局本作“衖”，按弄衖音义并同。东昏侯被弑西衖一事，发生在南北朝时期的494年。“衖”是“弄”的古字，吴音念“弄”。清厉荃《事物异名录·宫室·西弄》：“东昏侯遇弑于西弄。盖宫中别道如永巷之类，即今所谓衖者也。”南方对“弄”还有几种双音字叫法。一是在“弄”的前面加“里”称“里弄”，另是在“弄”的后面加“唐”称“弄唐”，或称“弄堂”“衖堂”“衖通”。按《尔雅》：“庙中路谓之唐。”祝允明《前闻记》：“今人呼屋下小巷为弄”，注：“俗又呼弄唐，唐亦路也。”“衕”“洞”二字音义相同，“唐”又写作“洞”“通”。《正韵》：“洞，从徒弄切，又通也。”《唐韵》《集韵》《韵会》《韵补》：“洞，叶徒当切，音唐。”无论叫“弄”“里弄”“弄唐”，或“弄堂”“衖堂”“衖通”，也不管它是单音字、双音字，约定俗成，老百姓都知道这是小巷“弄”。

隋唐以后，吴音大盛，作为小巷的弄、衖通在北方地区得以广泛使用。欧阳修《新唐书》：“自禄山陷长安，宫阙完雄，吐蕃所燔，唯衢衖庐舍”；李贺《绿章封事为吴道士夜醮作》诗：“金家香衖千轮鸣，扬雄秋室无俗声”；敦煌变文《维摩诘经讲经文》：“我向街衢游玩，里衖巡行”；《旧五代史·周书·世宗纪》：“先是，澶之里衖湫隘，公署毁圮，帝即广其街肆。”“里衖”就是“里弄”，也作“里衕”。翟灏《通俗编》：“‘里衖’与‘里弄’同”。证实北方也称小巷为“里衖”。

第二节　唐幽州城的里坊

到了北魏年间，闾里的范围被扩大，开始向规整的里坊制过渡。《魏书》载：“景明二年（501）九月丁酉，发畿内夫五万人，筑京师三百二十三坊。”《洛阳伽蓝记》：“京师……方三百步为一里，里开四门。”依照《考工记》的规定，城邑的街道为“棋盘式”，主干道各以相对的城门为终始点，距离基本相等，被其所切割出来的“小区”面积自然也基本相等。于是，在城市土地的使用上就以“里坊”作为基本单位，具体执行时再根据地形特征和实际需要做适当合并或切割。坊者，防也，从闾里到里坊，使聚居区里的居宅和街巷的尊卑贵贱更加标准化、模式化。近年对隋代洛阳城遗址考察表明，城内以四个坊为一组，每坊方一里，极有规律。发掘隋洛阳宫、唐大明宫以及唐乾陵等遗址表明，在当时建设时，都严格遵守方100步（50丈）的方格为控制网。唐朝进一步下发了《营缮令》，对哪一等级官吏可以建什么样规模的房屋，使用什么样的装饰，也加强了等级规定。里坊制继承了闾里制的管理办法，坊的四周筑有高大的围墙，坊门悬挂刻有教化之意的坊名匾牌，坊门派有门吏和士兵管理。日出时开门，日落时关闭坊门。城内依然实行“坊市分离”的管理办法，供商品交换用的“市”（市场）则集中在另一处。居民需要出售、购买、交换日常生活所需之物要出坊上市，坊内一概不许开设商肆店铺。

唐长安城是中国里坊制的楷模，总面积超过84平方公里，是明北京城的1.4倍，对里坊内的街巷宽度也有统一规定。经现代考古实测，城内建筑分宫城、皇城和外郭城三大部分，南北向的朱雀大街宽约150米，是全城最宽的街道，也是全城的中轴线和主干道。朱雀大街将全城分成东西两部分，城内东西大街14条，南北大街11条，这些街道的宽度大致分为130米、120米、110米、70米、60米、50米、40米、25米八级，采取棋盘式对称布局。把城内分割成排列整齐、结构严密的109个里坊和东西两“市”，白居易形容其为“百千家似围棋局，十二街如种菜畦”。里坊外围有高大的围墙环绕，坊四面各开一门，坊内由十字街、巷、曲形成三级道路。东西、南北向十字小街开在坊门内，宽度为15米；被十字街分割的四个区域里面，又各有十字巷，把全坊分为16个小区。经考古发掘得知，在安定坊有十字巷，宽度为5～6米；小区内有称之为“曲”的小胡同通往各个住家，曲的宽度一般只有2米多，有的巷道下还有砖砌的暗排水道。坊内居民分阶级，按职业组织聚居，居民出入都须经过里门，接受里坊内的官员管理。贵戚高官则不在此列，他们可以面街开门，出入不由里门，以示尊贵。《魏王奏事》里说：“出不由里门，而面大道者名曰第。”面街而门是一种很高的特权，唐朝政府规定，凡三品以上的官员允许面街而门，三品以下的官员和普通老百姓只能住在封闭的里坊内。城内的交易场所指定在“市”内进行，东西两市各占两个坊的面积，市和坊一样呈方形，外围有高大的围墙，市内有四条小街呈“井”字形，将整个市划分成九个长方形区域。区域内由“肆”或相当的“行”“店”把同类商品聚集在同一小区内，小区里有宽约2米的小胡同便于通行。

唐幽州城（在今北京城西南）周32唐里，合今约24里。《元和郡县志·补志》载：“幽州城南北九里，东西七里，开十门”。结合蓟城的史料和考古调查，幽州南城墙在今陶然亭西姚家井以北，白纸坊东西街一线；东城墙在今宣武门外烂缦胡同和法源寺之间的南北一线。幽州城的西南有府衙，又称子城。府衙即旧宫城，在燕王宫殿的基础上建造，后来成为幽州节度使府地。宫城内南部有朝殿，北部为寝宫、允和殿和昭庆殿，隋炀帝长孙燕王杨倓曾住此处。入唐后，相继设刺史府、都督府和节度使府。幽州城每面设两门，加上子城东门和子城北门，总计十门。子城南门即幽州城南垣西侧城门，子城西门即幽州城西垣南侧城门。城内道路横平竖直，呈棋盘式网格状分布，主干道有东西和南北向各两条。相对八座城门间有沟通八门的四条大街。

根据考古发现的唐、辽墓志等资料，幽州城内分幽都县和蓟县两个辖区，幽都县管郭下西界，与蓟分理，计26坊。属幽都县管辖的有辽西坊、通阛坊、劝利坊、时和里（坊）、遵化坊、平朔坊、归化里（坊）、来远坊等；属蓟县管辖的有蓟北坊、燕都坊、军都坊、铜马坊、开阳坊、归仁里（坊）、敬客坊、东通里（坊）、通肆坊、宁里（坊）、蓟宁坊、玉田坊、析津坊等。每坊方圆4里左右，其规模与长安城坊的规模相似，人口极盛时约五百户，巷的宽度为5～6米，小巷胡同的宽度只有2米。其中罽宾、卢龙、铜马、蓟北、开阳、时和、敬客、蓟宁、玉田等坊名，一直延续使用到辽南京和金中都。据考证，蓟北坊在今广安门大街北范家胡同一带；与它相邻的敬客坊，相当于今广内大街和牛街十字路口东南一带。时和坊在今广安门大街北善果寺一带，开阳坊在今牛街南樱桃园一带，析津坊与开阳坊相距不远或相邻，燕都坊在今北京南线阁一带，铜马坊在今西砖胡同一带。罽宾坊，因唐太宗征辽东时曾调动西域诸国兵马参战，班师后对从征人马进行安置，部分罽宾国人留在幽州城内而名。归化里（坊），唐代为安置从征的靺鞨部落而设，在幽州城内西部。肃慎坊，肃慎是居住在东北地区的民族，为后来的靺鞨、女真、满族的祖先，肃慎坊应是靺鞨族人在幽州城的居住地。自从隋代开通大运河以来，幽州城

图2　建于唐代的北京法源寺

尽管还不是国家的都城，但已经成为北方各民族交往的贸易中心和封建王朝控制东北少数民族地区的军事重镇。

幽州城北部，今广安门大街一带有北市，是最大的商业区。北京房山云居寺所藏《大般若波罗蜜多石经》题记中有“大唐幽州蓟县界蓟北坊檀州街西店弟子刘师弘、何惟颇、侯存纳、贾师克等”“幽州蓟县界市东门外西店”，西店应是刻字行集中地。另山西应县木塔中发现的《妙法莲花经》题字：“燕京檀州街显忠坊门南颊住冯家印造”，直接署名店铺的字号，意味着当时幽州市门外已经出现沿街开设的店铺和手工业作坊。仅以《大般若经》经末题记中商业行会为例，有米行、大米行、白米行、布行、绢行、小彩行、大绢行、丝行、小绢行、屠行、肉行、生铁行、炭行、磨行、染行、杂行、新货行、油行、果子行、椒笋行、五熟行、帛行、锦行、幞头行、靴行诸行等不下三十多种行会，反映了盛唐幽州地区社会经济的繁荣景象。这些行会里不仅有店铺，还有手工业作坊。商业作坊与人民生活息息相关，以后自然而然成为胡同专名，并在老百姓口中流传。随着里坊制逐渐衰退，与其他城市一样，幽州城涉及巷和胡同的文字也逐渐增多起来。

第三节　坊巷制的火巷和火弄

盛唐以后，民间私营手工业蓬勃发展，坊墙已成为阻碍发展的障碍。在长安城内已经有不少居民开始冲破“市”的规定在坊内向街开门，“起造舍屋，侵占禁街”，沿街开设商业和手工业店铺。唐宪宗时期至唐末的崇仁坊，“一街辐辏，遂倾两市，昼夜喧呼，灯火不绝，京中诸坊，莫之与比”，已经初具开放的坊巷制雏形。此前，在漫长的里坊制时期，限于经济文化水平或史料散失，史书多关注城市的里坊和街名。随着坊巷制的推进，长安城浮现出称“曲”的胡同。唐代笔记小说《朝野佥载》载，靖恭坊有“毡曲”，是造毡作坊人员居住的胡同。杜甫《奉陪郑驸马韦曲》“韦曲杜陵文物尽，眼中多少可儿坟”，韦曲在明德门外，唐中宗李显的皇后韦氏家族住地。《唐两京城坊考》：胜业坊“十字街北之东，银青光禄大夫薛绘宅。绘兄弟子侄数十人，同居一曲。姻党清华，冠冕茂盛，坊人谓之薛曲”。《唐内侍省令史堵颖墓志》：“维大中元年（847）……卒于上京颁政坊馄饨曲东”，馄饨曲是一条以卖馄饨而名的小巷。

长安城内还有专供官员佐酒助兴的官妓，这些妓女按形别品流住在不同的胡同里。唐蒋防《霍小玉传》：“玉忽流涕观生曰：‘妾本倡家，自知非匹’”，霍小玉住胜业坊古寺曲。白居易之弟白行简《李娃传》又称《汧国夫人传》：“汧国夫人李娃，长安之倡女也。”李娃住平康里西南的鸣珂曲。成书于中和四年（884）的《北里志》载：“平康里入北门东回三曲，即诸妓所居之聚也。妓中有铮铮者，多在南曲、中曲。其循墙一曲，卑屑妓所居，颇为二曲轻斥之。其南曲、中曲门前通十字街，初登馆阁者，多于此窃游焉。二曲中居者，皆堂宇宽静，各有三数厅事，前后植花卉，或者怪石盆池，左右对设，小堂垂帘，茵榻帷幔之类称是。”提到了平康里入北门称曲的三条小巷。

随着唐朝灭亡和政治中心东迁，到了五代特别是北宋时期，里坊制彻底崩溃，被开放的“坊巷制”所取代。此前的隋唐时期，汴州城（宋东京城前身，今开封）已有向街开门的现象。隋开皇年间，文帝东封泰山后返回长安，路过汴州，“恶其殷盛”，乃以令狐熙为汴州刺史，“禁游食，抑工商，民有向街开门者杜之”。[1]至唐代，汴河漕运发达，“水门向晚茶商闹，桥市通宵酒客行”[2]，出现了通宵夜市。到唐代后期，扬州等南方商业城市已经不再设坊墙，开始由封闭式向开放式演变。五代梁、晋、汉、周皆定都开封，后周王朝承认临街开店的合法行为。宋朱长文撰《吴郡图经续记》：“坊市之名多失标榜，民不复称”，在商业贸易发达的江南名城吴郡（今苏州地区）、杭州等城市，相继以街巷地段来划分聚居单位，每个坊巷内不仅有居民宅第，市肆店铺，还有乡校、家塾、会馆、书会。

宋徽宗崇宁年间，政府开始征收“侵街房廊钱”，正式承认沿街经商的合法性，坊墙和坊门彻底失去原有的功能。于是拆除了里坊的围墙，初步形成新型城市商业网布局，在城市管理中从封闭的“里坊制”过渡到开放的“坊巷制”。这时的“坊”只是一种区划名称，四周不再设围墙，以前只有巷能通街的规矩自然被打破，小巷“衖”不通过里巷就能直接与坊外的街道相通，成为可以随意通行的道路。北宋画家张择端的传世名作《清明上河图》，以高大的城楼为中心，街巷两侧茶坊、庙宇、公廨、看相算命，各行各业应有尽有，酒肆商店无所不备，致使更多的巷和小巷脱颖而出。

孟元老所著《东京梦华录》，记录了不少宋徽宗崇宁至宣和年间（1102—1125）宋都东京府（今开封）的巷名。如：寺东门大街“绣巷皆师姑绣作居住”，“北即小甜水巷，巷内南食店甚盛，妓馆亦多”，“又向北曲东李务街、高头街、姜行后巷，乃脂皮画曲妓馆”。向东，“街北曰车略院，南曰第二甜水巷”，“南往观音院，乃第一条甜水巷

① ［唐］魏徵：《隋书》，卷56《令狐熙传》，北京：中华书局，1997年，第1386—1387页。

② ［清］曹寅等：《全唐诗》，卷300《寄汴州令狐相公》，北京：中华书局，1960年，第3406页。

也”。这些巷的方位、专名、通名俱全，与此前只记坊名的“重里轻巷”时代大相径庭。难能可贵的是，几乎与此同期，北京房山石经题记中也发现有辽末金初燕京城内开放型街巷的名称。

辽南幽燕之地，一向为南北各族人民文化交流的枢纽地带。辽会同元年（938），辽太宗得到石敬瑭割让的燕云十六州，将幽州定为“南京幽都府”，始建陪都。辽开泰元年（1012）改号“析津府”，又称燕京。在北京的城市发展史上，辽代的南京城是一个重要阶段。因为正是从这时开始，北京从一个北方军事重镇向政治、文化城市转变，揭开了北京首都地位的序幕。南京城沿用唐幽州城旧址，在棋盘式道路网格内设26个里坊，仍使用唐代幽州城留下的坊名。南线阁和北线阁一线是燕京西部最繁华的街道，这里有著名的燕角楼，向南可看到皇城内壮丽的宫殿楼阁，向北可通向大市场，是市民进行文化活动的地点。路振在《乘轺录》中说：“（燕京）居民棋布，巷端直，列肆者百室，俗皆汉服，中有胡服者，盖杂契丹、渤海妇女耳。”南京城还仿唐宋时京师皆有六街之制，徼巡六街。太平五年（1025）辽圣宗幸南京，“至夕，六街灯火如昼，士庶嬉游，上亦微行观之”①。当汴京的“里坊制”破灭以后，辽南京城的坊墙也逐渐被拆除。关于辽末南京城坊墙的逐渐拆除，有两项证例可查。一是辽末金初房山云居寺石经题记里巷名的出现，另一例是表示胡同的“胡”字出现。

在《房山石经题记汇编》诸经题记的辽金部分，收录辽代和金天眷三年（1140）以后，自皇统元年至九年间（1141—1149）镌刻佛经的题记。在题记中明确刻有：“大辽燕京右北西罗内住文林郎试太子正字武骑卫刘……大安九年（1093）四月造”“燕京左街延洪寺……”“施主燕京山北居北巷刘师言……”“施主燕京山北店……”“施主燕京檀州街住人……”“施主齐相公巷庞娘娘……”“施主燕京石幢东街北俗传弟子杨省善……”“施主化度寺街井儿巷俗弟子刘善英……”“施主大花巷贾世佑妻……”“施主在京老君巷许荣……”等。这些

① ［元］脱脱等：《辽史·圣宗纪八》，卷17，北京：中华书局，1974年，第198页。

碑刻与“施主燕京南卢龙坊住人刘郭氏……”“施主潭州街敬客坊樊刘氏……”[①]等只记坊名的碑刻并列或混在一起。可见这时有些里坊的坊墙已被拆除，巷逐步脱离封闭的里坊有了自己的专名。可惜由于时代久远，尚无法查清它们的具体所在。所幸“施主在京老君巷”这条题记，在广安门内有地名“老君地”尚可寻，尤为珍贵。

另一例是胡同的“胡”字，被赋予行走和道路的功能。我国自六朝至唐五代时期俗字盛行，这些字偏旁无定、繁简无定、字形无定。辽统和十五年（997）法源寺僧人行均编撰的《龙龛手镜》在燕京印行。该书根据当时流行的写本编辑，收录大量俗体字，是唐代前后俗体字的总汇。契丹书禁甚严，若把书传入别国者，依法处以死刑。所以直至熙宁年间才有人得之俘虏手中，而始传入宋国。宋人因避讳太祖赵匡胤祖父赵敬，改名《龙龛手鉴》。全书收字26430个，比《说文解字》收字10516个多15914字。书中收录有以“彳”为偏旁的“胡”字“衚”[②]。彳，《说文》云“小步也象人胫”，下注“俗音胡”。“彳”是汉字部首之一，习惯上称为双人旁，表示为慢慢走、走走停停的样子。从“彳”的字多与行走、行为和道路有关。本义慢步行走。“彳”与“亍”为常用词组，按《说文解字》的解释，“彳，小步也；亍，步止也。”《唐韵》《集韵》：“小步也。左步为彳，右步为亍，合之则为行字。”《韵会》：“行，从彳，左步。从亍，右步也。左右步俱举，而后为行者也。”让我们知道了早在唐前后至辽初，北方民间常用口语中，已经使用“衚”或“胡”表示可以小步行走的巷道。

里坊制的崩溃虽然推进了城市的经济发展，但因为沿街设摊，违建横行，造成道路逼仄，拥挤不堪，使得这些城市里的建筑密度不断提高，呈现出“甲第星罗，比屋鳞次；坊无广巷，市不通骑”的乱象，一旦发生火灾根本无法救援。据《宋史·五行志》，两宋三百余

① 北京图书馆金石组等：《房山石经题记汇编》，北京：书目文献出版社，1987年，第572—577页。

② ［辽］释行均：《龙龛手镜（高丽本）》，北京：中华书局，1985年，第495页。

年，有记载的大型火灾共有两百多次。如建隆三年（962）正月，“开封府通许镇民家火，燔庐舍三百四十余区”；五月，“京师相国寺火，燔舍数百区”。绍兴二年（1132）五月庚辰，“临安府大火，亘六七里，燔万数千家”。宋淳熙十三年（1186）武昌古城南门外的商业区南市（今鲇鱼套一带）发生了一场大火，被烧达一万多家。刚到任的鄂州知府赵善俊为杜绝后患，当机立断，采取了“辟火巷”的措施。金卫绍王大安二年（1210）十一月，“京师（中都城，今北京）民周修武宅前渠内火出，高二尺，焚其板桥。又旬日，大悲阁幡竿下石隙中火出，高二三尺，人近之即灭，凡十余日。自是都城连夜燔爇二三十处”；大安三年（1211）“三月戊午，大悲阁灾，延烧万余家，火五日不绝”。为防止火灾蔓延，政府不得不严格规定巷和小巷的宽度，强制建立消防通道，开辟又宽又直的火巷和火弄。

还在后周显德二年（955），周世宗柴荣便注意到东京日益繁盛，但屋宇交连，街衢湫隘，冬居常多烟火之忧。为了防止大火蔓延成灾，于是下诏改造旧城，新建罗城，加宽道路，建立防火巷道。熙宁九年（1076）五月十四，因大相国寺泗州院火发，提举在京寺务司请求宋神宗“乞拆僧院逼近之屋，绕寺庭高筑遮火墙。从之”。绍兴三年（1133）十一月二十二，宋高宗因“日来居民屡火，盖火禁不严，且有犯者，未必一一行法，故益不戒”。为此下达建“火巷”的诏书，要求“被火处每自方五十间，不被火处每自方一百间，各开火巷一道，约阔三丈。委知通躬亲相视，画图取旨”[①]。规定了巷和弄的防火间距尺度标准，火巷约阔三丈，合今约9.3米；火弄比较窄，宽约一丈，合今约3.1米。南方的城市沿河而建，巷弄弯曲且狭窄。火巷宽阔笔直，两边还带有排水的明沟，一旦发生火灾，可以防止对面的火势蔓延过来。火巷比传统的巷和胡同要宽，这也有利于来往通行、行军作战。这种防止火灾蔓延的举措得到各地的普遍响应，至今西安市还有东关北火巷、甘肃省庆阳市西峰区有火巷沟、山东济宁市有西火

---

① ［清］徐松：《宋会要辑稿·瑞异》，北京：中华书局，1957年影印本，第2099页。

巷等。

吴音火弄在北方话里念“胡同”，原本在辽代以前，北方已经使用“胡”和“衕”表示可以小步行走的巷道，所以“胡同”一名在北方话地区很容易得到流传。“衕”和“胡同”也可以通用，小说《西游记》：“每年家熟烂柿子落在路上，将一条夹石胡同，尽皆填满；又被雨露雪霜，经霉过夏，作成一路污秽。这方人家，俗呼为稀屎衕。”①

① ［明］吴承恩：《西游记》，北京：人民文学出版社，1980年，第806页。

第四节　金中都流传“锦胡同”

金朝（1115—1234），是中国历史上由女真族建立的封建王朝。靖康元年（1126）金兵攻破汴京，次年掠去徽、钦二帝和后妃宗室三千余人及大量财物北归，传世名作《清明上河图》和宫中所有名贵文物均被金人掠去，史称“靖康之变”。天德三年（1151）四月，金主海陵王完颜亮下诏迁都燕京，“役民八十万，兵夫四十万”，在辽南京城的基础上，向西、南、东三面扩展，增广燕城。贞元元年（1153），海陵王定都燕京，遂改为中都。海陵王的迁都不仅在金朝的历史上标志为一个新的阶段，而且在北京的历史上也开创了具有重大意义的新纪元。从此，北京成为王朝的帝都，并一直延续到元、明、清三代。

中都城的兴建，完全按照北宋汴京和《考工记》里都城的规划设计，由外城、内城、皇城层层叠加，形成“回”字形格局。这种中国古代中原政权都城的传统建筑模式，体现了皇权至上的封建思想和高度集中的政治经济体制，开了建都城和皇城的先河。迁都前海陵王命张浩等“遣画工写京师（东京）宫室制度，阔狭修短，尽以授之左右相张浩辈，按图修之”。工程分城池扩建和兴建宫殿两大部分，城池形状近似正方形，东西比南北稍长，占地面积20多平方公里，比唐幽州城扩大约1.5倍。其北城垣基本未动，城的东北角在宣武门内翠花街，西北角在军事博物馆以南的黄亭子，西南角在丰台区凤凰咀村，东南角在今北京南站西南的四路通。经增广的燕城，设城门十二座，每面各三座，街、巷、胡同以东西、南北走向为主，奠定了北京千年帝都棋盘状道路网格的坚实基础。

中国内地的都城到了北宋年间，已经发展到了一个新的阶段。在布局上，北宋以前都城内的皇城多偏在一隅或一方，而北宋的开封城，皇城则居于城的中央地区。金中都城按照汴京制度扩建，则必须改变南京城中皇城偏在西南的格局，而将外郭的西城墙向西迁移，使宫城在全城的中央。主要的宫殿建筑从中都城的南门丰宜门北通宣阳门、拱辰门的直线为中轴展开。皇城周九里三十步，有四门，进宣阳门后，东有文楼、广武殿、衍庆宫，西有武楼、会同馆和六部，中间是千步廊；过龙津桥后进入宫城的应天门，有殿宇九重三十六殿，前殿为大安殿，后殿是仁政殿，东有东宫、寿康宫，西有十六凉位。玉华门外有同乐园，园内有瑶池、蓬瀛、柳庄、杏村等名胜，便于皇帝领宫妃游乐。金章宗曾赋诗曰："五云金碧拱朝霞，楼阁峥嵘帝子家。三十六宫帘尽卷，东风无处不扬花。"当时宋朝使臣来到金中都，称其"宫阙壮丽，延亘阡陌，上切霄汉，虽秦阿房（宫）、汉建章（宫），不过如是"①。

中都城内划分为62坊，这些坊巷只作为行政管理区划，四周已经没有坊墙。散见于《析津志》《元一统志》等书籍中的街巷，有黑楼子街、春台坊西街、南春台坊街、竹林寺东街、白马神堂街、披云楼东街、施仁门北水门街北、蓟门北街、大悲阁东南巷、南春台坊西大巷、天宝宫街南大巷、春台坊街东大巷、披云楼对巷、阳春门内小巷、宣阳门西巷等。城内设立火巷和火弄，《析津志》手抄本，记金中都城内有火巷"崔府君庙在南城南春台坊街东，火巷街南"。"弄"和"火弄"在北方念"胡洞"，两者之间是"衖（巷）"的南北两音关系，这样"衖"在北方话地区又增加了"胡洞"的称呼。而"胡同"二字的广泛传播，与在金中都发展起来的北曲有关。

中国的戏曲艺术源自唐宋杂剧，北宋末年金人入侵汴京，部分杂剧演员随同宋室南下到了临安（杭州），逐渐与南方的乐曲结合，演化为"南曲"；另一部分艺人被掠到燕京演出，与在燕京地区的艺术家合作，把融会了中国古代音乐成果的唐宋大曲、辽金大曲等传统音乐艺术，与流行于北方幽燕一带的音乐文化结合起来，创造出崭新的为北京地区民众喜闻乐见的戏曲声腔"北曲"。"南曲"和"北曲"在南北不同地域的发展，显示出南北艺术文化的各自人文特征。金杂

① ［清］于敏中等：《日下旧闻考·宫室》，卷29，北京：北京古籍出版社，1981年，第421页。

剧又称金院本，元杂剧又称元曲，都使用北曲音乐，明传奇、清代昆曲也部分采用北曲唱法。北曲的曲目很多，仅《九宫大成南北词宫谱》一书，就收录有北曲581个曲牌。

北曲杂剧的形成时间在金章宗时期，元陶宗仪《南村辍耕录》："稗官废而传奇作，传奇作而戏曲继。金季国初，乐府犹宋词之流，传奇犹宋戏曲之变，世传谓之杂剧。"王国维在《宋元戏曲史》中把北曲分为三个时期。第一时期（1234—1271），自金代末年太宗取中原以后，至至元一统之初。王国维说"此三期以第一期之作者为最盛，其著作存者亦多，元剧之杰作大抵在此期中"。这一时期不仅作家人数最多，流传下来的作品也最多，是元杂剧发展的黄金时期。其作家大多是北方人，著名作家有关汉卿、王实甫等。他们活动的中心在北方，演出地点主要在今北京广安门内外大街一带。《金史·世宗本纪》二十一年（1181）二月，"以元妃李氏之丧，致祭兴德宫，过市肆不闻乐声，谓宰臣曰：'岂以妃故禁之耶？'"可见平时中都东、北市北曲演出之盛。把北曲称为元曲，始自明万历四十三年（1615）臧懋循所编《元曲选》。臧以江浙人不察，后人亦未能深辨，使得研讨元杂剧的时间和地点时茫然迷蒙，幽暗不明[①]。元朝建立和元灭南宋以后，杂剧创作和演出中心南下到了杭州，包括关汉卿也去了杭州和扬州。

中都是金朝首都，贵族官宦簇居，商贾四至。秦楼楚馆少不了挟娼冶游，勾栏瓦舍自多歌唱演出。原中都东南的东开阳坊东和城北檀州街（相当于今广安门内外大街）、西边大悲阁、东边柴市（约今菜市口）一直是商业中心，经常有各种演出，使燕京成为金杂剧的发展中心。"胡同"这一金时北方民间对小巷的俗称，也在北曲杂剧中得到流传，如关汉卿《单刀会》"杀出一条血胡同来"；王实甫《歌舞丽春堂》，"更打着军兵簇拥，可兀的似锦胡同"等都出于元朝建立前的金中都旧城。据王国维考证，"杂剧苟为汉卿所创，则其创作之时，

① 赵洛：《赵洛讲北京》，北京：北京出版社，2005年，第76页。

必在金天兴与元中统间二三十年之中，此可略得而推测者也”[①]。金天兴为1232—1234年，元中统为1260—1264年。1958年，北京举行关汉卿戏曲创作700周年纪念，确定关汉卿的创作盛旺岁月为1258年。此时在1271年忽必烈正式建国号“大元”前13年。王实甫，金中都人。钟嗣成《录鬼簿》列为“前辈已死名公才人”，位于关汉卿之后，据此推断他大约与关汉卿同时或稍后。“血胡同”“锦胡同”“花胡同”等形容词的出现，说明此前很早已有胡同一名流传。

图3　金中都遗留的魏染胡同

近年，对金中都考古勘察发现，金中都城的西、南、东三面扩建部分，完全采用开放式的坊巷制。钻探结果表明，金中都城西南部，原是辽南京城外的农田，这里的东西方向街道大多是一些平行的等距离的胡同，与北宋汴京的街道胡同相一致，应该是仿照汴京城内胡同的布局。仍保留至今的原金中都城东部，即宣武门外大街及其东部的一些南北方向的胡同，现在的北柳巷、南柳巷、魏染胡同、果子巷、米市胡同、丞相胡同等，这些平行的胡同都以城市的主干道为轴线在

① 王国维：《宋元戏曲史》，上海：上海古籍出版社，1998年，第71—72页。

两旁排列，均为当时金中都遗留至今的街巷。[1]《金史·海陵王纪》载："贞元元年（1153）五月乙卯，以京城隙地赐朝官及卫士。七月戊子朔，原赐朝官京城隙地，征钱有差。"这是海陵王刚至中都数月后之事。中都城营建后，虽然宫室已就，城垣已立，但新圈进城内的空地还未利用，故海陵王将之分赐给随朝大小职官和护卫军士，新建的住宅、商铺即在城西、南、东三面发现的平行胡同中。

① 尹钧科、罗保平、韩光辉等：《古代北京城市管理制度》，北京：同心出版社，2002年，第21页。

第五节　元大都的火弄和胡同

金贞祐三年（1215），蒙古骑兵攻占金中都，改中都为燕京，由燕京留守兼行省长官札鲁忽赤即断事官治理。蒙古人占领中都以后的六十年里，中都城一仍金制，为62坊，除豪华的皇宫被焚烧外，城墙大部分还在。明初刘崧诗“南城土垣故不塌”，城内的街巷胡同、衙门、商铺、佛寺道观基本没什么变化。1234年，以燕京为治所设中州断事官主治汉民，汉人称之为燕京行尚书省。

中统元年（1260）成吉思汗之孙忽必烈继承汗位，遂定都燕京。至元元年（1264）又改燕京为中都。至元四年（1267）迁都中都，开始在中都城东北部修建新城。至元八年（1271）正式建国号为“大元”。至元九年（1272）改中都为大都，并定为元朝的京都，元大都之称，始于金中都旧城。元大都新城的营建，遵用汉法，其街制和城市规划，完全继承汴梁城和金中都的基本格局。1274年正月宫阙告成，忽必烈始御正殿。至元二十二年（1285）建成大都新城。大都新城建成后，元大都的范围包括南北两城，一个是原金中都城，称旧城或南城；一个是在中都城东北的新城，称新城或北城。新旧二城的民事仍由左、右警巡院统一管理。成宗大德九年（1305），又置大都南警巡院，以治都城之南。元朝建立后南城人口一直稳定在40万人以上。至元八年（1271）南城计11.95万户，至元十八年（1281）南城计14万户，至正九年（1349）定制大都南北两城各10万户、40万人[①]。

元大都北城的街道，规划整齐，经纬分明，相对的城门之间一般都有大道相通。《马可·波罗游记》述云：“全城的设计都用直线规划。大体上，所有街道全是笔直走向，直达城根。一个人若登城站在城门上，朝正前方远望，便可看见对面城墙的城门。”虽然大都新城

① 尹钧科、罗保平、韩光辉等：《古代北京城市管理制度》，北京：同心出版社，2002年，第148页。

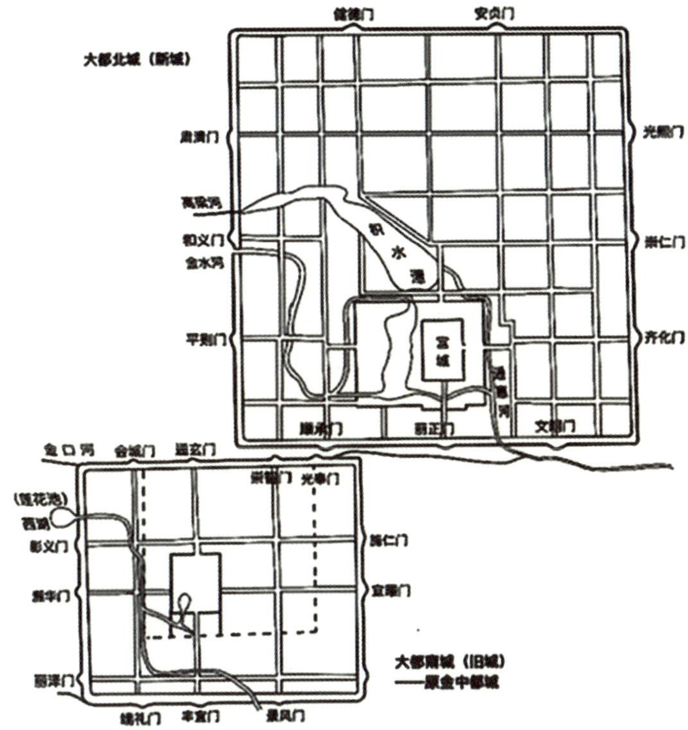

图4　元大都的南北两城

南面三门、北面二门，但从丽正门北穿皇城正中的崇天门及大明门、大明殿、延春门、延春阁、清宁宫、厚载门，直抵中心阁的中轴线上，亦有一条宽阔的御道。近年在今北京景山公园（延春阁、厚载门遗址）之北发现的御道遗迹，宽达28米。按照方位，元廷将大都北城街道分为50坊，这样大都的坊由原来金中都城的62个，扩建到南北两城共112个。

熊梦祥《析津志》，记载元大都的街道全面推行火巷和火弄，“街制：……三百八十四火巷，二十九衖通。衖通二字本方言。”[①]“弄”，《南齐书》注：局本作“衖”，按弄衖音义并同。元《经

① ［元］熊梦祥：《析津志》，北京图书馆善本组：《析津志辑佚》，北京：北京古籍出版社，1983年，第4页。

世大典》，记“衚通”为“火弄”。《徐霞客游记·楚游日记》：“东下一级，复值涧底，已转入隘关之内矣。于是辟成一衚通。”在“衚通”下注明“弄，小巷之意”。熊梦祥是南方人，知道“火巷”和“弄”都取自南方，在“衚通”下特别注明“衚通二字本方言”，表明“衚通”这两个字是吴语方言“弄堂”。在元《经世大典》中，记“衚通”为“火弄”。《经世大典》是元代官修政书，全名《皇朝经世大典》，系元代典章制度的集大成，比熊梦祥纂修的《析津志》更具权威性。《析津志》衔制中的“衚通”，必然引自国家典章制度规定的“弄”，说明当时“火弄”“衚通”“弄堂”可以通用。

《元史》记载，至元二十年（1283），修完大都城，规定“旧城居民之迁京城者，以资高及居职者为先，仍定制以地八亩为一份；其或地过八亩及力不能作室者，皆不得冒据，听民作室”。大都新城推行的南方火巷，与传统的“巷”显然不同，在传统巷里居住着寻常百姓，现在迁入火巷里的都是上层人士和富人，标志着火巷的地位远远高于传统的“巷”。1964—1974年，中国科学院考古研究所和北京市文物工作队，共同勘察了元大都的城垣、街道、河湖水系等遗迹。考古发现，元大都北城内火巷宽度为6步，约合9.3米，与宋代规制“火巷阔三丈”相一致。经勘察发现，从光熙门大街至北顺城街之间，排列东西向火巷22条。这与今北京内城中从朝阳门（元代称齐化门）至东直门（元代称崇仁门）之间排列22条东西向的火巷是相同的。东西向的火巷间距为50步左右，除去6步火巷的宽度，住宅用地深度44步。一般情况下，火巷长度约为10倍住宅的用地。经实测，北京内城东四三条与四条之间，从西口的东四北大街到东口的朝阳门北小街为80亩，正好可以平分给10户，是为元大都火巷构成的基本模式。这就证实了元大都新旧两城在街巷管理方面，除大街、小街使用全国街巷通名外，对下两级窄小街道，并没有使用“巷”和北方流传的俗语“胡同”，而是选择了南方街巷通用的“火巷”和“火弄”（弄堂），有的文章把“衚通”释为蒙古语“水井”显然错误。火巷作为大都新城中低于大街、小街的第三级街道，在新城50坊中竟达384条，平均每坊有七八条之多，致使大都成为火巷之城。坊有大有小，大坊的火巷数量应该比平均数要多。

图5　由火巷改造的东四七条胡同

综观《析津志》所列的巷道，尚以附近建筑所在方位命名，说明元大都南北两城巷的名称尚不完备。如在北城的街巷，记为珠子市钟楼前街西第一巷；沙剌[①]市一巷皆卖金、银、珍珠宝贝，在钟楼前；国初至元间，朝议于肃清门之东置台，故有肃清之名。而今之台乃立为翰林国史院，后复以为台。台在澄清坊东，哈达门第三巷；紫虚观在阳春门内小巷近南；保安观在南院之东；太和宫在天师宫北，去关王庙义井头东第二巷内。在南城（原金中都城）的街巷：如穷汉市，在大悲阁东南巷内；白马神君庙，在旧城东路路北；三灵侯庙，在南城天宝宫近西，街南大巷；胜严寺，在城南春台坊西街北。

金元间官府虽然使用南方街巷通名“火巷”和吴音“火弄”，

① 清朱一新著《京师坊巷志稿》引《析津志》，作案语：沙剌即沙拉。国语谓珊瑚也，《旧闻考》译改作舒噜。——编者注

但在《房山石经题记》《析津志》等史料里，除“巷”以外并没有“火弄”或“胡同”的记载。而此时在民间确有“火弄”按北音念“胡洞”的记录，比如元版本《老乞大》里就记有“胡洞”，北曲和元曲里也出现有“锦胡同”“花胡同”“血胡同”。这种“火巷”和“火弄”在官府使用，“胡洞”在民间流传的局面，直到明朝才得以解决。

第六节　明北京城的胡同

北京从辽金到元末，大都南北两城只有29条小巷，还被按吴音称为“火弄”。明代推崇胡同，对胡同的发展做出了巨大的贡献。明代把“胡同”正式列为街巷通名，并把金元时留下的384条火巷、29条火弄、衖以及“时俗相传”的胡同统统划归到一处，全部划入胡同，胡同一下子增加到465条。这不仅壮大了胡同的队伍，也使胡同的地位从早期“似洞的咽喉小巷”“手工业作坊的聚集地”一跃成为北京街巷中耀眼的明星。从明朝起，过去不被人重视的胡同，正式登上北京街巷的大舞台，由“时俗相传”成为正式的街巷名称，并统一写成“衚衕”。至此，“胡同”与“巷”在实质上已经没有任何不同。我们现在把东交民巷称为“北京最长的胡同”，也就是这个道理。在北京，那些窄小的胡同，则被称为小胡同儿。

在北京的历史上，最早对胡同进行大规模收录和系统介绍的，当数明嘉靖三十九年（1560）张爵编写的《京师五城坊巷衚衕集》。老北京谚语：“北京的胡同有名的三百六，无名的赛牛毛。”这本书里记录着北京城里有名字的胡同，正好也是三百多条。老北京人说话有根有据，绝非凭空想象。在《京师五城坊巷衚衕集》这本书的自序里，作者张爵特别叙述了自己收集胡同的过程。“予见公署所载五城坊巷必录之，遇时俗相传京师衚衕亦书之，取其大小远近，

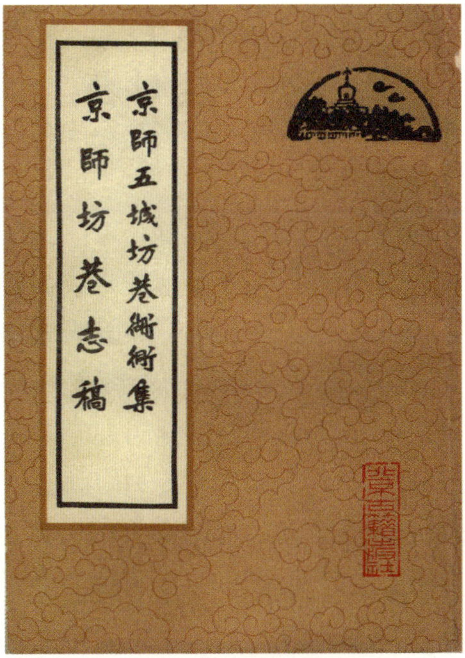

图6　明《京师五城坊巷衚衕集》

采葺成编”，由此印证这样一个事实：张爵虽收集北京的胡同，但却不是“胡同”二字的创始人。只能说从明朝开始，才把流传在坊间的胡同记载到文书里，使“胡同”成为正式的街巷名称。不过明代胡同的写法，比现在复杂，在“胡”和“同”这两个字外面都加有“行”字，写成“衚衕”，表示胡同是可以让人随意行走的小巷。直到清末，因“衚衕”两个字写起来不方便，才有了简写的“胡同”。我们至今所见官府正式对胡同的命名，便出自《京师五城坊巷衚衕集》，这本著作堪称“北京胡同第一书”。

《京师五城坊巷衚衕集》记述了明朝北京五城36坊的名称、位置和各坊的街巷胡同。明时北京的五城，以正阳门（前门）内皇城（今故宫）两边为中城；宣武门内街西往北至城墙并西关外为西城；崇文门内街东往北至城墙并东关外为东城；北安门（今称地安门）至安定门、德胜门里并北关外为北城；正阳门、宣武门、崇文门外为南城。书里还“附载京师八景、古迹、山川、公署、学校、苑囿、仓场、寺观、祠庙、坛墓、关梁，皆以次其载于集。分置五城，排列坊巷，又为总图于首。披图而观，京师之广，古今之迹，了然于目，视如指掌。使京师坊巷广大数十里之外，不出户而可知。庶五城衚衕浩繁几千条之间，一举目而毕见。均各备载，编集克成，用工锓梓，以广其传云”。

永乐十八年（1420），明成祖迁都北京，北京成为明王朝的京师，无论文化教育、户籍管理都成为朝廷要政。明朝时期，实行高度发展的封建专制主义政治，除五府六部以外，设有锦衣卫。锦衣卫不仅掌管侍卫职能，还有巡查、缉捕、审理、诏狱的权力，是皇帝直接领导下的特务机关。为加强封建专制，对北京实行了严格的户籍管理。北京设东、西、南、北、中五城兵马司，五城以下按里巷居住人口设坊，坊下置牌，牌内每200家编为一保，是为一铺，铺保之说，也源于此。到明嘉靖后期，北京内外五城共置36坊、97牌、670铺。如西城阜财坊四牌二十铺，阜财坊在宣武门里，宣武门大街以西至西便门一带，每五铺设一牌，每铺200家，二十铺计4000家。各级官吏还要挨街挨户置户帖、户籍，具书名、岁、居地，籍上户部，帖给之民。由五城的坊、牌、铺及各级司坊官吏共同构成了明代北京城市居民户籍和户口统计的行政系统。这也是“收集北京胡同第一人”的张爵在编纂《京师五城坊巷衚衕集》时，“遇时俗相传京师衚衕亦书之”的背景情况。

这里要补充一件史实。在张爵以前，崔世珍所著的书籍中，已有“衚衕”二字。崔世珍是朝鲜忠清北道槐山人，1503年登科，官至同知中枢府事。主要担任承文院提调，掌管外交方面的来往文件，兼任讲隶院教授，讲授汉语，培养翻译人才。毕生致力于语文研究、语文教学和翻译实践，对音韵学、文字学有很深的造诣。著作很多，有韵书、字书，还有汉、朝对译的谚解类书籍。其中影响最大的是《老乞大谚解》《朴通事谚解》《四声通解》《训蒙字会》。《老乞大谚解》和《朴通事谚解》是当时朝鲜流传很广的两本汉语教材，他用新创制的

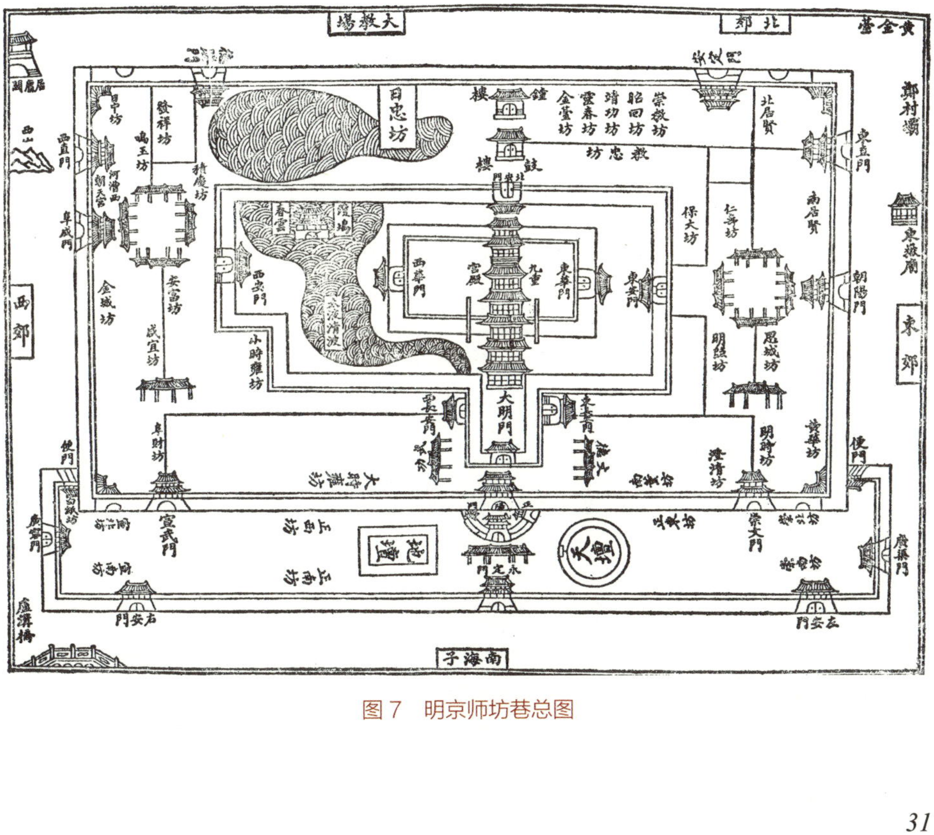

图7　明京师坊巷总图

朝鲜文字训民正音对译，并利用这一套拼音文字代替传统的反切给汉字注音。明武宗正德十二年（1517），崔世珍编纂《四声通解》，用朝鲜文给汉字注音释义。在《四声通解》和《老乞大谚解》中，已有“衚衕”二字，起码比《京师五城坊巷衚衕集》（1560）早43年。换言之，张爵在“予见公署所载五城坊巷必录之”的时候，明朝公署文件已经使用了“衚衕”二字。

从张爵的序言里，“予见公署所载五城坊巷必录之”，我们只能推测他的工作应该与管理街巷的锦衣卫有些关系，或者他本身就在锦衣卫里任职，但无法确认他的具体身份，也就让这本书的价值打了点折扣。直到1957年，北京市文物工作队在永定门外蒲黄榆发现张爵和他妻子王氏的合葬墓，同时出土长达1200多字的墓志铭，才使我们对他有了全面的了解。根据墓志铭记载，张爵字天锡，别号省庵，又号竹坡。原籍湖广德安府应城县，生于成化二十一年（1485），卒于嘉靖四十五年（1566）。明初，他的高祖占籍燕山前卫军役，由此来到北京。明正德年间，张爵在湖北安陆州（今钟祥市）兴王府充书办。正德十六年（1521），因请“封事”抵京，适闻迎立兴王为帝的情报，遂不惮夙夜，七日返府，密奏秘闻，因而受到赏赐。朱厚熜立为皇帝，以张爵“扈驾有功，书办年久，升锦衣卫，实授百户”。此后，张爵一直任职锦衣卫，由百户一路提升至千户、指挥佥事、指挥使。他曾在锦衣卫东司房“理刑”，当“东厂缺官理刑时，难其人，检以公举，以缉捕功升指挥众事提督象房。……一切机务，悉倚毗焉”。

嘉靖朝的锦衣卫指挥使，大都是嘉靖登基前在兴王府的旧人，张爵原是兴王府书办又扈驾有功，自然也受到嘉靖的格外赏识，所以才能得到锦衣卫最高档正三品指挥使的职务。嘉靖三年（1524）以后张爵“掌街道房事”，专管京城坊巷街道。张爵是北京人，在北京土生土长，他又是锦衣卫的特务头子，专管京城坊巷街道的事情，可以说得上是研究街巷胡同的绝对权威。也正因为他的特殊身份，才有机会接触到有关机要资料。他在序里说“予见公署所载五城坊巷必录之，遇时俗相传京师衚衕亦书之”，表明这些资料都出自锦衣卫街道房的档案材料及作者调查采访，因此书中所记真实可信。嘉靖三十八年（1559）张爵辞官归家，因“自幼好读司马温公《通鉴》及唐诸家诗晚年犹不释手”“归田来，以琴棋结社，召集朋济，非订究往迹，则吟咏情性，至于朝政，绝口不谈也”。从“绝口不谈”四个字，可以看出他的深沉和老练。嘉靖三十九年（1560）正月，在不到一年的时间里，张爵“订究往迹”完成了全书的编写，是为现存第一部北京坊巷胡同志书，也是研究明代北京城市规划等方面的珍贵史料。

第七节　清北京城的胡同

清代，满族统治者实行“满汉分居”“旗民分治”政策，使得北京城市的社会空间结构，又发生了一次重大变化，致使北京内外城胡同的地域差异更为突出。清顺治元年（1644）五月初二（阳历6月7日），清军进入京师，被编入旗的八旗官兵连同他们的眷口与奴仆悉数进京。清兵进京后，多尔衮便迫不及待地下令圈占内城房屋：京城之半屯兵，驱民出城，并以南城为民居，尽圈东城、西城、北城，中城为八旗军兵营之地。《谀闻续笔》载：因“限期既迫，妇孺惊惶，扶老携幼，无可栖止，惨不可言”。这种强行圈占民房的种族分隔政策，让汉民与八旗间的矛盾日渐激化。一个月后，清廷做出一些让步，7月13日，摄政和硕睿亲王谕：京城内官民房屋被圈者，皆免三年赋税。其中有与被圈房屋之人同居者，亦免一年。

顺治五年八月十九，顺治帝再次颁布强制汉族官民尽迁南城的谕旨，由户、工二部详察房屋间数，每间给银四两，除八旗投充汉人、寺院庙宇中居住僧道，以及看守仓库且在衙门内居住的书办吏役外，定限来岁岁终搬尽。同年十月，清廷又做了些补充规定，除原房听其折卖和按房领给银两外，有地土者，准免赋税一年；无地土者，准免丁银一年。迁出内城的汉人，由工部同五城御史查南城官地并民间空地，给予营造房间。清北京城实行“满汉分居”的结果，内城成为皇家、王府和八旗驻地，外城成为汉族官民住地，被称为北满南汉或内满外汉。

鉴于明朝宦官之祸，清初撤销了一些明代在皇城内由太监管理的机构，废除了内宫衙门，许多通道开放，紫禁城与皇城之间，准诸王居住。在皇城东南，今南池子大街东侧，原为明代东苑，又称南城、小南城、南内，明正统、天顺间建有以重华宫为主体的建筑群。清初，废南内，将重华宫改建为摄政王多尔衮的睿亲王府。顺治七年（1650），睿亲王府废。康熙三十二年（1693），将睿亲王府南部改建为缎匹库，北部改建为玛哈噶喇庙，即今普度寺。在西华门以里、右翼门之西，清政府设立了内务府，代替明朝的太监衙门掌管皇家的一切内部事务。内务府署下设三院、七司，有会计司署、掌仪司署、都虞司署、慎刑司署、营造司署、庆丰司署、奉宸苑等，基本上都分布在西华门外的南、北长街上。允许为皇帝和皇子讲课的翰林院侍讲，以及内务府上三旗的军民在这里居住。为笼络吴三桂，在南长街西南角建南府，赐给恪纯公主的额驸、平西王之子吴应熊居住。因皇城内居民甚稠，故东安、西安、地安三门闭而不锁，民有延医接稳者（即接生），不拘时候，得以出入。到乾隆年间，皇城内因旗人驻防和居住已经出现不少规则的街巷胡同，如南池子、北池子、南长街、北长街、高房胡同、吉祥胡同等。根据清宣统年间《北京城图》，清末在皇城内增加了南库司胡同、北库司胡同、暖阁厂胡同、神鼓司胡同等以皇家建筑命名的胡同69条，由此出现了全国独一无二的皇家胡同区。

明清期间，随着社会稳定、经济繁荣，北京的人口日益增多，街巷胡同的数量也不断增加。到了清末朱一新的《京师坊巷志稿》中，街巷胡同增加到2077条，其中胡同978条，几乎比明朝增加了一倍。其中，不乏胡同“条数”增加的情况。旧时按牌、按铺统计人口，胡同的人口增加了，就会分出二条、三条，甚至上二条、下二条。比如在崇文门外东河沿往东，明代只有头条胡同、二条胡同、三条胡同、四条胡同等四条胡同。到清乾隆年间，这四条胡同每条都延长出上、中、下三条，演变成上头条胡同、中头条胡同、下头条胡同等十二条胡同。到清末光绪时，下头条也不够了，又增加了下下头条、下下二条、下下三条、下下四条，从最早的四条胡同，派生出十六条胡同，数量增加了三倍。

民国时期，北京拆除了皇城，增辟和平门、复兴门、建国门，并对虎坊路东部的香厂地区进行建设改造，在万明路、香厂路、仁寿路周边，修建了不少西式洋楼，如“新世界”即为仿上海“大世界”

所建筑的。这一带的道路，因属新型街道，为区别以前的老街巷，则冠之以“路”和“里”。当然，现在人们对胡同的理解，早已不限于古代的巷和衖。在现代人眼里不仅是巷，甚至连一些小街也包括到胡同之列了。

第二章

胡同的“京味”特色

北京的街巷胡同，与北京城的规划建设和历史发展密切相关。明清北京城完全是在中华民族传统的“天人合一”理念指导下，按照封建礼制秩序，以《周礼·考工记》所提出的营建国都的理想模式规划建设而成的。北京城在规划建设上，把象征封建国家最高权力的紫禁城（今故宫）设在城的中心位置，然后以皇城、内城、外城为标志，形成层层拱卫之势。其周围则以南北中轴线为依据向两翼展开，由街巷胡同编织成供千千万万户居民居住的、大面积低矮而呈灰色的四合院，烘托起雄伟高大而金碧辉煌的紫禁城，构成了一个不可分割的有机整体。街巷胡同依托城市，造成人与皇家建筑乃至北京城的整体统一，从而带来了老北京人生活方式独有的“京味”特色。

丹麦的建筑和规划师瑞思穆森说过：“整个北京城乃是世界的奇观之一。它的平面布局匀称而明朗，是一个卓越的纪念物，象征着一个伟大文明的顶峰。”英国的科技史家李约瑟称颂道：“这种建筑，这种伟大的总体布局，早已达到了它的最高水平。它将深沉的对大自然的谦恭情怀与崇高的诗意组合起来，形成任何文化都未能超越的图案。”

第一节　方正平直，帝都风范

中国传统文化认为，天是圆的，地是方的。既然“天为圆，地为方”，那么地上的人主所居自然应选择方形。《考工记》中古代都城的形制设计为方形，并成为历代都城建设的基本模式。其实不仅是都城，北京的紫禁城、王府、四合院等人居之处，无不采用方形。之所以如此，除了礼制思想和我国古人的审美观之外，“天圆地方”的宇宙观也有潜在的影响。明代在北京修建的圜丘坛（今天坛内）取圆形，圜丘的层数、台面的直径、四周的栏板，都是单数，即阳数，以象征天为阳；地坛是方形，四面台阶各八级，都是偶数，即阴数，以象征地为阴。这同样遵循着“天圆地方”的原则。

古人在观测天象时，把天空分成四大区域，且把春季黄昏时出现在东方的星体想象为龙，把西方的星体想象为虎，把南方的星体想象为鸟，把北方的星体想象为龟蛇，统称之为四象，又称四维、四灵或四兽。依据天人合一的思想，古代的帝都，特别是皇城与宫城的四门，便常以四象为名。汉长安城的未央宫，“东阙名苍龙，北阙名玄武”，苍龙、玄武都是四象之一。东汉时，宫城分南北二宫，各门名

图8　北京故宫

称也多与四象有关。东吴都城建业太初宫的东门称苍龙门，西门称白虎门，北门称玄武门。隋唐时期的长安城、北宋的东京，皇城的南门都称朱雀门，而宫城的北门又被称为玄武门。明代北京宫城的北门也称玄武门，这些名称也来自天之四象。

在中国古代的星图中，不仅有天皇大帝、上将、上相、尚书、少尉、嫔、妃、太子、庶民，而且还有列肆、市楼、天仓、大河、天街等各种星座名，人类社会所特有的产物都被移植到星空之上。为了区分天文星象，古人还把我们头顶及环绕北极的星空划分成三垣二十八宿。紫微垣是三垣的中垣，位于北天中央位置，所以又称中宫或紫微宫。紫微宫即皇宫的意思。北京的皇宫效法上天，筑于宫城中心，也称紫微宫、紫禁城，所谓“紫之为言此也，宫之为言中也。天神运动，阴阳开合，皆在此中”。充分体现出封建帝王以天帝自居，“奉天承运”“受命于天”的思想。太微垣是三垣的上垣，位于紫微垣之下的东北方。太微即政府的意思，主管法律、武备一类事，星名多用官名命名。《史记·天官书》:“其东垣北左执法，上相两星间名曰左掖门，上相两星间名曰东华门，上相、次相、上将、次将间名曰太阳门。其西垣右执法，上将间名曰右掖门，上将间名曰西华门，次将、次相间名曰中华门，次相两星间名曰太阴门。”明北京宫城午门的东西二门分别称左掖门、右掖门，宫城东西二门分别称东华门、西华门，午门南称端门，这些名称的起源均来自星象。北京内城的南门，东为崇文、西为宣武，这些名称和位置与《史记·天官书》所说相符。在二十八宿中，昴宿与毕宿间称天街，所以明清时期天安门前的街道也称为天街；天上有银河，皇宫有金水河，表“天河银汉之意”。显然，这些名称都与星象有关。古都北京，正是在这种“象天法地，天地感通”的设计理念指导下修筑起来的。

自西周起，历代帝王总是把自己的国家视为居天地之正中位置，把国都视为天下中心，把政权称为天朝，称自己为天子，宣称自己是秉受天命而统治天下。“王者必居天下之中，礼也。”“天子中而处”成了礼的重要规范，成为“尊上”的重要表征。在这种崇尚“中”

的意识指导下，我国古建筑处处体现着以“中”为尊的思想。在国都选址上要“择天下之中而立国（国都）”，在都城规划思想上要“择国之中而立宫”。北京地理位置在古代的幽州，对应的星座是尾、箕二宿。尾、箕与角、亢、氐、房、心诸星构成苍龙象，尾、箕在“龙”的尾部。“龙神者，五行之生旺气也。流行于地中。”北京虽不在中国的中央，但地理位置对应于天象龙的尾巴，幽州北部的燕山山脉被风水家看作龙脉，帝王视自己为“真龙天子”，象天法地的对应结果，成为选址北京做都城的天象依据之一。

当人们站在景山上，对照《明清北京城图》，沿着南北中轴线遥望北京时，会发现方正的北京城、方正的故宫、大大小小方正的四合院，无一不是以横平竖直的线条为轮廓，秩序井然地排列在紫禁城的周围。紫禁城外面有皇城，皇城外面有内城，内城外面有外城，横平

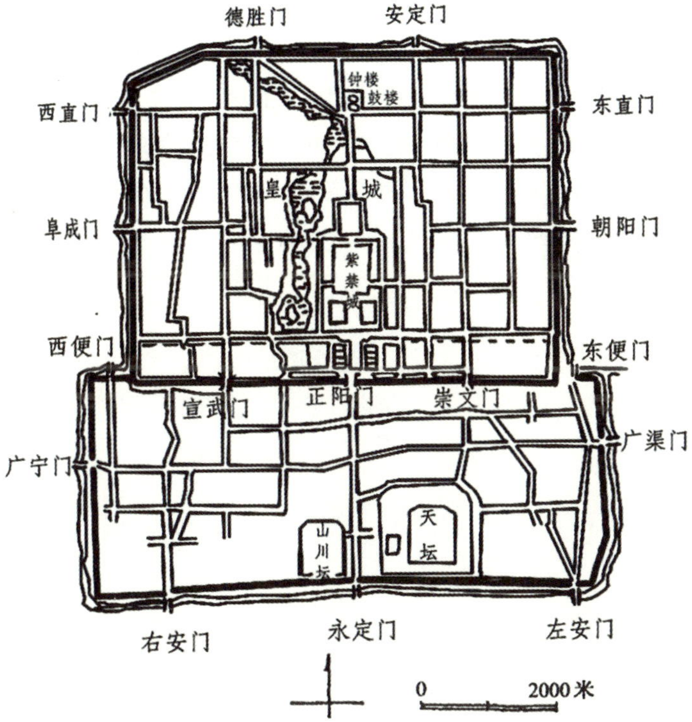

图9　明清北京城图

竖直的网格状街巷胡同按南北、东西方向垂直分布，大小建筑和四合院沿中轴线两翼对称展开，共同构建了环环相扣、层次分明的平面格局。无论是都城的规划，还是宫殿、王府、衙署、庙宇、祠堂、会馆、书院的设计，抑或一处平民百姓的住宅四合院，在中国的传统建筑中都采取方形布局。尽管现代化的高楼大厦改变了古都风貌，但是北京城以紫禁城为中心从南到北贯穿的中轴线所突出的传统建筑群体，以及方正平直的帝都风范，井然有序的棋盘式网格道路，依然是它最鲜明的特色。

梁思成先生在《我国伟大的建筑传统与遗产》一文中写道："历史上每一个民族的文化都产生了它自己的建筑，随着这文化而兴盛、衰亡。世界上现存的文化中，除去我们的邻邦印度的文化可算是约略同时诞生的弟兄外，中华民族的文化是最古老、最长寿的。我们的建筑也同样是最古老、最长寿的体系。在历史上，其他与中华文化的约略同时，或先或后形成的文化，如埃及、巴比伦，稍后一点的古波斯、古希腊，以及更晚的古罗马，都已经成为历史陈迹，而我们的中华文化则血脉相承，蓬勃地滋长发展，四千年来，一气呵成。"北京建城三千多年、建都八百多年的历史，正是由紫禁城、中轴线、街巷胡同、四合院规范出来的方正平直的帝都风范，构建了北京人独特的居住方式和文化形态。

第二节　形如棋盘，井然有序

明清北京城把紫禁城设在中央，整个都城以紫禁城为中心左右对称，内城设九门，外城设七门，皇城设四门，俗称“里九外七皇城四”。城内各以城门为终始点，由南北和东西干道，共同组成横平竖直的棋盘式道路网格；镶嵌在方格内的胡同，则井然有序、横平竖直地编织在道路网格内。正是这大片的胡同构成了北京城独特的风貌，胡同里的青灰色调和低矮的四合院建筑，更烘托出了宫殿的金碧辉煌、气势宏伟。所以有人说：“没有胡同和四合院，就不叫北京城。”这句话一点也不过分。

“皇城四”指皇城的四座城门，正南有大明门，即国门，清朝改称大清门，民国改称中华门。大明门外的棋盘街，是明清两代的“朝前市”，万商云集热闹非凡。皇城的东门为东安门，西门为西安门，北门为北安门。北安门又称厚载门、后宰门，俗称后门，清代改称地安门。皇城内为紫禁城，亦称大内，即皇宫。紫禁城开四门，正南曰午门，东城门曰东华门，西城门曰西华门，北城门曰玄武门，清避康熙讳改称神武门。午门是紫禁城的正门，亦称午朝门，俗称五凤楼。午门南为端门，再南为承天门，清朝改名天安门。

中国古代的城市，是在“城”与“市”的基础上发展起来的。《易·系辞》：“日中为市，致天下之民，聚天下之货，交易而退，各得其所。”市作为商品的交易场所，一般都设在重要的交通道口和人烟稠密的地区，形成商业街区。在街巷胡同中“街”是老大，无论从宽度、长度、道路的质量看都名列第一。大街上车水马龙、人流不断，最露脸的“市”当然也得放在街面上，形成了北京“以门为街”“街以市名”的独特景观。地安门大街、东安门大街和西安门大街都是有名的商业街。天安门前的东、西长安街，因原有长安左、右门而名。天安门“T”形广场，号曰天街，堪称“天下第一街”。

图10 天安门

“里九”指内城的九座城门。南为正阳门、宣武门、崇文门，北为德胜门、安定门，东为东直门、朝阳门，西为西直门、阜成门。正阳门与宣武门、崇文门合称“前三门”。正阳门位于内城南垣的正中，是皇帝“龙车”专走的御道正对的城门，也叫前门。前门外称前门大街，又称正阳门大街，北起前门外月亮湾，南至天桥路口，与天桥南大街相连，是著名商业街。明清间在大街两侧陆续形成鲜鱼市、肉市、草市、猪市、粮食市、珠宝市等许多专业集市。附近胡同内随之出现许多工匠作坊、货栈、车马店、旅店、会馆以及庆乐、三庆、华乐等戏园。宣武门在正阳门西，又称顺治门。过去刑场设在宣武门外的菜市口，死囚经刑部审核确定，从此门押出到菜市口问斩。所以在城门洞顶上刻着“后悔迟”三个大字。“戊戌六君子”之一的谭嗣同曾在这里喊出“有心杀贼，无力回天，死得其所，快哉快哉”的豪迈遗言。崇文门在正阳门东，又称哈德门，是运酒的通道。当年进京的美酒大多从河北涿州等地的南路运来，运酒车先进外城的左安门，再到崇文门缴税。崇文门瓮城左首的镇海寺内有镇海铁龟，据说城外护城河的桥下有一个海眼，此龟即为镇物，崇文门遂以“崇文铁龟”著称。崇文门俗称海岱门或哈德门，明蒋一葵《长安客话》：“泰山、渤海俱都城东尽境，元时以‘海岱’名门，取此。”海，即渤海、东海；岱，即岱宗，岱宗即泰山。德胜门是军队得胜班师回朝进城的门，城门东城墙上放有一尊报时炮，每日午时放炮报时，称“德胜午炮”。安定门俗传是出兵打仗的军队出城的门，实际上城外地坛附近多粪场，经过此地的多是粪车。东直门又称崇仁门，过去的砖窑都设在东直门外，从南方运来的木材也从东直门进城，所以又叫作柴道。朝阳门又称齐化门，城门洞顶上刻着一个谷穗，是运粮通道。过去南方产的粮食往京城调运，必须经南北大运河先到通州，再装车由朝阳门进城。现在朝阳门内还有“禄米仓”“海运仓”“新太仓”等街巷名，即是当年存放粮食的仓库。西直门又称和义门，城门洞上面刻着水的波纹，是水车运水通道。过去北京城内多苦水井，每天一早皇家要从玉泉山运水，经西直门运进皇城。阜成门又称平则门，门洞顶上刻有一朵梅花，“梅”与“煤”同音，是运煤的通道。京西门头沟一带是产煤之地，门头沟的煤要进北京，必走阜成门。内城主干道以城门为原点，以城门为街名，南北向有德胜门大街、安定门大街、宣武门大街、崇文门大街，东西向有西直门大街、阜成门大街、东直门大街、朝阳门大街。大街两旁和城门内外都是商业旺地，一直延续到今天。

“外七”指外城的七座城门，西有广安门、西北有西便门，东有广渠门、东北有东便门，南有永定门、左安门、右安门。民国初，新开辟了和平门，日伪时期又开辟了建国门和复兴门。在这些城门内外及因门而名的大街上，也都是商业繁华之处。

以城门为地理实体的北京城，不仅有前门东大街、西直门南大街之类带方位词的大街，这些大街的命名还有内外之别。凡在城内的街道称内大街，如崇文门内大街、宣武门内大街、西直门内大街、阜成门内大街、德胜门内大街、复兴门内大街等；位于城外的街道则称外大街，如广安门外大街、东直门外大街、西直门外大街、阜成门外大街等。宣武门外大街、和平门外大街和崇文门外大街虽然都位于外城之内，但因在内城已有宣武门内大街、和平门内大街和崇文门内大街，所以只能称外大街。另外正阳门内有棋盘街，所以正阳门大街不分内外，只称正阳门大街，俗称前门大街，1965年正式定名为前门大街。除此之外，还有前街、后街和斜街。前街一般在地理实体的南侧，如槐柏树前街、枣林前街、景山前街、法源寺前街、报国寺前街、天宁寺前街等。后街一般在地理实体的北侧，如景山后街、沙土山后街等。若不是横平竖直的街巷则称斜街，如上斜街、下斜街、东斜街、西斜街、烟袋斜街、铁树斜街等。

历经世世代代耳濡目染，北京人的地理方位感特别强，似乎所到之处都离不开东南西北。城门有东直门、西直门；区划有东城区、西城区；胡同有东椿树胡同、西堂子胡同、南半截胡同、北吉祥胡同；牌楼有东四牌楼、西四牌楼；逛庙会有北顶、南顶、西顶、东顶；听相声，“打南边来了一个喇嘛，手里提着五斤鳎目”；一进家门，“冬不暖，夏不凉，有钱不住东南房”。西四、南锣鼓巷、东四和菜市口一带，至今保留着大片由东西、南北向胡同编织的网格状道路。

老北京有句俗语，叫“美得他找不到北了”。当朋友侃侃而谈的时候，也会冷不丁问一句：“我说哪儿是北呀？”找不到北就是美得晕头转向，找不到东南西北的方位。在北京打听道儿，北京人会告诉你从这儿往东、往西、往南、往北。而在有的城市，特别一些南方的城市，则说往左、往右、往前、往后。记得改革开放不久，笔者去广东一座很有名的城市开会，参会的朋友好心地对我说，你如果出门问路，一定要问三个人以上再决定。我出门问过几次路就明白了，原来那里和北京不一样，他告诉你往前走，一点也没错，应该清楚的是你自己。你面对着人家问路，他让你往前走，是说往他前面的方向走，你非得往你前面的方向走，岂不是南辕北辙了吗？回去一解释，大家才恍然大悟，也算我为南北文化交流做了点儿贡献。

俗话说，“没有规矩不成方圆”，礼制制度是明清北京城空间布局的重要依据。《考工记》规定“国中九经九纬，经涂九轨”，都城的道路必须形成经纬交叉式道路网，城门则直对着主干道，并由此衔接城外的道路。镶嵌在棋盘式道路网格里的胡同，不仅是构建北京古都最基本的单位，还是北京文化的发祥地。作为有形的居住文化和传统住宅，胡同、四合院与城市一脉相承，在其背后反映着社会、艺术、家庭结构等文化现象。横平竖直的胡同就像一把尺子，规范着胡同里的建筑和北京人的生活：胡同里的建筑讲究对称、均齐、规矩，等级分明，横平竖直，各安其位；生活在胡同里的北京人讲究规矩，讲究礼仪，讲究邻里亲情、尊老爱幼、办事大气，讲究有里有面儿，也是京味文化的一大特色。

第三节　包容并蓄，通涉雅俗

胡同和街巷都属于地名。还在战国时期，荀子在《正名篇》里便写道："名无固宜，约之以命。约定俗成谓之宜，异于约则谓不宜。名无固实，约之以命，约定俗成，谓之实名。"意思是说，名称没有本来就合适的，而是由人们共同约定来命名的，对某一事物的名称约定俗成了，这名称就适宜了，不同于约定俗成的名称，就叫不适宜。这和张爵在《京师五城坊巷衚衕集》序中所说的"遇时俗相传京师衚衕亦书之"不谋而合。

街巷地名由通名和专名两部分组成。街巷地名的通名，指街巷命名中可以通用的部分，"街""大街""巷""胡同"等都属于通名。如延旺庙街，"街"是通名；前门东大街，"大街"是通名；果子巷，"巷"是通名；驴驹胡同，"胡同"是通名；北海夹道，"夹道"是通名。在实际使用中，通名有时可以省略，比如西四牌楼和东四牌楼，在北京人的口语中，常省去"牌楼"，显得对该地的熟知和亲切。专名与通名相对，指地名中用来区分各个地理实体的词，是一个地名的专有部分。如崇文门大街，"崇文门"是专名，"大街"是通名；大吉巷，"大吉"是专名，"巷"是通名；喜鹊胡同，"喜鹊"是专名，"胡同"是通名。专名在街巷名称中不能省略，只有凭借街巷专名，才能把所指代的地域区分开来。如果喜鹊胡同省略了专名"喜鹊"，只剩下"胡同"二字，便无法知道它的具体位置和所在地域。

北京位居千年古都，写家庭地址或单位地址，必然先从北京市开始，然后才是街巷胡同。京者，高也，甲骨文的"京"字形似筑起的高丘，上为耸起的尖端，本义为人工筑起的绝高土堆。《诗经·大雅·民劳》："惠此中国，以绥四方；惠此京师，以绥四国。"表明京又代表京师，所以历代都城都以"京"字命名。《春秋公羊传》进一步解释道："京师者何？天子之居也。京者何？大也。师者何？众也。天子之居，必以众大之辞也。"明《京师五城坊巷衚衕集》里，记载着大量因皇家建筑和中央衙署命名的胡同，如皇城内的尚宝监胡同、黄华门胡同，皇城周围的宗人府胡同、礼部胡同、兵部胡同，以官爵和府第命名的武王侯胡同、帅府胡同、王府东西夹道胡同，以国家仓署和厂库命名的王府仓胡同、太平仓胡同、公用库胡同等。处处彰显出皇家气派，这在全国乃至全世界都是独一无二的。

北京自古以来就是多民族共同发展的地区，寺庙之众甲于天下。历代帝王祭祀祖先、天、地、日、月的坛庙与民间寺庙遍布京城的名山园林、大街小巷。谚语“旧京一步三座庙”，形象地说明了北京城的寺庙之多。据《北平市民政局档案》，1947年全市城郊区共有寺庙1920座，其中民庙988座、僧庙685座、尼庵115座、道观126座，女冠6座，最能体现寺庙文化在京味文化中占有的重要地位。明代澄清坊有玄极观胡同、天将庙胡同、成寿寺胡同，明照坊有法华寺胡同、关王庙胡同，保大坊有迎喜观胡同、舍饭寺胡同，大时雍坊有红庙儿胡同、五道庙胡同、观音堂胡同等，总计有202条以庙宇为名的胡同，保留至今的尚有五岳观胡同、弘善寺胡同、药王庙胡同、报恩寺胡同、地藏庵胡同等，成为中国传统文化和京味文化的一道独特景观。

曾有人说北京的胡同以带井字的最多，这恐怕也太不了解北京了。明《京师五城坊巷衚衕集》计36坊，记载街巷胡同1288条，除城关外111条不计，总计1177条，其中以庙宇为胡同名的202条，以井为专名的胡同只有23条，有19个坊内全然没有以井为名的胡同，占全城一半以上。另仅南熏坊、澄清坊、明照坊三坊，以皇家官府衙门为胡同名称的便超过23条。其他如以手工业、达官贵人府第、贸易集市为街巷胡同名称者，比比皆是，都远远超过以井名为胡同的数量，可见胡同一名与井并无瓜葛。

具有三千年历史的古都北京，一向为包容并蓄、海纳百川的大都会，不同地域、不同民族，甚至不同国度的人都曾在胡同里居住，留下了历史的记录。像以外省市居民区命名的苏州胡同、镇江胡同、四川营胡同、陕西巷、山西街，以安南人聚居地命名的安南营等。安南营在东直门北，安南即越南，明、清两代为中国属国，此处曾建有安南会馆。18世纪后期，安南南方爆发西山农民起义，由清廷册封过的黎朝皇帝愍帝（年号昭统）兵败，带领群臣退入我国广西境内。乾隆皇帝采纳权臣和珅的建议，顺其自然罢兵讲和，改派阁臣福康安为两广总督，到广西经理安南之事。此时，取得胜利的西山阮君主遂遣其侄阮光显及陪臣携带贡品赴京朝觐，乾隆帝封西山阮朝皇帝阮文惠（年号光中）为安南国王，并颁给驼纽镀金银印。阮文惠非常感激，改名阮光平加以纪念，并率使团亲自到京瞻觐。后黎君臣也剃发易服召至京城，奉旨封其为佐领，颁与三品冠服。安置昭统、太后及太子居住在安定门内镶黄旗所在的国子监胡同，院门外题“西安南营”四字；其余安南官员居住东直门内杨浦胡同，门外书“东安南营”。1965年，安南营改称民安胡同。

图11　清秀典雅的什锦花园胡同

北京胡同的名称丰富多彩，雅俗兼收，既有皇家特色的司礼监胡同、兵部胡同，清秀典雅的百花深处胡同，也有充满生活气息的油坊胡同、干面胡同，甚至还有让人觉得不能容忍的粪厂大院胡同、屎壳郎胡同。其他如以地形地物命名的椅子胡同、罗圈胡同、八道湾胡同、四眼井胡同、受水河胡同、飞龙桥胡同；以动植物命名的椿树胡同、松树胡同、菊儿胡同、骆驼胡同、驴驹胡同、金鱼胡同；以职业和姓氏命名的砂锅刘胡同、豆腐陈胡同、黄兽医胡同、蔡家胡同、齐家胡同；以店铺市场命名的羊肉胡同、驴肉胡同、米市胡同、马市胡同、钱市胡同；以器物衣物命名的碾子胡同、盆儿胡同、水罐儿胡同、巾帽胡同、手帕胡同；以作坊行业命名的铁匠胡同、棚匠胡同、轿子胡同、煤铺胡同、裱褙胡同等。这些胡同的命名大都是老百姓的口语，用词不出老百姓的周边生活，取名信手拈来从不忌讳。由民间流传到最终约定俗成，没有那么文雅和刻意地修饰，只求形象生动，亲切自然，好说好记，容易区别，充满了生活气息，也给人留下了刻骨铭心的记忆。这其中所蕴藏的历史、地理、文化、民俗等多学科的内容，需要不断地探讨和挖掘。

民国时新文化运动兴起，北平市政府对恶、俗、贱等不雅地名进行雅化，更换为发音近似、用字更文雅的新名，约更改胡同名称三百处。对恶名和犯忌或带脏字的词，如棺材胡同雅化为光彩胡同，打劫巷雅化为大吉巷，蝎虎胡同雅化为协和胡同，臭水街雅化为秀水街，臭水河胡同雅化为受水河胡同，猪巴巴胡同雅化为珠八宝胡同，屎壳郎胡同雅化为石刻亮胡同，王八盖胡同雅化为万宝盖胡同，白虎庙雅化为百户庙，鬼门关胡同雅化为贵人关胡同，油炸鬼胡同雅化为有果胡同等。对一些含有不敬调侃色彩的命名，如张秃子胡同雅化为长图治胡同，哑巴胡同雅化为雅宝胡同，罗锅巷雅化为锣鼓巷，鞑子营雅化为达智营，大脚胡同雅化为达教胡同，裤子胡同雅化为库资胡同，裤腿胡同雅化为库堆胡同等。对粗俗类的命名，如猪尾巴大院雅化为智义伯大院，狗尾巴胡同雅化为高义伯胡同，猴尾胡同雅化为侯位胡同，羊尾胡同雅化为扬威胡同，母猪胡同雅化为杨梅竹胡同，粪厂大院雅化为奋章大院等。被认为原名含有旧行业、旧人事命名的胡同，被改名的也不少，如砂锅刘胡同改为砂锅琉璃胡同，姚铸锅胡同改为尧治国胡同，豆腐陈胡同改为豆腐池胡同，汪太医胡同改为汪太乙胡同，宋姑娘胡同改为颂年胡同，等等。

1965年，北京开展街巷胡同地名整顿工作，区分了一些重名的胡同。此次整顿，保留一条为原名，其他或者改称别的名字，或者用东、西、南、北、大、小等加以区分。有一些胡同名称中的寺、庙被去掉。同时，一些小胡同被合并到大的街巷胡同之中。如丰盛地区把北钱串胡同并入敬胜胡同，南钱串胡同并入小院胡同；沙井胡同、小褡裢胡同并入兵马司胡同，中半壁街并入北半壁胡同，中北太常胡同、大枕头胡同并入北太常胡同等。这些胡同并入其他胡同后，原胡同名称随之消失。经此，胡同数量减少了500多条。还有一些胡同从用字到含义彻底被改变，这类胡同以西四地区最为典型。像西帅府胡同，因正德十二年（1517）明武宗自封威武大将军，并在此设立大帅府而名。这是一段多么珍贵的历史见证，却被改名为西四北二条，彻底丧失了它所具有的历史文化意义，建议有关方面研究予以恢复。著名诗人朱湘在《胡同》一文中写道："那富于暗示力的劈柴胡同，被改作辟才胡同了；那有传说背景的烂面胡同，被改作烂缦胡同了；那地方色彩浓厚的蝎子庙，被改作协资庙了。没有一个不是由新奇降为平庸，由优美流为劣下。"表达出作者对胡同名称更改而失去乡土风味的惋惜。

第四节 里弄胡同，异曲同工

过去上海人到了北京，一看到胡同就会说，什么胡同啊，不就是上海的弄堂吗。的确，像胡同这样的小巷子，在南方叫弄堂，古代称衖，宫中叫永巷，唐长安城称曲。小巷子、弄堂、衖、永巷、曲和胡同，它们之间没有什么不同之处。即便我们到国外去，到处也能看到和胡同一样的巷子。所以无论用什么称呼，胡同就是城市里的一条巷子，与所在城市共同发展，并非后代某朝某人刻意的发明创造。

正因为胡同本就是巷，所以现在只要一提到北京最长的胡同，必然说是东交民巷。东交民巷在天安门广场东侧，呈东西走向，全长1552米，被称为老北京最长的一条胡同。北京最短的胡同是贯通巷，在大栅栏街道办事处辖区中部，呈南北走向，北起炭儿胡同，南至杨梅竹斜街。仅有1号和3号两户，实地测量长度18.9米。原称穿堂门，因贯通南北两巷而改今名。北京最短的胡同也有一尺大街之说，但它的街巷通名为“街”，照理说不应划入胡同之列。

明清时，经儒师们对胡同考证，“胡同”和“弄”均源于古“巷（衖）”字。明末清初的顾炎武在《唐韵正·卷十一》中写道：“楚辞巷字作衖，汉司隶校尉鲁峻碑文以公事去官休神家衖，闳（巷），古音胡贡反。今京师人谓巷为胡同，乃二合之音。杨慎曰：今之巷道名为胡同，字书不载，或作胡衕，又作搰侗。《南齐书》：萧鸾弑其君于西弄。注：弄，巷也。南方曰弄，北曰胡同。弄者盖闳（巷）字之音转耳。今江南人犹谓之弄。”明谢肇淛在《五杂俎卷三·地部》中说得更加清楚：“闽中方言‘家中小巷谓之弄’。弄即巷也。《元经世大典》谓之火弄，今京师讹为胡同。”国际知名民族学家、历史学家、教育家黄现璠考证，“巷”“弄”“胡同”为音同形异的通假。因为这些字在意义上具有一定的关联，在使用过程中具有一定的历史渊源和约定俗成的基础。“《南齐书》所载：‘萧鸾弑其君于西弄。’注：‘弄，巷也。’西弄，即西巷，急读为弄，缓读为衖，即胡同。今北京街道称为胡同，上海人将‘小巷’叫‘弄’，即此之故。”换言之，“弄”与“胡同”是“巷（衖）”的南北两音关系，这从胡同与弄的地域分布也得以证明。

图12　南方的弄堂与北京的胡同没有什么不同

吴语，又称江东话、江南话、江浙话、吴越语，从周朝至今已有三千多年悠久历史，保留较多古汉语用字用语，语音与《切韵》《广韵》等古代韵书高度吻合，是江南人思维方式、生活情调、文化涵养、社会生产、风俗民情、语言习惯的生动体现。吴语区主要分布在今浙江、江苏南部、上海、安徽南部、江西东北部、福建北部一带。以北京话为代表的华北官话区通行的北方话，主要分布在北京、天津、河北、河南、山东、辽宁、吉林、黑龙江等省市以及内蒙古自治区东北的呼伦贝尔、赤峰，还有安徽省阜阳一带。

按照全国邮政编码查询系统和《中国邮政编码大全》，“弄”“弄堂”通名的使用与吴语区相一致，“胡同”通名的使用与以北京话为代表的华北官话区相一致。属于蒙古语区的内蒙古广大地区和内蒙古北部以及海拉尔四周没有胡同，太行山以西的西北官话区没有胡同，黄河流域以南的江淮官话区没有胡同，吴、闽、粤、赣、湘、客家六大方言地区没有胡同。由此证明，“胡同”和“弄”是“巷（衖）”

的南北两音，它们各占吴语和北方话南北两区，互不干扰，与蒙古语没有任何关系。（见表1、表2）

表1　弄在我国的地域分布

所在城市	弄名举例	所在城市	弄名举例	所在城市	弄名举例
（苏）无锡	苏家弄	（苏）镇江	贺家弄	（闽）莆田	狮口巷12弄
（苏）徐州	莲花井巷	上海	布店弄	（闽）南平	下井弄
（苏）常州	大火弄	（浙）杭州	茶叶弄	（闽）宁德	井兜弄
（苏）苏州	双井弄	（浙）宁波	井头弄	（皖）安庆	吴家弄
（苏）淮安	康乐一弄	（闽）福州	金泉弄		

资料来源：全国邮政编码查询系统等。

表2　胡同在我国的地域分布

所在城市	胡同举例	所在城市	胡同举例	所在城市	胡同举例
（黑）哈尔滨	鱼胡同	（辽）大连	连居胡同	（豫）郑州	丁字胡同
（黑）齐齐哈尔	张家胡同	（辽）丹东	北疃胡同	（豫）开封	刘府胡同
（黑）双鸭山	富旺胡同	（辽）朝阳	南塔胡同	（豫）洛阳	马家胡同
（黑）伊春	双林胡同	（辽）辽阳	赵纸房胡同	（豫）安阳	姚家胡同
（黑）佳木斯	太平胡同	北京	史家胡同	（豫）信阳	周公台胡同
（内蒙古）呼伦贝尔海拉尔区	靠山胡同	天津	帽刘胡同	（鲁）济南	涌泉胡同
（内蒙古）呼伦贝尔扎兰屯	牵牛胡同	（冀）石家庄	聚贤里胡同	（鲁）烟台	留余胡同
（内蒙古）呼伦贝尔牙克石	同心胡同	（冀）秦皇岛	北马羊胡同	（鲁）济宁	三皇胡同

续表

所在城市	胡同举例	所在城市	胡同举例	所在城市	胡同举例
（内蒙古）赤峰	双桥胡同	（冀）邯郸	针后胡同	（鲁）德州	东升胡同
（吉）长春	轱辘把胡同	（冀）保定	花菊胡同	（鲁）聊城	东顾家胡同
（吉）吉林	八家子胡同	（冀）廊坊	南城根胡同	（鲁）菏泽	岳程李胡同
（吉）通化	临江胡同	（冀）张家口	曹家胡同		
（吉）延边朝鲜族自治州	白山胡同	（冀）沧州	蔡家胡同		

资料来源：全国邮政编码查询系统等。

第五节　世事更迭，名称嬗变

看到一篇对宋朝人林季仲《次韵林楙南见寄》诗“若得封胡同里巷，底须屈宋作衙官”的注释：“胡同，蒙古语。元人呼街巷为胡同，后即为北方街巷的通称。”诗里的“封胡”本是东晋谢氏诸子中的堂兄弟，“封”指谢韶，小字封，谢安弟谢万之子，官至车骑司马；“胡”指谢朗，小名胡儿，谢安之兄谢据的长子，官至东阳太守。“若得封胡同里巷”，意为假若与封胡二人同住一个里巷，屈原、宋玉也只能做他们的下属，全诗与胡同一点关系也没有。这首诗的作者林季仲，北宋宣和三年（1121）进士，因力阻秦桧和谈被免职，后任婺州知州，加封龙图阁直学士。林季仲在世时，成吉思汗还没有出生，何来元人呼街巷为胡同？

既不考虑语音的历史发展，也不考虑词义的演变过程，把近代个别地区音变的蒙古语“水井”错认为胡同，见到胡同便谈水井，牵强附会地推测词源。今人编辑的书刊中仍在重复或刻意制造的这类伪词源，这种“亥豕马焉因而愈误，鲁鱼帝虎久则失真”的现象在胡同文化里尤其值得警惕。

一、“元人语”是汉语

20世纪初，有文称“胡同”来自蒙古语“水井”，此说并非源于史料或考古发现，而是出自道听途说。1937年，《世界晚报》载文称：“前冬余游蒙地，其村落恒名‘郝页鲁胡同’‘乌兰胡同’。后与土默特总管蒙人谈及，据称：‘北平之胡同，亦译蒙语井字而来，元朝势力所及之地，改巷为胡同，蒙人名其聚处为胡同，谓有井也。’”1944年，《北京地名志》一书写道：“据最近从蒙古来的人说，在蒙古比村稍大的部落就叫胡同。五六个集中在一起的蒙古包也可以称为胡同。”[①]20世纪80年代，有文章以此和《宛署杂记》“胡同本元人语”、《析津志》“衖通二字本方言”为据，认为元人语只能是蒙古语，“衖通”可能就是蒙古语“水井”的音译。事实并非如此。

随着考证的深入和新资料不断涌现，“假设胡同可能是蒙古语水井”的说法受到越来越多的质疑。著名古典文学研究家周汝昌先生在《北京晚报》撰文道：胡同是小巷，和井、泉、城颇有差异，如只就音寻源，汉语中的和屯、混沌、洪洞、滹沱与胡同的记音也非常接近，未必一定要来自蒙古语，“寻古北语也，不独蒙古”。

（一）《宛署杂记》中的“元人语”，指元代人说的汉语

“胡同本元人语”引自明沈榜《宛署杂记》：“胡同本元人语，字中从胡、从同，盖取胡人大同之意。然二字皆从行，迨我朝龙兴，胡人北徙，同于荒服，亦其谶云。”文中元指元朝，为朝代名。史书所论唐、宋、元、明、清，均指朝代。欧阳修解释李白诗“借问别来太瘦生”时说，“太瘦生，唐人语也”；钱基博《古文辞类纂解题及其读法》：“吴氏则戒作宋、元人语”；《四库总目提要》天籁集二卷（编修汪如藻家藏本）：“盖其词采气韵，皆非后人之所能，固一望而知为宋、元人语矣。”以上提到的唐、宋、元人语，皆指唐、宋、元朝人所说的汉语。沈榜所言，本是为恭维朝廷杜撰的一句谶语，并未提及蒙古话，与蒙古语没有任何关系。“衖通”是吴语“弄堂”，与蒙古语“水井”无关，前文已详细阐述，这里不另行解释。

（二）辽金元时北京地区普遍说汉语使用汉字

中国数千年的文明史表明，源于中原的汉文化，具有巨大的亲和力。从北魏、辽、金，乃至稍后的元代，无一不是如此。而元大都新城按《考工记》和金中都规划布局所形成的“坊巷制”，均以中国传统的街制和四合院作为民居的主要形式，标志着蒙古族以迁居转变过

① ［日］多田贞一：《北京胡同志》，北京：书目文献出版社，1986年，第11页。

程的终结，而不是北京文化的开始。

表现在语言上，北京地区在辽金时期，以定型的中原之音为基础，“语音亦有微带燕音者”，如辽称汉人为“汉儿”，现代北京话语音后还留有带“儿”字的特点。1089年苏辙出使辽国，从南京城（今北京西南）途经密云，所过之处的民众普遍使用汉语，包括古北口外奚人游牧地区也不例外。他在《出山》诗中写道：“燕疆不过古北阙，连山渐少多平田。奚人自作草屋住，契丹骈车依水泉。橐驼羊马散川谷，草枯水尽一时迁。汉人何年被流徙，衣服渐变存语言。”金迁都中都城以后，北京地区成为中国北方的政治中心，汉语在北方的影响更加突出，如完颜合周所写榜文：“雀无翅儿不飞，蛇无头儿不行。”语鄙俚而朴实无华。

金元以后，北京话不仅成为各地来京人员通用的口语，而且成为各方言区之间共同的交际工具。元朝时依旧以中原之音为正音，元大都人所说的北京话，被定为四海同音的中原之音。元人周德清的《中原音韵》就是“以中原为则，而又取四海同音”编写的。从明初的《洪武正韵》到清中叶以前，教授语音的学者都以中原雅音为依据，以北京话为代表。清朝学者陈冲庆说过：“国朝建都于燕，天下语音首尚京音。”包括长江以北，镇江以上九江以下的沿江地带，四川、云南、贵州和湖北、湖南两省的西北部，广西北部一带，使用京音的人口占汉族总人数的70%以上。与此同时，元明清三代随着政治、经济的集中，大量汉语白话文学作品如元杂剧、元曲、小说《三国演义》《水浒传》《西游记》《儒林外史》《红楼梦》《三侠五义》等广泛流传，使北京语音逐步上升到标准音的地位。

1965年秋天和1972年上半年，考古人员两次发掘北京西直门内后英房元代居住遗址。在遗址主院北屋砖地上，遗留着用墨笔抄写的曲令一类的残纸，每行13字，共10行，上写“娘的宠儿怎的说……娘的宠儿难来描”“永不别离”等，出土时仍依稀可辨。2001年，为弥补辽金元时期的文献资料不足，北京辽金城垣博物馆辽金遗迹调查小组和元代遗迹调查小组成员，历时八载，对北京地区辽金元史迹进行全面调查。调查小组收集到的元代史料，计有法源寺圣旨碑、房山区云居寺圣旨碑、元代大书法家赵孟頫书丹大元故昭勇大将军万户张弘纲墓志、大元故中书左丞相耶律铸夫妇墓志、大元故太傅録军国重事宣徽使铁可墓志、大元故亚中大夫宣政院判官耿完者秃墓志、大元故武德将军阔里别出墓碑等，仅石刻拓片就有70多幅、照片1000多张。除平谷区王辛庄一处元代皇恩特赐圣旨碑正面为八思巴文、碑阴刻汉字楷书译本外，无一不以汉字书写。[①]可见元大都内，元朝人普遍说汉语使用汉字。

（三）《原本老乞大》揭示了“元人语”是汉语

笔者从1980年起，参加《北京地名志》的调查和条目编写，一直对胡同苦苦探求。令笔者庆幸的是，收藏到了汪维辉先生编的《朝鲜时代汉语教科书丛刊》。在该书的《原本老乞大》影印本中，竟让笔者找到了张爵以前对胡同的写法。

《老乞大》出书于高丽朝末期，即中国的元末，是朝鲜时代最重要的汉语教科书之一。[②]“乞大”据说意为契丹，指中国。“老乞大”就是中国通的意思。该书采用对话方式，记述了几名高丽客商与中国王姓的辽阳人结伴去元大都（今北京）做买卖的过程。1998年，韩国庆北大学南权熙教授在整理大邱市一位私人藏书家的藏书时，发现元代版本《原本老乞大》。全书收录的都是元代北京口语，涉及地域包括我国东北、沈阳、距离北京五百多里的瓦店、夏店、大都、涿州、山东济宁府、东昌、高唐等地。书中称本国为“高丽”，称北京为“大都”，称辽阳为“东京”，胡同写作“胡洞”，随便商量写作“胡商量”。这本书如同一台录音机，真真切切地录制了元朝时东北和华北地区人们所说的汉语，把他们在生活交往中使用的地道北方口语记

---

① 北京辽金城垣博物馆：《北京辽金元拓片集》，北京：北京燕山出版社，2012年，第81—146页。

② 汪维辉：《朝鲜时代汉语教科书丛刊》第二册，北京：中华书局，2005年，第1页。

录下来。看了这本书，我们仿佛到了元大都，听到元人用北京语音说汉语的情况。现摘录几段对话，以飨读者。对北京胡同有兴趣的朋友，不妨看看这本书，一定会让您受益匪浅。

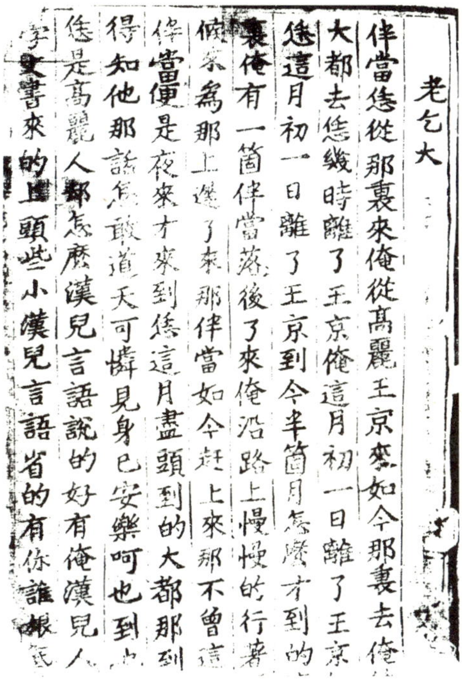

老乞大
伴當恁從那裏來俺從高麗王京來如今那裏去俺
大都去恁幾時離了王京俺這月初一日離了王京
恁這月初一日離了王京到今半箇月怎麼才到的
裏俺有一箇伴當落後了來俺沿路上慢慢的行著
候來那上邊了來那伴當如今赶上來那不曾這
伴當便是夜來才來到恁這月盡頭到的大都那到
得知他那話怎敢道天可憐見身已安樂呵也到
恁是高麗人卻怎麼漢兒言語說的好有俺漢兒人
上學文書來的上頭些小漢兒言語省的有你誰根底

图13　元版《原本老乞大》

伴当，恁从那里来？

俺从高丽王京来。

如今那里去？

俺往大都去。

恁是高丽人，却怎么汉儿言语说的好有？

俺汉儿人上学文书来的，上头些小汉儿言语省的有。

你谁根底学文书来？

我在汉儿学堂里学文书来。

你学甚么文书来？

读《论语》、《孟子》、小学。

你是高丽人，学他汉儿文书怎么？

你说的也是，各自人都有主见。

你有甚么主见？你说我试听咱。

如今朝廷一统天下，世间用着的是汉儿言语，咱这高丽言语，只是高丽地里行的。过的义州，汉儿田地里来，都是汉儿言语。有人问着，一句话也说不得时，教别人将咱每做甚么人看？

《原本老乞大》中“如今朝廷一统天下，世间用着的是汉儿言语”，不仅元大都人用汉语说话，在东北、华北地区“过的义州，汉儿田地里来，都是汉儿言语”。是为《宛署杂记》“胡同本元人语”指汉语，不是蒙古语的佐证。

（四）元明两版本的《老乞大》，记录了从“胡洞”到“衚衕”的演变过程

明朝建立后，汉语发生变化，遵照李朝国王的指示，于1483年邀请明朝使臣葛贵等对古本《老乞大》进行修改，由朝鲜语言学家崔世珍做出谚解，并在1507—1517年间刊行，是为《老乞大谚解》。对照《原本老乞大》和明版本《老乞大谚解》，《原本老乞大》：“这胡洞窄，牵着马多时，过不去。咱每做两遭儿牵”。明版本《老乞大谚解》：“这衚衕窄，牵着马多时过不去，咱们做两遭儿牵”。“胡洞”在明朝写成“衚衕”，展示了胡同一名由金元以前坊间流传的“胡

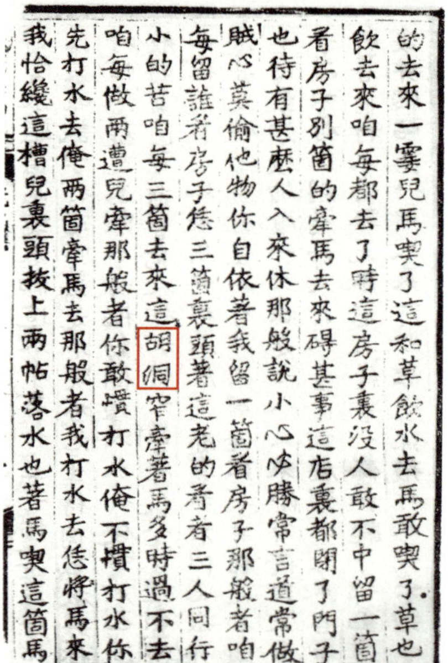
的去來一霎兒馬喫了這和草飲水去馬敢喫了草也
飲去來咱每都去了時這房子裏沒人敢不中留一箇
着房子別箇的牽馬去來碍甚事這店裏都閉了門子
也待有甚麽人入來休那般說小心必勝常言道常做
賊心莫倫他物你自依着我留一箇看房子那般者咱
每留誰看房子恁三箇裏頭著這老的看者三人同行
小的苦咱每三箇去來這胡洞窄牽著馬多時過不去
咱每做兩遭兒牽那般者你敢慣打水俺不慣打水你
先打水去俺兩箇牽馬去那般者我打水去恁將馬來
我恰纔這槽兒裏頭拔上兩帖落水也著馬喫這箇馬

图14　元版《原本老乞大》中的“胡洞”

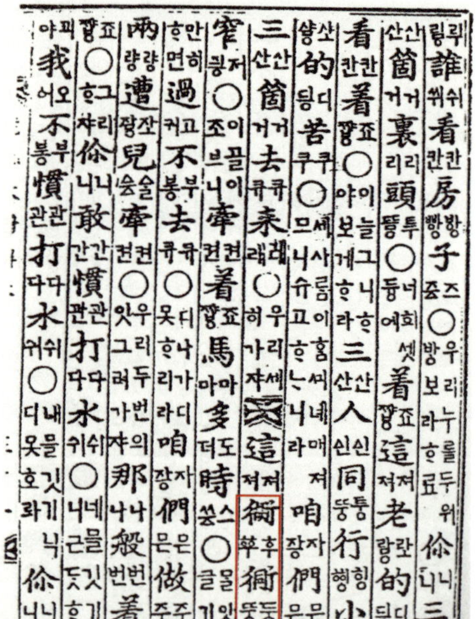

图15　明版本《老乞大谚解》中的“衚衕”

洞”，到明代正式定名的“衚衕”，清末简化为“胡同”的演变过程。其他如“咱每”变为“咱们”、“恁”变为“你”、“著”变为“着”等，反映出汉语随着年代推移，语言有所变化并不断修订的事实。

《原本老乞大》还提供了以下重要史实：

（1）井和胡洞在《原本老乞大》中都有出现，说明井和胡同不是同一词素，胡同与井无关；

（2）《原本老乞大》中写道“这胡洞窄，牵着马多时，过不去”，证明胡同在元代指窄巷；

（3）《原本老乞大》中“胡洞”一词出现在东北辽阳，说明此前“胡洞”一名已在华北、东北地区广泛使用；

（4）《原本老乞大》记载“胡洞”的同时，多处直接用“胡”字代表随意，如淡饭胡吃些个、煮粥胡充饥、胡留下者、则是胡商量的、恁休胡索价钱。说明胡同二字，在民间还被赋予了随意通行的意思。这些都是现代人难以想象到的。

二、胡同与蒙古语“水井”无关

从秦汉到隋唐，蓟城（今北京西南）一直是燕山山脉南北各少数民族角逐的疆场。“南船北马”，南方人出门靠船，北方人出门靠马和马车。辽、金、元三代把北京称为“人马之宫”，是人和马共同生存的地方。为方便牛马饮水，特别在水井旁摆放大石槽，再加上马车占地很大，所以北京地区水井并不设在狭窄的小巷里，而是分布在非常宽阔的地方。

（一）元朝人从未把井和胡同联系在一起

《析津志》记有“大悯忠寺有漆布井一口”“崇元观在大井头近东”，这两口井都分布在宽大的庙宇前。《原本老乞大》中，有“浅浅的井儿，则着绳子拔水。井边头更有饮马的石槽儿”之句，书中还有大段关于朝鲜和中国两地在井边打水的描述。这就说明，元朝人从未把井和胡同联系在一起。

《析津志》里还有大段关于施水堂的记载。书中言及："京师乃人马之宫，分为一统。都会之朝，公府趋事者，非马曷能集事，城大地广故也。而马匹最为负苦，其思渴尤甚于饥者。顷年有献施水车，以给井而得水于石槽中，用以饮马。由是，牛畜马匹之类咸赖之。"大都城内人口密集，来往的车辆马匹众多，马匹思渴尤甚于饥者。为解决过往牛马饮水问题，大都城在宽阔的庙前、城门口、大街上建有水井，上设水车，"随井浅深，以荦硧水车相衔之状。附木为戽斗，联于车之机，直至井底。而上人推平轮之机，与主轮相轧，戽斗则倾于石笕视中，透出于阑外石槽中"。人只要用木棍推动水车上的平轮，就能将水打出置于石槽内，以供人与马匹饮用，非常方便。这些有井的地方称施水堂。施水堂遍布全城各处，在凤凰池有一座，思诚坊青杨树下有一座，钟楼东一座，草市一座，集贤院西一座，礼拜寺前一座，大长公主府对门一座，火者门一座，文明门内一座，齐化门外一座，平则门外一座，西宫北一座，太庙西一座，湛露坊南角上一座，普照寺庙前一座，平则库前一座，均不在狭窄的小巷子内。[①]《析津志》明明白白地告诉我们，有井的地方叫施水堂，从未把井叫过衖通或胡同。换言之，胡同与蒙古语"水井"之间毫无关系。

（二）大都新城建立前，蒙古人已建的几座城市中并没有胡同之称

元大都并非蒙古人建立的第一座城市，早在元大都新城建立前，他们已经建设过几座城市。1220年，成吉思汗在哈拉和林创建蒙古帝国首都，在今蒙古国境内前杭爱省西北。哈拉和林系突厥语，意为"黑圆石"。它是一座具有中原汉族建筑风格和北方游牧民族草原生活特色的城市。1227年成吉思汗去世，其子窝阔台登基，1235年命汉族工匠在哈拉和林兴建宫殿。此前，窝阔台在1225年受封于也儿

① ［元］熊梦祥：《析津志》，北京图书馆善本组：《析津志辑佚》，北京：北京古籍出版社，1983年，第110页。

的石河（今额尔齐斯河）上游和巴尔喀什湖以东一带，建有斡耳朵于也迷里城（今新疆额敏县）。窝阔台登基后，又于元太宗九年（1237），筑扫邻城，作迦坚茶寒殿；十年（1238），筑图苏和城，作迎驾殿。《地理志》载，迦坚茶寒殿，在和林北七十余里，图苏和城迎驾殿去和林三十余里。这些城市的街道没有胡同一名。

1251年蒙哥即帝位后，忽必烈以皇弟之亲，受任总领漠南汉地军国庶事，从漠北和林南下驻帐金莲川，建立著名的金莲川幕府。1256年，忽必烈命刘秉忠在此地选址建城，初名开平府，1264年加号上都。上都的城区方圆数十公里，流动人口数十万。城里有大小街道，也没有胡同之称。

关于蒙古人建城的历史，在《元朝秘史》中也有记载。窝阔台皇帝说："自坐我父亲大位之后，添了四件勾当：一件平了金国，一件立了站赤，一件无水处教穿井，一件各城池内立探马赤镇守了；差了四件：一件既嗣大位，沉湎于酒；一件听信妇人言语，取斡赤斤叔叔百姓的女子；一件将有忠义的朵豁勒忽因私恨阴害了；一件将天生的野兽，恐走入兄弟之国，筑墙寨围拦住，致有怨言。"①所谓筑墙寨围拦住者，因蒙古行国，以射猎为生，骤变城郭，则以为非便，此怨言由来矣。就是说，过去蒙古人逐水草而居，此前并不知道打井和筑城，直到成吉思汗时才开始有了这些举措。以上这几座城市里都有大小街道，城内都要打井供水，但并没有使用胡同的称谓，说明两者之间没有任何关联。

（三）大都新城依水而建，不是依井而建

至元元年（1264）八月，忽必烈下诏改燕京（今北京）为中都，至元四年（1267）开始了新宫殿和都城的兴建工作。元大都城址的选择以大宁离宫的一片湖泊为中心，依托高梁河水系，包括积水潭、什刹海、北海、中海以及毗邻的上下游河流，完成通惠河建设与白浮引水

① 佚名：《元朝秘史》，济南：齐鲁书社，2005年，第214页。

济漕工程。然而，有文章把蒙古人逐水草而居的游牧生活方式改换为依井而居，把元大都依水而建改换为依井而建，这种不尊重史实的说法不可取。

（四）以井作为标识物并列入街巷名称，系中国几千年留下的文化传统

以井为地名是中华传统文化的组成部分，并非起于元朝。早在六七千年前的原始社会，我们的祖先就已经开始利用地下水“凿井而饮、挖穴而居”。北宋《东京梦华录》“寺东门街巷条”记载，“北即小甜水井巷”，“以东向南曰第三条甜水井巷”，“街北曰车略院，南曰第二甜水井巷”，“南往观音院，乃第一条甜水井巷也”。这些都是元以前已用井为标识物并列入街巷名称的明证。

井在古代城市人民生活中非常重要，不独北京有水井，全国所有城市都有很多水井分布。北京历来是缺水城市，清末北京计有水井1266口，远远低于我国南方很多城市的水井数量。南京的古井文化源远流长，清末市内有水井5000多口，从20世纪30年代初自来水出现直至六七十年代，仍维持在5000口的数量；被誉为上有天堂、下有苏杭的杭州，过去在大街小巷里遍布水井，到20世纪80年代，杭州还有5549口水井。这些城市在历史上均属元朝版图，无论在井的数量或密度上都高于北京城，然而这些地区的街道称街、称巷、称弄，唯独不称胡同，可见作为街巷通名的胡同与水井之间没有关系。

（五）北京的水井主要分布在蔬圃义园和宽阔的大街上，70%以上的胡同里并没有水井

清朱一新《京师坊巷志稿》比较完备地记录了北京内外五城坊巷及其周边街、巷、胡同、菜园、旷地、义园、茔地、寺庙、桥梁等地名沿革，在相应条目内，随文标示衙署、会馆、名人故居、水井的数量和地理分布情况，是研究明清两代北京人文地理不可多得的重要史料。笔者依据《京师坊巷志稿》[1]，按清末内外城五城区划，对街、巷、胡同、菜园、旷地、义园、茔地的水井分类统计考证，发现北京城的水井，主要分布在宽阔的蔬圃、义园里，而70%以上的胡同里没有水井，证实胡同一名与蒙古语水井之间没有任何对应的关系。

图16　王府井大街上的水井

《京师坊巷志稿》记载清北京城内共有井1266口。其中菜园、旷地、义园、茔地41块，井181口，平均每块地4.4口井；街和大街178条，井222口，平均每条街1.2口井；以巷和大川淀、半步桥等未署通名的街巷899条，共有井421口，平均每条街巷0.47口井；胡同1207条，共有井442口，平均每条胡同0.37口井。这就足以说明北京的水井主要分布在蔬圃、旷地和宽阔的大街上，而在相对狭窄的胡同里水井的分布最少。

按清内外五城区划顺序统计，北京各城区胡同内的水井分布如下：

内城中城：清代内城中城的范围，在今故宫周围，东至王府井大街，西至西四，北至地安门桥、兵马司胡同、护国寺街，南至东西长

① ［清］朱一新：《京师坊巷志稿》，北京：北京古籍出版社，1982年，第21页。

安街。计有胡同167条，井58口。其中117条胡同内无井，占胡同总数的70%；有井的胡同50条，占胡同总数的30%。

内城东城：东南俱至城根，西至崇文门街与南城界，又西至王府街以北至交道口与中城界，北至东直门街与北城界。计有胡同227条，井101口。其中144条胡同无井，占胡同总数的63%；有井的胡同83条，占胡同总数的37%。

内城西城：西北俱至城根，南至报子街与南城界，东至大市街以北至护国寺街与中城界，又东至德胜门与北城界。计有胡同248条，井101口。其中159条胡同无井，占胡同总数的64%；有井的胡同89条，占胡同总数的36%。

内城南城：东至崇文门街与东城界，南至城根，西逾宣武门街，以西至城根，北至东西单牌楼、东西长安街与中城界以西，至旧刑部街与西城界。计有胡同86条，井24口。其中62条胡同内无井，占胡同总数的72%；有井的胡同24条，占胡同总数的28%。

内城北城：东北俱至城根，直至东直门街交道口与东城界，又南至兵马司胡同、帽儿胡同、地安桥，以西逾三转桥、定府街与中城界，西至德胜门街与西城界。计有胡同113条，井51口。其中无井的胡同73条，占胡同总数的65%；有井的胡同40条，占胡同总数的35%。

外城中城：位于正阳门外大街两侧，东至东珠市口、三里河北，又东至永定门大街西，东南皆与南城界，西至石头胡同路东，西珠市口大街北，又西至板章路东。计有胡同77条，井18口。其中无井的胡同60条，占胡同总数的78%；有井的胡同17条，占胡同总数的22%。

外城南城：位于崇文门大街西，东柳树井北，又永定门大街东，东珠市口大街南，天坛北，西北与中城界。计有胡同46条，井7口。其中无井的胡同39条，占胡同总数的85%；有井的胡同 7 条，占胡同总数的15%。

外城东城：西至崇文门大街与南城交界，东至东便门，北至城根，南至左安门。计有胡同50条，井33口。其中无井的胡同25条，占胡同总数的50%；有井的胡同25条，占胡同总数的50%。

外城北城：东至西河沿关帝庙前、观音寺街前、石头胡同与中城界，北至宣武门城根，西至宣武门大街、菜市口、半截胡同与西城界，南至香厂永安桥东与中城界，又南至姚家井之西。计有胡同88条，井17口。其中无井的胡同72条，占胡同总数的82%；有井的胡同16条，占胡同总数的18%。

外城西城：东至顺城门大街（今宣武门大街）西与北城界，北至宣武门城根，广宁门街（今广安门大街）北属外城西城街北地区。广宁门街北属外城西城街南地区，街南地区东至半截胡同与北城界，又东至小川淀以南至姚家坑与北城界，南至右安门城根，西至广宁门（今广安门）城根。计有胡同105条，井32口。其中无井的胡同80条，占胡同总数的76%；有井的胡同25条，占胡同总数的24%。

三、被异写的“乌兰胡同”

据笔者所知，蒙古语“井”的读音，元以前无考。元世祖忽必烈命人编撰《至元译语》，收入《事林广记》（1330—1333）①，“井”曰“忽都”，“村”曰“信典”，“城”或“墙”曰“八剌合村”。没有“街”“巷”“胡同”，也没有与“胡同”相同或音似的对译汉语。明洪武二十二年（1389）编诸蕃语言和汉语的对译辞书《华夷译语》，增加了“国”“市”“关”“口子”“圈子”“大道”“路”等词汇。“井”曰“古都黑”，“城”曰“巴剌哈孙”，“市”曰“把咱儿”，“村”曰“申迭延”，“圈子”曰“古里延”，“路”曰“秣儿”，“大道”曰“帖儿格兀儿”。明永乐五年（1407）开设四夷馆，《鞑靼馆译语》续增《华夷译语》314条，成为学习蒙古语的教科书。“地理门”增加“川”“坡”“洞”“乡”“江”“寨”等16条，“洞”曰“汪兀儿”，“乡”曰“阿亦乐”，没有与“胡同”音似的名称。

---

① ［宋］陈元靓：《事林广记》，庚集卷10，北京：中华书局，1999年，第454页。

明中后期，出于边防的需要，地方编辑武备志书不断出现。明万历二十七年（1599）王鸣鹤辑《登坛必究》，该书卷二十二载蒙古《译语》639条，“井”曰“苦堵四”，“城池”曰“火墩”，“街市”曰“把扎儿”，“路”曰“木儿”，“寨子”曰“阿印儿”，“园子”曰“伯桑”，“堡”曰“得目”。万历三十八年（1610），郭造卿、郭应宠父子编撰《卢龙塞略》。卢龙塞，即蓟镇的代称，在今河北迁西县北喜峰口附近一带，为河北平原通向东北的交通要道。该书卷十九、卷二十《译部》上卷“居住门”：“市”曰“把咱儿”，“井”曰“古都黑”。明末天启元年（1621），茅元仪辑《武备志》，第二百二十七卷、四夷五卷收载《达达译语》，“井”曰“苦堵四”。[①]

从现存最早的汉蒙对译辞书《至元译语》至明末，蒙古语“水井”的汉字音译没有脱离“忽都”“古都黑”“苦堵四”，与“胡同”读音都没有任何关系。

在《武备志》中，茅元仪另收录有音变的《蓟门防御考》载（蒙古）《译语》，“井”曰“忽洞”。编录者特别说明：“茅子（元仪）曰：北虏译语，别类业详。近有《蓟门防御考》所载略异，或今昔之殊，风气之更也。且有此详彼略，故各载之于左。”有文章把《蓟门防御考》里音变的“忽洞”说成是蒙古语“井”的早期译法，显然本末倒置。

有清一代，蒙古语“水井”为“呼都格”或“呼都克”。《土默特志》载，“清初，本地区的地名，均以蒙古语命名，如1688年（康熙二十七年）张鹏翮在《奉使俄罗斯日记》所记本地区地名，有昌河儿托诺、巴尔苏泰、库库河屯、昆都勒必纳、席喃莫洛、乌苏秃等。康熙年间绘制的本地区舆图，地名有虾蟆拜商、察罕虾蟆儿、多尔济拜商、萨尔沁、呼图克图城、喀喇河屯等。”[②]康熙三十二年（1693），

① 贾敬颜、朱风：《蒙古译语·女真译语汇编》，天津：天津古籍出版社，1990年，第25、131、149、169页。

② 土默特左旗《土默特志》编纂委员会：《土默特志》，呼和浩特市：内蒙古人民出版社，1997年，第67页。

营建阿尔泰军台，张家口以下至阿尔泰军台计44处台站，多取所在地的泉河山石地貌为台站名称，其中用河、泉为台名的11处，以井为台站名称的仅4处。其中，第四台鄂拉呼都克台，汉译“水井很多”，在今张家口市尚义县石井乡四台蒙古营村；第十四台乌兰呼都克台，汉译“井有多处”，清代志锐《廓轩竹枝词》云“琥都克与胡都克，译语同为土井名”，在今乌兰察布市四子王旗吉尔嘎郎图苏木阿莫吾素嘎查；第十五台察哈呼都克台，汉译“白井”，志锐云“察罕，白也，琥图克，井也”，在今乌兰察布市四子王旗脑木更、白音敖包和吉尔嘎郎图三个苏木的交界处，称察汗呼都嘎营子；第十七台鄂兰呼都克台，汉译“井在山上”，志锐记“鄂勒胡图克”，今乌兰察布市四子王旗格少巴嘎阿日奔营子。另一处第四十台哈沙图台，汉译“石井”，志锐记“哈沙图”，《竹枝词》云：“哈沙日暮客停车，石井甘泉译语夸。”[①]在阿尔泰军台44处台站中，没有“忽洞”“胡同”之称。

《土默特志》收录有土默特满文档案第75卷132号（已残），记载乾隆年间，土默特两翼各甲喇（甲喇又写作“札兰”，为满语音译，汉译为“参领”，是八旗制度里的中层组织，其首领为甲喇额真）所属村庄计有：喀吉拜、大公尼富、小公尼富、齐格齐、萨肯板升、登娄素、固尔本阿尔班、达拉特、宝勒齐老图、达岱、诺木齐太、苏巴尔林、妥博齐克、潮岱、库克板升、苏木沁、呼齐力托亥、和林格尔、古尔半呼都克、哈坦板升、纳克依图、绰尔亥、小里保、王毕斜气、额乐得依、勾子板升、班定营子等200个。在其他档案中散见若干村名，有苏巴尔罕、永硕布、图苏图、大营、五十家子、白庙子、噶尼、喇嘛营子、托辉、毕力卓特亥、海留苏太等35个。以上235个乾隆年间的村庄，绝大多数使用蒙古语名称，也已出现一些汉语村名。这些汉语村名多称为“板升”，有29个。明末清初，中原的汉族

① ［清］志锐：《廓轩竹枝词》，毕奥南：《清代蒙古游记选辑34种》，北京：北京出版社，2015年，第599页。

兵民迁徙到土默特地区，在那里修筑房舍，开垦荒地，建立村落，当地蒙古族称这些房舍、村落和汉族百姓为“板升”。有4个以呼都克命名的村落，全用蒙古语准确译音，分别是古尔半呼都克、南中呼都克、北中呼都克和果尔班呼都克。没有以“忽洞”或“胡同”为专名的村庄，也没有传说中“比村稍大的部落就叫胡同，五六个集中在一起的蒙古包也可以称为胡同”的例证。

清初禁止汉人越过长城进入蒙古地区，但口内汉人不断突破禁令进入该地进行垦种。到嘉庆初年，清廷松弛禁令，携眷出关垦耕的汉人由南向北逐渐推移。光绪二十八年（1902）初，清廷任命贻谷为督办蒙旗垦务大臣，全面开放招垦土地。成千上万的晋、陕等地老百姓拥入归化城、土默特、察哈尔和鄂尔多斯等地谋生，形成“走西口”移民浪潮，汉族人口渐成绝对多数。蒙古族在和汉族的长期互相交往中，吸收了不少汉族文化，大大促进了内蒙古中西部地区与内地的交流。伴随着“走西口”和汉族农民的不断迁入，口外蒙古地区逐渐从传统单一的游牧社会演变为旗县双立、农耕并举的多元化社会。

《土默特志》载，随着汉族农民的不断迁来，遂形成许多以汉语命名的村庄，如孔家营、刘家营、董家营、代州营、崞县营、忻州营、陕西营、宁武营、榆次营、祁县营、四美义、福如东、六合店、庆丰社、聚宝庄、丰泰庄、新安庄、万裕庄、太平庄等。其后村庄名称变化很大，有些虽保留了原来的蒙古语名称，但往往被传讹，使后人不解其意，如“哈喇乌素”讹为“哈素”或“拉素”，“必力格沁”讹为“玻璃圪沁”并再讹为“可沁”，“阿也格沁”讹为“瓦窑圪沁”等。有的成为蒙汉合璧名称，如毫沁营子、达赖营子、甲兰营子、台吉营子等。有些用汉字记蒙古语地名而偏重汉意，如“德力波日”取谐音写作“独立坝”，“扎达盖板升”写作“吉泰板升”，“珠拉气”写作“祝乐庆”，“常黑赖”记作“常合理”等。有的则以汉译名取代蒙古语名，如“古尔板毛独”写作“三把树”，“哈登哈少”写作“石嘴子”等。另有一些地名干脆用汉语名称代替蒙古语名称，如以“南双树”代替“莽倒图沙拉乌素”，以“八里庄”代替“达尔计和圪力更”，以“瓦房院”代替“可补勒”，以“安民”代替“囊囊”等。

1991年，有文称，从1976年编《中华人民共和国内蒙古自治区地名录》“居民地名称表”中查得，“井”的译音使用准确译音“呼都格”的地名共见180条，其中用“忽洞”23个，用“胡同”3个，其他“胡洞”“胡筒”“湖洞”等8个，这与《蓟门防御考》中“井”的译语“忽洞”一致，系蒙古语“井”保留至今的最早译音形式。[①]

《蓟门防御考》刊行于明末天启元年（1621），与1330—1333年刊行的《至元译语》相去近三百年，所以“忽洞”不是蒙古语“井”最早的译音形式。况且《蓟门防御考》辑录者茅元仪有言在先，“所载略异，或今昔之殊，风气之更也”，已经写明该译音有音变。《中华人民共和国内蒙古自治区地名录》编制于1976年，共编入内蒙古自治区地名11000多个，收集范围包括生产大队以上行政单位的名称及其驻地名称、重要的自然村和自然地理名称。在上万条地名中只有23个译音汉字“忽洞”、3个“胡同”，所占比例极小，足以说明“蒙人名其聚处为胡同”“五六个包聚在一起，就称为胡同”的说法并不存在，这一点应以澄清。经笔者多次实地考察，爬梳绥远通志馆编纂的《绥远通志稿》，1987年内蒙古自治区地名委员会出版的《内蒙古自治区地名志》（含呼和浩特市分册、乌兰察布盟分册、包头市分册等全12册）及有关调查资料，发现这类音变的村名，大致出现在清末招垦土地前后，由于成千上万的晋、陕农民拥入口外，个别地区由“呼都格”失音为“忽洞”。即便如此，在内蒙古地区以井为村庄名称的比例也极小，更没有所有村落都称为“忽洞”或“胡同”的事例。对这类汉译地名失音的个别村落，依据《内蒙古自治区地名志》各分册调查资料，按成村年代摘录如下：

呼和浩特市腮忽洞村。康熙（1662—1722）时该地有一眼泉井，

① 照那斯图：《论汉语中的蒙古语借词“胡同”》，《民族语文》，1991年第6期，第30—35页。

蒙古语“赛音胡都格”，意为“好井”。后山西农民来此耕种成村，转音为腮忽洞村。

乌兰察布盟（今乌兰察布市）下忽兰忽洞村。“忽兰忽洞”系蒙古语。“忽兰”意为“红”；“忽洞”意为“井”。约1782年（清朝乾隆四十七年）形成村落，因有上忽兰忽洞村，故本村名下忽兰忽洞。

包头市腮胡洞村。“腮胡洞”亦作“赛音胡都格”，蒙古语意为“好井”。一百三十年前，有蒙古族人在此居住，因井水好喝而名。

乌兰察布盟哈拉忽洞村。1880年前后蒙古族牧民在此居住放牧，此地有一眼井，因水深看上去似有黑色之感，名“哈日胡都格”。“哈拉忽洞”系蒙古语“哈日胡都格”之转音。“哈日”意为“黑色”，“胡都格”意为“井”。

乌兰察布市哈彦忽洞村。1882年前后，在村东沙沟边南北相距1公里处各打了一眼井，故名“浩尧尔呼都嘎”。后转音为“哈彦忽洞”，意为“两眼井”。

包头市大毛胡洞村、小毛胡洞村。由“毛胡都格”演变而来，意为“不好的水井”。百年前有蒙古人居此，因井水不好喝而名。两相邻村井有大小，故名。

乌兰察布盟当郎忽洞村。1910年前后，名叫格力希、格力玛和苏格计宁布的三户蒙古族牧民迁居此地，挖井七眼，故名“道伦呼都格”。后音变失真为“当郎忽洞”，系蒙古语，意为“七眼井”。

乌兰察布盟乌兰胡同村。此名系蒙古语，意为“红井”。1913年开地立村，当时人们在村中打了一眼井，因属于红土井，故名“乌兰胡都格”，后变音为“乌兰胡同”。

乌兰察布盟红井子村。1946年，由一名叫赵佃云的人建村，村名五大汉。1950年因该村井土是红黏土，名为“乌兰忽洞”，系蒙古语，意为“红井子”或“红土井”。

根据国务院《地名管理条例》，内蒙古自治区人民政府自2015年1月1日起施行《内蒙古自治区地名管理规定》，对汉译地名失音的现象、新译的同义地名作了规范化处理。《论内蒙古蒙古语地名汉译类型》[①]一文指出：通过汉译地名失音、变音等语音现象的研究，可以深入了解此类地名的历史演变规律，并可借此探讨本地区蒙汉居民杂居的悠久历史。例如，内蒙古的不同盟市有几个同表“水质好的井”这一意义的地名。新中国成立前命名并汉译的为“腮忽洞”，新中国成立后新建新译的同义地名为“赛音呼都格”。二者相比，前者读音不准，用字欠佳，随意性很明显；后者读音准确，用字符合人们的心理要求，显然经过规范化处理。又如哈业胡同，村名，全称意为“两眼井”。这一名称同名异写者颇多，如“哈彦忽洞”“哈页忽洞”等。比较而言，新中国成立后新译的同义地名“浩雅日呼都格”的译音较为准确。哈森先生的论文，把蒙古语“井”的汉译地名失音和异写现象说得清清楚楚。

① 哈森、扬清、英君：《论内蒙古蒙古语地名汉译类型》，《语文学刊》，1999年第6期，第38—41页。

第三章

胡同的区域特征

在《明清北京城图》上，北京城为“凸”字形。内城呈“口”字形，外城的西侧是金中都旧城所在地，这两处过去都是按《考工记》的规划理念设计。所谓自南至北谓之经，自东至西谓之纬。南城的东部，即今梁家园南北一线以东地区，是在明嘉靖年间兴建外城时并入的居民区，受环境和地形影响，不规则的斜街较多。由于不同区域的胡同形成于不同的历史时期，使得北京的胡同不仅存在着内城与外城的不同，即使内城和外城之中，也存在有南北差异和东西差异。从北京的空间结构入手，结合历史地理和人类活动，北京的胡同明显分成三大区域：

1. 内城胡同区；

2. 北京西南部，古老的辽金胡同区；

3. 前门外和崇文门外的胡同区。

在三大胡同区域内，根据地域特点，内城又可划分为皇城内胡同区，长安街以南明朝兴建北京城规划的胡同区，长安街北由火巷改建的明清胡同区，什刹海与大运河源头水系的胡同区。本章按照皇城内、内城长安街南、内城长安街北、与什刹海相关的胡同以及外城宣武门外、前门外、崇文门外的顺序，分别予以介绍。

第一节　帝都气派——皇城内的胡同

北京皇城历经明清两代建设经营，因其庞大的建设规模和高超的建筑技艺，成为中国唯一保存完好的封建皇城，也是全世界面积最大、保存最完好的皇家建筑群。皇城在规划理念、建筑布局、建造技术、色彩运用等方面具有很高的艺术性。它以紫禁城为核心，以明晰的城市中轴线为纽带，城内有序集合皇家宫殿园囿、御用坛庙、衙署库坊、民居四合院等设施，呈现出皇权至高无上的规划理念和完整的功能布局。

一、帝京高拥九重尊

皇城是拱卫皇宫并为皇宫提供各种服务和生活保障的特殊城池。唐朝的时候，在幽州城内就有一座皇城，当时的皇城的位置在北京老城西南角，周长5里，设四座城门，南为启厦门，东为宣阳门，西为显西门，北为子午门，皇城的西墙和南墙与幽州城西墙的南段和南墙的西段共用。皇城内殿阁林立，南半部为皇帝处理政务的大殿，有元和殿、仁政殿及景宗、圣宗御容殿等；北半部为后妃居住的宫殿，有永兴宫、积庆宫、长宁宫等。安禄山叛乱前，这里是幽州节度使驻所。史思明称帝建立大燕国后改称皇城。五代初刘守光称帝，也以此为其皇城。10世纪中叶，契丹政权吞并幽云十六州，于947年改国号为大辽，以幽州为陪都，称南京，又称燕京、析津府。这里又成为辽南京的皇城。皇城内分为宫殿区和皇家园林区，宫殿区的位置偏于子城东部，并向南突出到子城的城墙外。南为南端门，东为左掖门（后改称万春门），西为右掖门（后改称千秋门）。宫殿区东侧为南果园区，西侧为瑶池宫苑区。瑶池中有小岛瑶屿，上有瑶池殿，池旁建有皇亲宅第。金天德三年（1151），海陵王下诏迁都燕京，派尚书省右丞相张浩等主持扩建辽南京和修建皇城、宫城。皇城略居中心，左建太庙，右设金廷中央政府及地方衙署。以皇城南北门为中都城的中轴线，主要宫殿沿这条中轴线建筑。13世纪中后期，蒙古人烧毁了金中都内的皇城，在旧城东北侧建设以太液池为中心的皇城，太液池两岸建有皇家宫殿和园林。在大小宫殿之间，还建有各种储物的仓库、服务机构、办事的衙署等。

明皇城从明永乐四年（1406）开始营建，到永乐十八年（1420）与紫禁城同时落成。“皇城，其门有七。”皇城的南北东西各有一门：北面叫北安门，位于皇城北墙正中，南对景山、北对钟鼓楼，清改称地安门，1954年12月拆除；东门叫东安门，西对紫禁城宫城的东华门，1912年袁世凯策动曹锟发动“壬子兵变”时惨遭焚毁；西门叫西安门，受中南海水面的限制，西安门的位置只好向北移动，设在皇城西墙偏北的地方，1950年12月因附近摊贩失火被焚；南门叫承天门，取“承天启运，受命于天”之意，清顺治八年（1651）改建并易名为天安门，含“受命于天”和“安邦治民”的意思。在天安门正南有千步廊，千步廊南为大明门，清初改称大清门，民国年间改称中华门。大明门位于北京城中轴线上，是明清两代皇城正门天安门的外门，又称皇城第一门。清代沿袭明制，在皇城的基本格局上未做大的改变，只是对其中的主体建筑进行了多次维修和改建。

明清皇城的范围，北至今平安大街，南至今东、西长安街，东至东黄（皇）城根、南北河沿一线，西至西黄（皇）城根、灵境胡同、府右街一线，一律为红墙顶覆黄琉璃瓦。东西宽2500米，南北长2790米。明皇城墙周长18里，到清代几经拓展周长已达22里。皇城中的紫禁城、筒子河、三海、太庙、社稷坛和部分御用坛庙、衙署库坊、民居四合院等传统建筑群至今保存较好，是北京老城整体保护的重点区域。

明皇城以景山为制高点，建有紫禁城、北海、中南海、景山、太庙、社稷坛等皇家建筑和为皇室服务的内官署，即所谓“四司八局十二监”的二十四衙门。按照原来的规定，这二十四衙门主要是在皇帝周围服役，为皇家起居的生活服务部门。但事实上，明代宦官已经发展成为极其重要的政治势力，不但掌管宫廷内有关饮食起居一般事务，还把机构设置到皇城以外，控制全国的军政要务。东黄城根南街东延的东厂胡同，就是他们在内城建立的活动基地。清初鉴于明朝宦官之祸，撤销了一些明代在皇城内由太监管理的机构，废除内宫衙门，许多通道开放，紫禁城与皇城之间，准诸王居住。在西华门以里，右翼门之西，清政府设立了内务府，代替明朝太监衙门掌管皇家的一切内部事务。总管内务府大臣，在满洲文武大臣或王公贵族中遴选。到乾隆年间，皇城内已经出现不少规则的街巷胡同，如南池子、北池子、内府大街、马神庙街、高房胡同、吉祥胡同、碾子胡同等。

到了清朝后期，不少汉人权贵纷纷入住皇城，清朝不许汉人入住内城的禁令也成一纸空文，此时皇城内外已无多少分别。据统计，光绪三十四年（1908），北京内城有人口共计414528人，其中旗人223248人，汉人191280人，这也间接反映出清政府对内城尤其是皇城周围的管理力度减弱。根据清宣统年间北京城图，清末皇城内增加了近200条街巷，新增加的胡同有南库司胡同、嵩祝寺胡同、神鼓司胡同、蜡库胡同、酒醋局胡同等69条。这些胡同的定名，多延续明内官所辖司署作坊的名称，像内务府所属的箭厂形成箭厂胡同，御马监西南的暖阁厂形成暖阁厂胡同，曾为马圈放草的地方叫草垛胡同等。

景山后街东起景山东街，西至景山西街，因位于景山后部而名。1928年，景山辟为公园，属故宫博物院管理，修葺后供游人游览。景山门前原有北上门，门对故宫神武门，两侧还有北上西门、北上东门，周边以墙和筒子河相对，中间路面很窄。20世纪30年代，故宫博物院展宽马路，把北上门及北上东西两门拆除，马路展宽到景山门前，形成今天景山前街的规模。景山前街建成后，东与南北向的景山大街相接，西与西板桥大街（今景山西街）相接。景山大街之东，可与沙滩汉花园相通。沙滩在今五四大街西，因有古代河道留下的沙滩而名。

清光绪时，在原沙滩后街北侧中段开办京师大学堂。这是我国第一所国立综合性大学，也是当时中国的最高教育行政机关。该地在明代为御马监、马神祠，清朝时为乾隆皇帝的女儿和嘉公主的府第。1912年，京师大学堂改称国立北京大学，严复出任校长。其建筑遗存今在沙滩后街55、59号，现保留有和嘉公主府的正殿、公主院等清式建筑和民国年间建成的数学系楼及“西斋”十四排中式平房。北京大学成立后，该地出现大学夹道、操场大院等胡同名。1916年在松公府南端靠近汉花园大街处兴建学生宿舍楼，因主要部分墙体为红砖砌就，人们称之为“红楼”。1917年，蔡元培任北京大学校长，陈独秀、李大钊、鲁迅、胡适等一批杰出人物都曾在北京大学任职或任教。毛泽东到北京后，曾在李大钊担任主任的北大图书馆工作。

1912年1月1日，孙中山就任临时大总统，宣告中华民国成立。随着帝制的取消，皇宫禁地彻底被打破，因政治上的原因和城市交通的需要，对原封闭的皇城墙逐渐拆除和改造。民国初年，首先打通了长安街，拆除长安左、右门两侧的围墙。1913年，在南皇城拆出“南长街”和“南池子”两个街口。按照对清室的优待政策，溥仪退位后仍在紫禁城居住，而将西苑的中南海让出作为共和国总统府。南海在清时设有南门，建总统府后，在南侧宝月楼下开门，是为新华门。

二、宫廷御用黄华门

地安门始建于明永乐十八年（1420），名北安门，亦称厚载门，俗称后门，是北京中轴线上的重要标志性建筑之一。清顺治九年（1652）七月重建，易名地安门，为砖木结构之宫门式建筑，面阔七间，中明间及两次间为通道，明间宽7米，两次间各宽5.4米，四梢间各宽4.8米，总面阔38米，通高11.8米，进深12.5米。正中设朱红大门三扇，左右各两梢间为值房。过去，凡皇帝北上出征巡视时大多要出地安门，亲祭地坛诸神时也出地安门。1900年8月，八国联军进北京。8月15日清晨6点，慈禧率光绪帝等由景山西街出地安门仓皇西逃。

图17　皇城内的地安门大街

地安门内左右两侧各有燕翅楼一座，为二层楼，面宽各十三间，黄琉璃瓦覆顶，好似大雁张开的一对翅膀而得名。清代为内务府满、蒙、汉上三旗公署，其作用是皇城的后卫哨所。1923年夏初某晚，紫禁城中的建福宫起火，溥仪疑惑有太监盗窃珍品之后放火灭迹，进而害怕太监聚众谋乱对他施行暗害。就在建福宫大火20天后先发制人，除了在三位太妃和他妻子处留有少数太监外，把宫中700多名太监全部遣散。经过商量议定由内务府筹措一笔遣散费，北京有家或有亲朋投宿的，即可携带行李出宫；实在无处投奔的，暂时住在地安门雁翅楼内，待领到遣散费后，再各自回乡。①以后雁翅楼改为乞丐收容所及工程队住地。1954年为疏导交通，拆除地安门和东边的雁翅楼。1955年2月3日路面竣工，车辆通行。1999年因改建平安大街，

① 溥佳：《清宫回忆》，全国政协文史资料研究会编：《晚清宫廷生活见闻》，北京：文史资料出版社，1982年，第22页。

拆除西雁翅楼。2012年，北京市启动最大规模的“名城标志性历史建筑恢复工程”，复建地安门雁翅楼等六处标志性历史建筑，2014年底竣工。

过去在地安门内大街南端东南和西南处，还各有一座雁翅楼。清乾隆十五年（1750）绘制的《京城全图》里，这一对雁翅楼均为曲尺形，各十八间；楼分上下两层。清光绪三十四年（1908）出版的《最新详细帝京舆图》中，在地安门大街南端东、西分别标注“东楼”“西楼”。1916年内务部绘制的《京都市内外城地图》、1921年王华隆绘制《新测北平内外城详图》中，在地安门大街南端东侧都标注有“雁翅楼”一名。这一对雁翅楼以后均被拆除。

地安门大街因位于皇城北门地安门而得名，沿地安门大街东、西两侧的明代皇城墙遗存，现为北京市文物保护单位。清宣统年间，从景山后街至后门桥，统称地安门大街，桥北称鼓楼大街，至民初未变。后以地安门为界，以北称地安门外大街，以南称地安门内大街。地安门内大街两侧砌有上覆黄色琉璃瓦的红墙，一直往南延伸而去。在红墙中段偏南处建东、西对称的两座随墙街门，街门上覆黄色琉璃瓦，东侧的称“黄瓦东门”，西侧的称“黄瓦西门”。后来讹传为“黄华门”，现名“黄化门”。黄瓦门在明永乐年间与北京皇城、宫殿同时修建，其功能是间隔皇宫、万岁山（今景山）和内府机构的围墙。因其形制与皇城墙相同，故俗称“内皇城”。

恭俭胡同坐落在北海公园后门与地安门之间，北起地安门西大街，即原皇城根；西邻北海墙之下的一条窄巷，称北海北夹道。该地原是明皇城内的内宫监，职掌木、石、瓦、土、搭材、东行、西行、油漆、婚礼、火药十作，以及米盐库、营造库、皇坛库，凡国家营造宫室陵墓并铜锡妆奁器皿暨冰窖诸事。入清后称内宫监胡同，民国时以“宫监”谐音为“恭俭”，取《论语》中“温、良、恭、俭、让”之意。

恭俭胡同周围的地名，多与内宫监有关。胡同西侧有恭俭一至五巷，恭俭一巷即原称内宫监。因旧有四眼井（井口有四孔），民国后改称四眼井，1965年改今名。米粮库北有油漆作，明内宫监所辖油漆作于此。再北西楼胡同，原称地安门西夹道，为地安门西侧的小巷，东口北端有雁翅楼。恭俭胡同南口有大、小石作胡同，旧为内宫监职掌石作所在地。因西宽东窄，后析为大、小两条胡同。小石作胡同现并入景山前街。米粮库在地安门内大街路西，油漆作胡同南，系明代米盐库所在地，归内官监管理。后“盐”讹为“粮”，清代改米盐库为米粮库，今名米粮库胡同。民国时期撰写《燕都丛考》的陈宗藩住此，胡适曾住米粮库胡同4号。20世纪30年代，米粮库胡同是著名文化人的聚居地。

黄瓦东门内原是明代司设监和尚衣监两个衙署之间的通道，街北依次是司设监、安乐堂、巾帽局、针工局、酒醋面局、内织染局、火药局、皮房、纸房；街南有尚衣监、都知监、司礼监、尚膳监、印绶监、钟鼓司，内府供用库，是明皇宫御用作坊及仓库集中地。清代，设内务府管理皇室事务，废除由宦官掌控的内官十二监，“黄瓦东门”街内始有住户。1965年称“黄化门街”。有关文献称，李莲英在黄化门有房一百多间，是“庚子之难”后“老佛爷”恩赐的。黄化门街43号（1993年老门牌19号）为“李莲英故居”，位于黄化门街西端北

图18　黄化门43号

侧，靠近地安门内大街。据说该院从黄化门街43号院正门起，直到南月牙胡同甲6号后门止，约有百米，今已分割成两个院落。黄化门街17号为郑振铎故居，郑振铎是我国现代杰出的爱国主义者和社会活动家，又是著名作家、学者、文学评论家、文学史家、翻译家、艺术史家，新文化运动的积极倡导者之一，也是国内外闻名的收藏家、训诂学家。

司设监在黄化门街北，掌天子的出行仪仗，掌卤簿、帷幕诸事。司设监的衙署在慈慧寺，清称慈慧殿，在今北月牙胡同11号。寺中原有清康熙时石碑，上镌《清重修慈慧寺碑记》，碑文有“明宫监以梵宇为私廨”之句，“私廨”指司设监太监的私宅。1949年称慈慧殿胡同，1965年改称慈慧胡同。清初司设监毁，东部改建为帘子库，西部为民居，此“私廨”又恢复为寺。1933年，朱光潜从德国返回北平，北大文学院院长胡适聘他为文学院西语系教授，租住慈慧胡同3号院内两间平房。20世纪30年代初，中共北平地下党曾以慈慧寺作为秘密活动的据点。当时地下工作者郭家安、李葆华、苏啸中、李星华等先后在寺中居住过，也有不少同志来此接头、开会。

清代废除司礼监，在司礼监建吉祥所，在今吉安所右巷10号。吉祥所占地广阔，南北长200多米，东西宽100多米，四周有红墙围绕，现存仪门三间，为硬山筒瓦箍头脊。再北为正殿，绿琉璃瓦黄剪边，歇山顶，前出一卷，后带抱厦，面阔七间，进深三间。按《钦定大清会典》制度，皇后亡故，在紫禁城内诵经治丧。凡皇贵妃、贵妃、妃丧礼，疾革（病情危急时）自大内移至祥安所，届时入金棺，奉安金棺于正殿。嫔、贵人丧礼，疾革时移至所内普通房间“吉祥房”。

民国初年，吉祥所改名吉安所，吉祥所西夹道改名吉安所右巷，东夹道改名吉安所左巷。吉安所左巷6号，20世纪20年代杨钟健曾住此。吉安左巷8号，为毛泽东故居，现为北京市重点文物保护单位。

在司设监北、地安门内大街东北角，另有一条东西向小胡同，称安乐堂胡同。安乐堂在永乐十五年（1417）初建，原本是患病工匠养病的地方，后来成了安置那些品级低微的重病垂危太监之所。安乐堂在北京分为两处：一处在今安乐堂胡同内；另一处在北海公园南门金鳌玉蝀桥西侧的养蜂夹道，当时叫羊房夹道，称“内安乐堂”，有人往往将这两个地方搞错。凡宫人病老或有罪，先发到“内安乐堂”，待年久再发外之浣衣局。明代，年长宪宗十七岁的万贵妃专宠善妒，凡有孕的妃子和宫女都受到她的迫害。宫中女史纪氏颇有才德，召幸之后受孕。所幸宫女瞒报孕情，万贵妃只将纪氏贬至内安乐堂。纪氏在宫女和太监张敏保护下生了朱祐樘，也就是后来的明孝宗。张敏惜皇帝无子嗣，将孩子抱至他处抚养。直至六年后的一次偶然机会，朱祐樘才回到皇城认父，其母纪氏受封为妃子，移居至永寿宫。成化二十三年（1487）九月，年仅17岁的朱祐樘继承皇位，年号弘治。他主政的18年力挽危局，清宁朝序，恭俭有制，勤政爱民，史称“弘治中兴”。20世纪60年代，在这条胡同的旧址上建起305医院，养蜂夹道和内安乐堂便无踪迹可寻了。

三、小南城富丽堂皇

东安门在北河沿南口，是明皇城的东门。明初的御河在皇城之外，东安门以东，是一条重要的河上运输通道，甚为热闹。明宣德七年（1432），将皇城的东墙位置移至御河东岸，即现在南北河沿大街东侧，东安门随之东移。以后在皇恩桥上砌障墙，将两门连为一体。从此，御河被圈入皇城内，成了专供皇家使用的河道。皇城向东扩建后，并未把原来皇城的东墙拆掉，只是把原东安门改成三座门式，更名东安里门，俗称墙门，透过正中门可远望东华门。东安桥上原有真武庙，老北京有“庙上有桥，桥上有庙”的说法。民国初年将该桥拆毁，改为太平桥，庙改建在路北。1912年东安门被烧毁，1925年北洋政府内务部拆除皇城墙，东安里门同时被拆除。此后玉（御）河也陆续填平成为道路，与皇城墙间陆续建满房屋，形成一个街区，其东即为东黄城根街。2001年建皇城遗址公园，发掘出东安门地基，修建了两个下沉式展示区，将部分东安门遗址进行展示。

南河沿大街在长安街的路北，1965年将太平巷、金钩胡同并入，改称东安门南街。明代，南河沿街区为皇城内东苑，清朝为内务府的库区。南河沿大街南口路西，原系明“小南城”的崇质殿，现为欧美同学会。明代“小南城”又称南内、南城、东苑，与宣武门外的南城不是一个概念。过去老北京有南苑、北苑、西苑、东苑之说。南苑在永定门外大红门，北苑在安定门外约10公里处，西苑是今天的北海和中南海。作为地名，南苑、北苑、西苑一直流传至今，而东苑的名称，流传得就不那么广泛了。

东苑始建于明朝初年，在紫禁城东华门外，为明代禁苑。其东面和南面到皇城城垣，西至紫禁城城垣，北达东华门大街，近年重修的菖蒲河公园，就属原来的东苑范围。明永乐十一年（1413）端午节时，由于北京皇宫的大规模建设尚未完工，而此时东苑已初具规模，明成祖朱棣驾临东苑，在此大宴群臣。当年东苑既有金碧辉煌的殿宇，又有种满蔬菜的田园风光，其建筑也如紫禁城内一样富丽堂皇。苑中有重华宫、崇质宫、宜春宫、洪庆宫、玉芝宫、飞虹桥等，诸帝王经常来此游幸。明正统十四年（1449），塞外瓦剌南犯，明英宗贸然亲征，导致“土木堡之变”。英宗被俘之后，以于谦为首的大臣，拥立英宗之弟朱祁钰为帝，是为景泰帝。于谦率兵在北京城外击退了来犯的瓦剌军队，史称“北京保卫战”。瓦剌的首领见英宗已无利用价值，即将其释放。英宗回京后，被尊为太上皇，景泰帝将他软禁在小南城俗称“黑瓦殿”的崇质殿。八年后，英宗利用景泰帝病重复辟，遂将崇质殿升格为崇质宫。明末清初，崇质宫等建筑被战火焚毁。

清顺治初年，崇质宫改建为摄政王多尔衮之睿亲王府。顺治七年（1650）多尔衮死于喀噶城，二月后追夺王爵，王府上缴。康熙三十二年（1693），缩小规模，将南部改建为缎匹库，今为缎匹库胡同。北部改建为玛哈噶喇庙，供奉护法神大黑天。乾隆四十年

（1755）赐名“普度寺”，大殿题曰“慈济殿”，乾隆御书。寺内地基高敞，去地丈余。寺左为黑护法佛殿，内藏铠甲弓矢，皆清摄政睿亲王旧物。大殿建筑宏伟，台基高大，须弥座式，面阔九间。黄瓦绿剪边殿顶，前厦为绿瓦黄剪边，檐出飞檐共三层，在建筑形式中很少见到。清末至民国年间普度寺已为军队或其他机构使用。2002年，政府投资修复，现为北京市文物保护单位。

缎匹库西为灯笼库胡同，是清时内务府存放灯笼的地方。南河沿大街111号，原为普胜寺，清顺治八年（1651）在小南城旧址敕建，为清初所建三大寺之一。1915年，欧美同学会首任会长梁敦彦倡议，由欧美同学会的会员集资两千两白银，购得普胜寺，改建为欧美同学会固定活动场所。

四、西什库皇家宝藏

地安门西皇城根今名地安门西大街，东起地安门外大街，西至西四北大街。因位于地安门之西，故名。城指皇城，因在城脚下，俗称城根。光绪三十四年（1908）《详细帝京舆图》作西皇城根。1926年北伐成功后，北京的街巷出现改名热潮，西皇城根也未能免。易“皇”为“黄”，名西黄城根，以示革命。过去地安门西大街西端不通，须经护仓胡同北折，经马状元胡同（群力胡同）方能抵达新街口一带。1947年拆除平安里的房屋打通道路，修成6～7.6米宽的路面，称平安里大街。1965年与西黄城根合并，统称今名。现为平安大街的一部分。

北长街位于西华门外，南起西华门大街，北至景山前街。因地处紫禁城西华门外之北而得名。街内有福佑寺、万寿兴隆寺、昭显庙、静默寺遗址。明代设有兵仗局，清代设会计司、庆丰司。福佑寺在北长街北口路东，始建于清朝顺治年间，黄瓦红墙，三进院落，为皇家寺庙，是清圣祖玄烨在紫禁城外的避痘处。雍正元年（1723），将康熙这处“潜邸”改成福佑寺，后殿供奉康熙的牌位，民间遂讹传为雨神庙。雍正幼年时，为防止出痘，也在保姆的照顾之下居于此处。雍正元年（1723），拟将此处分给宝亲王（即日后的乾隆帝）为王府，但没有迁入。乾隆继位后改为喇嘛庙，亦名“福佑寺”。1919年12月18日至次年4月11日，为驱逐作恶多端的湖南督军张敬尧，毛泽东率赴京驱张代表团第二次来到北京，租住在几近荒废的北长街22号福佑寺暂住。1927年改为西藏班禅驻北平办事处。1949年后曾为西藏班禅驻京办事处。1984年建中国民族博物馆，收藏与民族文化有关的文献、影视、民族文物等资料。

南府位于南长街南口路西，其旧址包括今北京一六一中学校舍。南府是清代掌管宫廷戏曲演出活动的机构，隶属内务府，曾收罗民间艺人，教习年轻太监和艺人子弟以为宫廷应承演出。这一机构上承教坊司、掌仪司，下启昇平署，自康熙中至道光七年，历时140年。道光七年（1827），将外学撤销，艺人俱回原籍。又将十番学并入中和乐内，增设档案房，改南府为昇平署，仍主持宫内演出事务。嗣后又兼管召选宫外艺人进宫当差演戏或充作教习的事务，直到宣统三年（1911）。现昇平署旧址珍藏的剧本、档案、戏衣、道具、剧照等，保存在故宫博物院内。

明代在北京皇城西北角以内，隔皇城西墙离大坑较近建有皇家仓库十座，名西什库。清末至民国南段称西什库、中段称西什库东夹道、大红罗厂街以北称后库。1965年统称西什库大街。西什库内的十座库为甲字库、乙字库、丙字库、丁字库、戊字库、承运库、广盈库、广惠库、广积库、赃罚库。《明史·食货志·仓库》记载，承运库贮缎匹金银宝玉齿角羽毛，广积库贮硫黄硝石，甲字库贮布匹颜料，乙字库贮胖袄战鞋、军士裘帽，丙字库贮棉衣丝纩，丁字库贮铜铁兽皮苏木，戊字库贮甲仗，广惠库贮钱钞，文盈库贮丝纱罗绫锦绢，赃罚库贮没官物。

光绪十四年（1888），由清政府出资，在已废弃的西什库旧址建西什库教堂，是北京规模最大的一座教堂，又称北堂。该教堂原建在中南海紫光阁以西的蚕池口，称蚕池口教堂。清中叶以后，屡起教案，道光七年（1827）清廷籍没教堂并拆除大堂。第二次鸦片战争后，又被迫归还教堂产业，同意重建。光绪十四年（1888），慈禧扩建中南海，经与罗马教廷磋商，不得不赔地赠银，将教堂迁此。1900年“庚子之乱”中，义和团团民一万多人包围并进攻北堂，教堂受到严重损坏，庚子议和后由清政府赔偿出资重修。西什库教堂是一处中西合璧的建筑，教堂的主体建筑为一座三层哥特式建筑，顶端共由11座尖塔构成，建筑平面呈“十”字形。2006年6月被列为第六批全国重点文物保护单位。

西安门是明清北京皇城西门，七楹，歇山顶，黄色琉璃瓦，位于今西什库大街南口偏西。1950年焚于火。清光绪《顺天府志》西安门外以西，称西安门外大街，以东至今北海大桥称西安门大街。民初《燕都丛考》犹沿其称。府右街以东到北海公园一段在北京图书馆建成后称文津街，但当地居民习惯将文津街称西安门大街。今东起府右街北口，西至西四南大街，统称西安门大街。

图19　西安门北巷

清御马圈在北海大桥西侧路北，后名小马圈，为元兴圣宫、明玉熙宫旧址。明代，嘉靖皇帝崇信道教，所以经常来玉熙宫举办道教活动，皇家也经常在这里演戏。明神宗时，选近侍二百名，在玉熙宫学习官戏，岁时升座，则承应之。清时改为内厩，豢养御马，名马圈。1909年4月24日清政府学府部奏请筹建京师图书馆，主要用于收藏善本书等古籍，馆址在今地安门外什刹海广化寺。1929年北平图书馆在御马圈旧址奠基，1931年6月25日落成典礼。因收藏原在承德避暑山庄文津阁内的《四库全书》，改门前街名文津街。文津街最初很短，只有两个门牌，东起北海大桥，西至北京图书馆西墙外，新中国成立后改为西至府右街口。1949年北平图书馆改名北京图书馆，现为中国国家图书馆古籍馆。主楼前庭院中的两座华表，原是圆明园安佑宫大门内的饰物，经当时政府批准迁移到这里。圆明园安佑宫前原有两对华表，另两座在1924年冬被运到燕京大学，今矗立在北京大学西门内南北两侧。不过阴差阳错，原来两对不同的华表在搬运时被弄错了。北大南侧的华表和国图文津馆西侧是原配的一对，北大北侧的华表和国图文津馆东侧又是一对，将其中之一调换，才能相互组合成严格意义上的“成双成对”。

惜薪胡同位于西安门内大街南侧，西什库教堂对面。呈南北走向，全长602米，平均宽5米。明北京二十四衙门之一的惜薪司衙署驻此，管宫中所用柴炭及二十四衙门山陵等处内官柴炭。清朝悉除明制，唯内廷柴炭于此关支。惜薪司下设三个机构：一为热火处，一为薪炭处，一为烧炕处。皇宫内有许多大型的防火缸，冬季为防止水缸里的水冻冰，水缸下要设置炭火盆加热保温，还有守夜打更之事，惜薪司也要负一定的责任。明武宗正德三年（1508），“立内厂，刘瑾领之”，改内、外厂为内、外办事厂。内厂，又称大内行厂，职责为监视官民和厂卫，由司礼监太监刘瑾亲自统领，设于北京荣府旧仓地，即四司之一的惜薪司。大内行厂权力极大，就连当时已横行于世的特务机构东、西二厂都在侦缉之列。有人写匿名信告发刘瑾，他就以皇帝名义下诏让百官于烈日之下，在朝门之外罚跪一天，致使年迈者暴晒而死，令官吏军民视宦官如虎狼。明正德五年（1510），刘瑾以谋反罪被杀，西厂、内行厂被撤销。胡同也改称惜薪司胡同，简称惜薪司。1965年北京市整顿地名时，定名为惜薪胡同。在胡同的中部西侧，有先东西后拐向南北的西岔胡同，曾名惜薪司西岔；再向南的西侧有双吉胡同。惜薪胡同南部分为两岔：向东拐是西红门胡同，向西为图样山胡同。2008年，惜薪胡同被拆除，原址兴建机关用房。

光明胡同在惜薪胡同东，北起西安门大街，南至东红门胡同。清代称光明殿胡同，简称光明殿，因大光明殿在此而得名。1965年改称光明胡同。大光明殿在光明胡同西，建于明嘉靖三十六年（1557），内供奉玉皇大帝，系皇家大型道教活动场所。嘉靖帝痴迷道教，信奉方术，封道士陶仲文为少保、少傅、少师，在此为他修炼“内丹”。清顺治帝临终前封索尼、苏克萨哈、遏必隆、鳌拜四大臣为顾命大臣，辅佐年幼的康熙。四大臣曾在大光明殿焚香盟誓：“协忠诚，共生死，辅佐朝政。”乾隆年间，大光明殿重新修缮，并御制光明殿诗：“今日三清境，前朝万寿基。”1900年，八国联军攻陷北京，大光明殿遭报复性焚毁。

光明胡同之东，今府右街丙27号（原西椅子胡同15号），是国民党抗日爱国将领张自忠故居。其女张廉云遵父“我的遗产不给子孙，拿出来办社会福利事业”的遗言，创办北京私立自忠学校。1949年夏，学校移交北京市人民政府。1950年与一所干部子弟学校合并，命名北京小学。1956年，北京小学迁至宣武门外槐柏树街，旧址遂改为椅子胡同小学。1988年恢复北京市自忠小学，校园内建有张自忠将军纪念碑。

兔儿山在中南海之瀛台西。由大光明殿南行，叠石为山，穴山为洞，迂折至顶，殿曰清虚，可俯瞰都城，元代系皇城内隆福宫的西苑所在。隆福宫其处原为东宫，元世祖皇太子真金居所。明代，每年重阳节时，皇帝有时去万岁山，有时来兔儿山登高，随行的宫眷和内臣们全都换上绣有菊花的重阳节礼服，到清虚殿摆宴吃迎霜兔，喝菊花酒，故名兔儿山。清朝开通皇城，兔儿山逐渐衰败，不少官吏豪绅借机把山上的叠石运至家中。清康熙二十一年（1682）绘制的《皇城宫殿衙署图》中，在西安门内尚标有兔儿山的位置，以后山丘渐被铲平。1911年后该地以谐音改称图样山。1965年将西土地庙、槐树胡同并入，定名图样山胡同。

第二节　东富西贵——历史上的权贵居住区

明代内城的胡同在北京展示了最辉煌的一页，街巷宽大，胡同横平竖直，无比壮观。内城与外城胡同的最大区别，是一批官吏、皇家卫队，乃至于官府，搬进了由火巷改造后的宽大胡同，在北京出现了诸如帅府胡同、府学胡同等与官府有关的专名胡同。这些与中央衙署有关的胡同，集中于北京的内城之中，而北京外城则一条都没有，使内城区胡同中的皇家文化和缙绅文化特征更为突出。

内城东西长安街以北至安定门、德胜门一线，这一区域包括故宫、皇城和"三海"地区，原是元大都城的旧街区，也是北京街巷、胡同中最整齐规范的地区。内城长安街以南的胡同，始建于永乐十七年（1419）十一月。燕王朱棣以"靖难之役"夺取帝位后，决定迁都北平，将"北平"改称"北京"。同时将原大都城南城墙拆除，向南移二里余至前三门一线，又将原文明门、顺承门之间的顺城街扩建成路，取名"长安街"。换言之，今日的东西长安街原是元大都城南城墙的顺城街，元朝以前这一带尚属金中都的城郊和农村。

一、长安街南六部九卿

永乐十七年（1419）十一月，拓北京南城，计二千七百余丈，将原大都城的南墙，从今长安街南侧一线南移约二里（近800米）。经过这样的改动，北京内城基本形成正方形，皇城也由位于大城南部改为大体居中的位置。元大都的皇城前没有东西向的大街，长安街是明代兴建北京城总体规划的重要组成部分之一。东西走向的长安街，与纵横南北8公里长的御道中轴线，在天安门前垂直相交成标准的"十"字形经纬坐标中心点，从而构成北京城坐北朝南，街巷纵横的总体布局。明代在城墙南移空出来的位置上，"列六卿于左省，建五军于右隅"，开辟出皇城前诸多新的街巷胡同，成为明清两代皇家最高官署衙门的集结地。

当年天安门前的东西两侧有长安左门和长安右门，其名取自盛唐时的长安城，具“长治久安”之意，长安街因此二门而得名。长安左门又名“龙门”或“孔圣门”，长安右门又名虎门或白虎门，以附“左青龙、右白虎”之意。两门规制相同，门三阙，券门，汉白玉石门槛，单层歇山黄琉璃瓦顶，红墙，基础为汉白玉须弥座，是皇城通往中央官署衙门的总门。门前竖立一座巨大石碑，上刻八个大字“官员人等至此下马”，有禁军站岗。百官上朝面奏皇帝都要步行从长安左、右门进入，经天街，上金水桥，入承天门，继而进午门，到皇宫大殿朝拜。

在长安左门与长安右门之间，有一条东西长约370米，南北宽约80米的“天街”，全部用石板铺砌，是颁诏时官员们跪听之地。两门各与千步廊东西两端相接，形成封闭的“T”形广场，禁民通行。广场东西两侧宫墙外，按照“文东武西”的格局，设置六部九卿等各机关。天安门广场东侧宫墙外，今中国国家博物馆一带，为文职官衙，明代设吏部、户部、礼部、兵部、工部、宗人府、鸿胪寺、钦天监、太医院等。清代，仍为各部所在，称户部街。在户部街外增设掌制诰、史册、文翰之事的翰林院，负责对外通商和交涉事务的总理各国事务衙门及太医院等。天安门广场西侧宫墙外，今人民大会堂一带，为武职和司法机关。明代设五军都督府、锦衣卫、太常寺、通政使司等。清代改设銮仪卫、太常寺、通政司、都察院、大理寺、刑部等。清代采用八旗兵制，不再设五军都督府，原来的街巷改称前府胡同、右府胡同、左府胡同、中府胡同、后府胡同；在明锦衣卫旧址建立刑部，称刑部街，后在街上又增设都察院、大理寺等审案判刑的机关，又称司法部街。明代“T”形广场南有大明门，大明门与正阳门城楼间建百步见方的小广场。广场上石护栏的通道呈“十”字形，宛如棋盘，故称“棋盘街”。明代皇城内禁止平民穿行，人们往来东西城间，需绕行大明门以南或地安门以北，棋盘街便成为当时市民来往的交通枢纽。大明门前有朝前市，称“小天街”，非常热闹。

过去从长安左门至东单牌楼称东长安街，从长安右门至西单牌楼叫西长安街，东、西长安街间因皇城阻隔不能通行。1912年12月将长安左、右门的石门槛拆除，1913年1月1日长安街正式通行。1940年拆开内城墙东西两侧的城墙豁口（后改称建国门与复兴门），成为近代长安街的雏形。1952年8月，拆除长安左门和长安右门。1954年8月，拆除长安街东西两座牌楼，同年拓宽道路，拆除西单至新华门间的双塔寺。1956年，打通西单至复兴门路段，拆除旧刑部街、卧佛寺街、报子街和邱祖胡同，路面展宽35米。1958年拆除东单至建国门之间的东西观音寺街，路面展宽到35米。1966年，长安街成为一条横贯北京城东西的交通大道，街面展宽为50～100米，东西长安街的延伸线东达通州，西抵石景山，总长50公里，被称为“百里长街”。

1912年以前，自天安门向西，今西长安街所在地分别称为西三座门大街、府前街、西长安街。府前街在今人民大会堂门外南北向的司法部街至石碑胡同北口段。石碑胡同始于明代，北起西长安街，南至东绒线胡同。在石碑胡同北口，有一汉白玉石雕琢的下马碑，碑高约4米、宽约1.5米、厚约35厘米，上刻“官员人等至此下马”八个大字。石碑胡同南口以东地带，原为明锦衣卫，清改为銮仪卫，均是皇家的禁卫机构，官员到此下马也理所应当了。2007年3月，石碑胡同因在国家大剧院规划用地内而被拆改。

石碑胡同西侧有呈东西走向的安富胡同，又称安福胡同。乾隆二十二年（1757），新疆的回部首领和卓木兄弟发动叛乱，两年后被平息。同属和卓木贵族的图尔都家族因反对叛乱，被赐爵封居。三年后，图尔都送妹妹和卓氏进宫，被晋封为容妃，即传说中的“香妃”。容妃因民族习惯不同，曾住宝月楼（位于今新华门）。为让容妃排遣乡愁，乾隆授白和卓为回子佐领，“佐领”是“牛录”的汉译，以投诚回众编为一佐领，聚居在宝月楼对面的与安福胡同东北相连的一条小胡同，曰“回子营”，时称“回回营”。内设办事房，以内府官董其事，夹道曰头牛录、二牛录。1965年，回子营、头牛录、二牛录并入东安福胡同。1914年开通南北向新华街，安福胡同被分为东、西两段。北新华街以东叫东安福胡同，以西叫西安福胡同。东安福胡同周边原有东拴胡同、北小拴胡同等很多带“拴”字的地名。过去官员由此进宫，须在长安右门外下马，将马拴在拴马环上步行上朝，附近带“拴”字的胡同即由此而来。

民国初年袁世凯任大总统时，将宝月楼改建成总统府大门，更名新华门，成为中南海的正门。在新华门对面建起灰色花墙，以遮挡路南外国兵营及破旧民舍。黎元洪、曹锟的总统府，张作霖的大元帅府，北洋军阀政府的国务院、摄政内阁等均在中南海。北伐战争后，中南海一度被辟为公园。新中国成立后，中南海成为中共中央和国务院所在地。

石碑胡同南通呈东西走向的绒线胡同，明代向东延伸有板桥和张相公庙街。清宣统年间，板桥、张相公庙街并入，统称绒线胡同。1965年以北新华街为界，北新华街以东称东绒线胡同，以西称西绒线胡同。西绒线胡同西口在20世纪三四十年代就比较繁华，有大都会电影院和大生照相馆。西绒线胡同51号原为勋贝子府，勋贝子绵勋的曾孙溥霱在光绪二十八年（1902）袭爵，封镇国公，府第被称为“霱公府”。民国后溥霱家道中落，1924年将整座府第售与金城银行经理周作民，为周宅和金城银行总部所在地，1950年周作民把房产转给中央监察部。1959年经朱德、陈毅等提议，周总理批准并亲自命名，在这里开设四川风味的“四川饭店”，成为北京第一家由王府改建的庭院式饭庄，后已改用。

明初，在今天安门广场南侧有条东西向江米巷，因曾是南来江米（南方称糯米）缴税后卸售处故名。明朱棣修建皇城，在大明门外建棋盘街，将江米巷截为东、西江米巷。过去在东、西进口处各有一座牌楼，东曰敷文，西曰振武，八国联军入侵北京时被毁。

东江米巷全长1552米，被称为老北京最长的一条胡同。明代在巷内设有礼部、鸿胪寺和会同馆等。主要接待来自安南、蒙古、朝鲜和缅甸等四个藩属国的使节。清改名四译馆，会同馆又称“四夷馆”，只允许外国使节在这里居住四十天。清时巷内有户部银库、太医院、

图20　东交民巷

迎宾馆、肃王府、梁公府等王府宅第。第二次鸦片战争结束后，英、法两国首先在东江米巷建立使馆。义和团之乱后，这里被正式划为使馆区，称东交民巷和西交民巷。1950年1月6日，北京军管会颁发布告，宣布在北京市内各帝国主义兵营的占领地一律收回，其建筑全部征用。现巷内多为国家机关办公地点，是北京市文物保护街区。

西交民巷西抵北新华街，早年有刑部、大理寺等衙门。1905年，清政府引进西方金融制度，在西交民巷原巡视中城御史衙署处成立“户部银行”，民国初更名为“大清银行”，是中国历史上最早的中央银行，遗址在西交民巷甲25号（亦称甲23号或27号）。1949年中国人民银行总行由石家庄迁入此址办公，此后中国农业银行也在此成立。西交民巷东口第一栋欧式建筑，为大陆银行北京分行旧址。民国初年，大陆银行与盐业银行、金城银行、中南银行组成设立四行储蓄会，开以储蓄为主营业务的先河。1999年重修天安门广场时，“四行储蓄会”的石匾在毛主席纪念堂西侧出土发现。西交民巷东口北侧第二栋建筑是北洋保商银行，系一座三层西式风格建筑，现为中国钱币博物馆。第三栋银行建筑，是一座中西折中风格的两层楼，正门上方还留有一个鹰雕，为民国政府中央银行北平分行旧址。在接近人民大会堂西路的路段，还遗有两个银行旧址，一个是56号的中华汇业银行；另一个是中国农工银行，楼顶上现还标注着“1922”字样。

二、朝阳门内仓储漕粮

北京有句口头禅，叫“东富西贵”。为什么呢？因为东城一带过去是粮食、木材和外地商品进京的主要通道，在朝阳门和东直门附近有许多货栈、仓库，带动了金融和商业的发展。当年，在东单十字路口南端，即今东单体育场东侧，有座东单牌楼，牌楼额曰“就日”；西单也有座牌楼，额曰“瞻云”，取典于《史记·五帝本纪》：“就之如日，望之如云。”范仲淹《明堂赋》有“望云而就日，歌尧而颂舜”的句子，大意是指民心向往皇帝，感受皇帝龙恩。东单牌楼与西单牌楼都建于明代正统年间，为形式相同的三间四柱三楼冲天式木牌楼，位置南北向。1916年，袁世凯将东单改为“景星”，西单改为“庆云”。1923年，牌楼因妨碍交通而被拆除，以后成为地名。

东四全称东四牌楼，元代称十字街，是十分繁华的商业街。明永乐年间，在东四大街路口修建了东、西、南、北四座牌楼，这四座牌楼均为四柱三楼式，南北的牌楼上书“大市街”，东侧牌楼上书“履仁”，西侧牌楼上书“行义”，表示经商要履行仁义。东四周边有猪市大街、马市大街、小羊市、驴市、鹁鸽市、估衣市等。由于邻近朝阳门、东直门、崇文门，所以东四一带也是粮食、木材和外地商品进京的主要通道。1954年四座牌楼被拆除，牌楼虽然不在了，但东四地名一直沿用至今。清末，北京民间流传有“头戴马聚源，身披瑞蚨祥，脚踏内联升，腰缠四大恒”的顺口溜。“四大恒”指恒利、恒和、恒兴、恒源四大钱庄，这四家钱庄由同一东家开设，而且都在东四牌楼一带。恒利是主店，位于东四牌楼东大街，恒和位于东四牌楼北路西，恒源位于东四牌楼东路北，恒兴在隆福寺胡同东口。清咸丰三年（1853），太平天国北伐军攻入直隶，不少持有银票的人纷纷挤兑银票，造成二百多家钱铺倒闭，唯独“四大恒”凭借其雄厚的资金未受影响。此后“四大恒”的名声大振，几乎所有官宦往来存款及九城富户显宦放款都要经“四大恒”之手，可见东城之富。

朝阳门位于东垣正中，又称齐化门，名自《诗经·大雅·卷阿》“凤凰鸣矣，于彼高岗。梧桐生矣，于彼朝阳”。顾名思义，取其门面向东，每天都迎接京城的朝阳，以“迎宾出日”之意。元明以来，朝阳门一带都是经济繁华之地，客商川流不息，一派车水马龙之景象。明代，朝阳门内建有七大官仓，北侧有海运仓、北新仓，中部有南新仓、旧太仓、兴平仓和富新仓，南侧有禄米仓，它们共同担负着京师储粮的重任。在裱褙胡同设立总督仓场公署，专责管理仓场。当时，积水潭漕运码头因水源减少而废弃，从北运河漕运进京的南方米粮，一般在张家湾卸载，由驳船从通惠河至东便门外大通桥起岸，大通桥有车户专门负责将漕粮运至朝阳门京仓，部分漕粮则由通州陆路运往京师。清康熙时疏浚通惠河，复浚护城河，驳船可由大通桥通行在东护城河上，直达朝阳门，大大方便了漕粮的运输。因朝阳门是沟通京城与通州漕运码头的必经之路，故有“粮门”之称。在城门洞内北侧墙上，特镶砌一方刻有谷穗的石头，称“朝阳谷穗”。八国联军入侵北京，将石刻谷穗毁坏。

清代，在明代七座官仓的基础上，又扩建六仓，包括朝阳门外北护城河边的万安仓、南护城河边太平仓，东直门外的岸裕丰仓和储济仓，德胜门外的本裕仓和丰益仓，数量达十三座，被称为“京师十三仓”。明清城内的七座官仓，禄米仓在朝阳门南小街独为一仓；南新仓在朝阳门北小街，俗称东门仓，明永乐七年（1409）在元代北太仓旧基上建成，原贮米、黑豆饲料等，周边为兴平仓、旧太仓、富新仓，四仓整体用同一仓基，四面四门；明正统十年（1445）在东直门南小街处筑海运仓，清代又在海运仓北兴建北新仓，两仓连为一体，共为同一仓基，南门仍称海运仓，北门称北新仓。《顺天府志》载，旧太仓计八十三廒：富新仓计六十四廒，兴平仓计八十一廒，南新仓计七十六廒，海运仓计百廒，北新仓计八十五廒。海运仓和北新仓内除廒座外，主要建筑还有官厅、大堂、太仓殿、仓神庙、土地祠、监督值班所、官役值班所、科房、更房、警钟楼、巡警驻扎所等。至今，在朝阳门大街南北还留有以这些粮仓命名的胡同。

清《天咫偶闻》载："京仓之在城内者，北曰北新，曰海运；南曰富新，曰南新，曰兴平，曰旧太，皆在朝阳门北；曰禄米，则在朝阳门南；凡京官俸米，皆于此取给。"[①]北新仓胡同东起东直门南大街，南与库司胡同、仓夹道相通，北通北新仓一巷、二巷、三巷、四巷、五巷。民国时北新仓改成陆军被服厂，现仍存仓七座，为北京市文物保护单位。海运仓胡同在东直门南小街东侧，北与仓夹道相通。南新仓即东门仓，东门仓胡同在朝阳门北大街西侧，东起豆咀胡同，中与北豆芽胡同相交。清兴平仓即元代北门仓，明称旧太仓北门。北门仓胡同在东四十条北侧，东起东直门南大街，西止东直门南小街。1965年将何家口、东门仓并入。新太仓胡同在东直门内大街南侧，明称新太仓北门，入清后新太仓废弃，析为民居。东与新太仓一巷、新太仓二巷、罗车胡同相通。

图21　新太仓二巷

① ［清］震钧：《天咫偶闻》，卷三，北京：北京古籍出版社，1982年，第69页。

吉兆胡同，在朝阳门北小街仓南胡同南，烧酒胡同北侧，南通土儿胡同，呈东西走向，清光绪时称鸡爪胡同。相传因胡同北端有两条小巷与其连接，颇似鸡爪而得名，由于“爪”与“罩”音似，后俗称鸡罩胡同。据说段祺瑞就任临时执政时住鸡罩胡同，觉得住在鸡罩胡同不吉利，像被扣在鸡笼子里一样，即令北京警察总监把鸡罩胡同改名吉兆胡同。关于北京胡同的名称，有很多似是而非的传说，应当留意。段祺瑞任民国临时总执政在1924年，此前清宣统时的地图上，鸡爪胡同就已改称吉兆胡同。况且段祺瑞并不住吉兆胡同，而是住在吉兆胡同北边的仓南胡同，中间隔着南北向南弓匠营胡同。因此，这类故事不大可信。

东直门大街是北京东西向出入城的主干道，因东直门而名。元代初年，名崇仁门。明代修建北京城，称东直门，与西直门相对，取“民兴教化，东至东海，西至西陲”的含义。明初，南方的大米、木材经东直门入城交易，被称为“商门”。朱棣建设北京时，砖窑多云集在东直门外，所需的木材也多由东直门运进城内，故又俗称“木门”。使得东直门内大街向南，有多家木材加工作坊和棺材铺。光绪三十四年（1908）3月18日，农工商部大臣溥廷页、熙彦和杨士琦等，给慈禧太后和光绪皇帝上奏折，在东直门外兴建自来水厂，不久成立“京师自来水股份有限公司”，1910年3月正式投产供水，使北京正式有了自来水的供应。

五道营胡同在安定门立交桥东侧，南有肖家胡同、国学胡同以及孔庙、国子监等。明代此处为京畿北部防务重点区域，由右军都督府下属的武德卫屯兵把守，称武德卫营，清代讹称五道营胡同。紧邻武德卫营北侧是一片方园十丈有余的开阔地，用来行车驰马调动军队，平时作为通行的道路和部队操练的广场。如今，名字虽已面目全非，但的确因驻扎军队而得名。

大兴胡同在东直门大街西南，呈东西走向，因胡同内建大兴县署而名。东起细管胡同，西至交道口南大街，南与北剪子巷、文丞相胡同相通。金始置大兴县。永乐元年（1403）改北平为北京，北平府升为顺天府，下设大兴、宛平两个依郭县。以鼓楼为界，东为大兴，西为宛平。顺天府署设在交道口十字路口西北原元大都路总管府旧址，是负责北京地区各项事务的主要行政管理机构。大兴县署在今大兴胡同西口北侧，清因之。1928年，首都南迁，北京又改为北平。1935年，大兴县政府由北平迁驻大红门，县署改为他用，今为东城公安分局。据载，大兴县署旧有大门、仪门、大堂、二堂至署内六层。大门之内有监狱、土地祠、县丞和典史署，占地4000平方米。现大部建筑拆除盖楼。大兴县署对面有大兴县城隍庙，庙西有万善寺，尚存，今为民居。明清时，有城隍出巡祈雨活动，民国后废除。

府学胡同在大兴胡同南，呈东西走向，因明代顺天府学设于此而名。元末府学原址是太和观，徐达率军攻入大都，因朱元璋下令军队不得到孔庙骚扰，太和观住持仓皇中把木质孔子像立到殿中，谎称这是孔庙，躲避了军队的进入，此后便把寺庙改成学校。明沈榜《宛署杂记》载："洪武初，以元太和观地为大兴县学，国子监为府学。永乐中，以府学为国子监，以大兴县学为府学。"此地成为明清两朝北京士子进修、学习、考试的地方。顺天府学的西部是学宫和孔庙，东部是文丞相祠，再东为文昌祠。府学的东西两侧建有育贤坊，现存部分殿宇。光绪二十五年（1899），清政府把府学的东半部改为"顺天府高等小学堂"，先后为"左八旗小学堂""京师公立第十八小学校""北平市市立府学胡同小学"，现为府学胡同小学。

张自忠路原名铁狮子胡同，1946年为纪念抗日名将张自忠改今名。铁狮子胡同以元代的两尊铁狮命名。明崇祯时有田贵妃之父田弘遇宅，吴三桂在田府遇见苏州名姬陈圆圆，以千金聘纳为妾。李自成的队伍逼近京师，崇祯帝急召吴三桂镇守山海关，吴三桂将陈圆圆留在京城府中。李自成打进北京后，吴三桂闻得陈圆圆被刘宗敏所占，冲冠大怒，高叫："大丈夫不能自保其室何生为？"遂引清军入关，救回陈圆圆。《乾隆京师全图》中，原铁狮子胡同路北，自东口至中剪子巷排列有三座府第，东为和亲王府，中为贝勒斐苏府，西为和敬公主府。清光绪三十二年（1906），在原和亲王府、贝勒斐苏府旧址上兴建中西合璧洋式结构的陆军部大楼。东院为海军部主楼，平面呈“山”字形，配楼则为二层外廊式。门前原来的一对铁狮，于1926年迁移至鼓楼保存，被安放于鼓楼正门两侧，后不知去向。袁世凯称帝前为总统府，北洋政府段祺瑞执政府国务院所在地。

三、东四胡同底蕴深厚

东城区干面胡同21号有副门联：“物华天宝，人杰地灵”，文出唐王勃《滕王阁序》，“物华”意为万物的精华，“天宝”是天然的宝物，“物华天宝”指各种珍美的宝物，“人杰地灵”指有杰出的人降生或到过，也指杰出的人物生于灵秀之地。用这两句话来形容东单北大街东边这一带的胡同和胡同里住过的名人，真太妥帖不过了。

北总布胡同，清乾隆时称城隍庙胡同，呈南北走向，因街内有一城隍庙而名。1947年，以胡同在总部胡同北，更名北总布胡同。总布胡同因明代设总捕衙署，名总捕胡同或总铺胡同，乾隆时称总部胡同，宣统时以朝阳门南小街为界，分称东、西总布胡同。北总布胡同原3号院曾是梁思成故居。梁思成是著名建筑历史学家、建筑教育家和建筑师，毕生致力于中国古代建筑的研究和保护。1949年，北平和平解放前夕，按照毛泽东和周恩来的指示，张奚若带着两名解放军干部来到清华大学新林院，向梁思成和林徽因请教一旦解放军攻城时，哪些文物必须设法保护。不久党中央又要求梁思成先生编写了一本《全国重要建筑文物简目》的册子，发放到解放军指挥员手中，要求在战争中主要保护那里的古建筑文物。梁思成提出的第一项文物，即“北平城全部”，注明北平为“世界现存最完整最伟大之中古都市；全部为一整个设计，对称均齐，气魄之大举世无匹”。英国学者李约瑟说，梁思成是研究“中国建筑历史的宗师”。

赵堂子胡同，呈东西走向，以朝阳门南小街为界，以西称东堂子胡同，以东称赵堂子胡同，正东后赵家楼胡同。“堂子”即妓院，为江南方言，明代官妓所在。赵堂子胡同3号为朱启钤故居。朱启钤是著名的古建筑学家、实业家。北洋政府时，曾任代理国务总理。他对北京城区的建设和改造所做的贡献，包括谋划设立城市消防系统布局，主持中南海南侧的“新华门”改造，打通府右街、南北长街、南北池子，兴建北京城的第一家公园中央公园（即今中山公园），全面翻修前门箭楼等。1929年创办中国营造学社，集中了梁思成、王世襄、罗哲文、李济、郑孝燮、谢辰生先生等一大批古建筑学家。新中国成立后，任中央文史研究馆馆员，全国政协委员。

外交部街原名石大人胡同。明代石亨拥英宗发动“南宫复辟”，因功晋爵武清侯，在此建造了府第，其府占据胡同北侧的四分之一地段，因此胡同得名“石大人胡同”。后因有“谋反”迹象，被抄家死于牢狱，宅院改作明工部铸造钱币的“宝源局”。清沿用。清末，为迎接德国皇太子来访，清外务部在此修建外务部迎宾馆，设计者和承包者为美国人坚利逊，为当时京城最豪华的西洋建筑。清朝灭亡后，袁世凯在迎宾馆就任临时大总统，其内阁政府也设于此。1912年8月24日，孙中山应邀北上进京，袁世凯安排孙中山在迎宾馆下榻，把总统府搬到铁狮子胡同陆军部大楼，以示恭敬。同年9月，孙中山离京南下，袁世凯把设在东堂子胡同的民国政府外交部迁到迎宾馆，石大人胡同遂名外交部街。1918年，洛克菲勒基金会投资兴建协和医院，同时在外交部街59号建立专家别墅区（另一处别墅区在北极阁胡同，称“南院”）。外交部街59号别墅区由多栋美国乡村独立别墅构成，灰砖清水墙，每栋建筑与中轴线保持对称，但又相对灵活多变。新中国成立后，林巧稚、裘法祖、黄家驷等多位医学名家住此。院内布局规范，恬静、清幽，现为北京市文物保护单位。

东堂子胡同在外交部街北，呈东西走向，是北京城内保存最完好的胡同之一。明代称“堂子胡同”，清代因与金鱼胡同北面的“堂子胡同”重名，改称“东堂子胡同”，彼“堂子胡同”称“西堂子胡同”。东堂子胡同与中国近代史有着密切的联系，49号原为清大学士赛尚阿的宅第，1861年为清末专司外交事务的总理各国事务衙门；总理衙门的东半部为今北京大学外语学院前身、中国最早的外语教学机构京师同文馆，西半部为各部院大臣与各国使节进行外交活动的场所；10号曾是著名妇产科专家林巧稚挂牌行医处；51号是著名文学家、文物研究专家沈从文在中国历史博物馆工作期间的宿舍；55号是中国现代医学奠基人之一伍连德博士故居；75号和77号是著名教育家蔡元培担任北京大学校长一职后租住的房屋，现为蔡元培纪念馆。

干面胡同，在遂安伯胡同北，呈东西走向。据说，这条胡同是由西向东去禄米仓的必经之路，因为过往的车辆太多，运粮车上的面粉随风刮得到处都是，居民们戏称为“下干面”，故而得名。据《燕都丛考》记载，贝子吴达海在此胡同内。民国时有中国红十字会、华北救济总署、铁路大学、泗洲试馆。干面胡同不仅有着悠久的历史，而且还居住过众多文化名人。35号是茅以升故居，51号是世界知识出版社。61号（旧31号）是皇太子载淳（同治皇帝）的老师李鸿藻宅院，新中国成立后为中国社会科学院宿舍，该院先后住过历史学家顾颉刚、著名科普作家高士其、研究先秦史的王煦华教授等。

史家胡同在干面胡同北，东四南大街东侧，呈东西走向，相传以史姓大户得名。胡同内原有明史可法祠堂，现为史家胡同小学。1909年5月，清政府制定《遣派留学生办法大纲》，由外务部和学部派遣官员组建“游美学务处”，主持考试挑选、管理、派遣、联络等事宜，学务处和考场曾设史家胡同内。1965年整顿地名时，京华邨、官学大院并入。胡同内多深宅大院，建筑整齐，现仍保存有四合院80座，完整有规模的约30座。据传，清末中法银行董事长刘福成、名妓赛金花（傅彩云）曾住此。32号院曾住原水利部部长傅作义将军，51号院为章士钊先生故居。51、53、55号宅院被确定为最新一批市级文物保护单位。史家胡同24号院是民国才女凌叔华故居。她著有短篇小说集《花之寺》《女人》及散文集《爱山庐梦影》等。凌叔华曾在院落里接待过印度大诗人泰戈尔、中国国画大师齐白石。凌叔华的丈夫陈西滢曾与徐志摩等人共创《现代评论》杂志，婚后随夫移居英国。1989年已经89岁高龄的凌叔华坐着轮椅由家人陪同回到北京，躺在担架上来到自己的宅院，次年病逝于北京景山医院。骨灰安葬于江苏无锡惠山脚下，与夫君陈西滢合葬。凌叔华女士晚年决定把自己的房产捐献给国家，凌叔华的女儿陈小滢女士在转让产权时，向街道提出，院子应用于公益。在朝阳门街道办事处的支持下，英国查尔斯王储基金会资助，成立北京第一座胡同博物馆。

帅府胡同在北京东西城各有一处，一处在西四北大街路西，一处在东单三条北，明《京师五城坊巷衚衕集》里均有记载。东城的帅府胡同，东起校尉胡同，西止王府井大街，南邻东单三条，北靠金鱼胡同，现有北帅府胡同、东帅府胡同、帅府园胡同。帅府园胡同，相传是唐代名将罗艺府第，清代建有怡贤亲王府。光绪三十二年（1906），由伦敦公会、美国长老会等联合兴办协和医学堂，院址在东单新开路西口内。1915年，美国煤油大王洛克菲勒基金会出资购买协和医学堂全部产业，同时购得东单三条内豫王府全部房地产，建高标准中西式楼房，改称协和医学院，1985年改名中国协和医科大学及协和医院。

灯市口大街，因明代每年农历正月初八至十八在此设灯市而得名。灯市于正月初八“上灯”，十五日“正灯”，十八日“落灯”，为期十天。在此期间，朝廷特赐五天假，与民同乐。清代把“灯”与“市”分开，“市”归琉璃厂，灯会由灯市口扩展到东四牌楼、地安门、灵佑宫。另外在新街口、西四牌楼、正阳门大街、东安门一带，也都有各单位和铺户自发搞起来的灯会，灯市口作为地名得以保留。街内曾建有镶白旗满洲都统署、张贝子府、熙贝勒府、佟

图 22　东帅府胡同

国纲府、育文图书馆、盐务学校等。灯市口大街55号，为清康熙时佟府。顺治孝康章皇后之兄、安北将军佟国纲，康熙孝懿仁皇后之父、内大臣佟国维，皆封一等承恩公，后并袭，其赐第在此，故名。今名同福夹道，同福即佟府谐音。1864年，来中国的传教士艾莉莎贝满夫人，在大鹁鸽胡同设立贝满女子小学，次年成立贝满女子中学。1905年增设协和女子大学，1916年将大学移至佟府，后迁往今北京大学所在地，贝满女中高中部遂迁佟府，现为北京市第166中学。

王府井地名的来源与明代所建十王府和一口古井有关。明代，在皇城东安门东侧，今王府井书店到新东安市场一片地区建造十座王府，称十王府或十王府街，通屋八千三百五十楹。宣宗继位后，又在十王府南建了三座公主府。清代，此处依然是亲王、郡王的聚居之地。怡亲王府在今金鱼胡同、校尉胡同、煤渣胡同一带，雍正即位后封十三弟允祥为怡亲王，建怡亲王府。雍正八年（1730）允祥去世，遗愿舍宅为寺庙，雍正钦赐“贤良寺”。乾隆二十年（1755），贤良寺迁建于冰碴胡同路北，此地成为外省重臣进京朝见的住处。民国时贤良寺对游人开放，寺中的壁画“画工精致生动，实臻上乘，艺术之佳，洵为近代所罕见”[①]。1913年以后，随着前门劝业场、天桥市场的兴起，在王府井“银街”建立起北京的“销金窟”东安市场。1998年，在今步行街西侧的便道上发现一眼古井，对其进行恢复。同时设计出古色古香的盘龙浮雕状井盖，并将相关历史文字镌刻其上，直径1米，材质为铸铜。成为王府井大街上的又一景观。

在东四北大街路东，自南向北依次排列着名为“东四头条”至“东四十四条”的14条胡同。这片街巷的历史可以上溯至元明时期，在明《京师五城坊巷衚衕集》，已有“头条胡同”至“四条胡同”的记载，清《京师坊巷志稿》增至“十二条胡同”。1965年北京整理地名，“十二条”北边的两条胡同被依次改编为“十三条”和“十四条”。东四这片胡同不仅建筑历史悠久，而且有着深厚的历史文化底蕴，这里既有过皇室宗亲的奢靡生活，也有过文臣武将的足迹；既有过文人墨客的清雅书香，也有过近代军阀将帅的荣辱沉浮，令人瞩目。

东四头条是一个拐弯的胡同，由西向东，原东段在延福宫后身通过，后转向南行。明称头条胡同，清沿用，1949年后称东四头条。胡同东面有第二代怡亲王弘晓府第，同治年间为孚郡王府第。1969年建设外交部大楼，胡同被截断，变成了死胡同。东段南北向部分为文化部宿舍的出口。东四头条1号为社科院宿舍，钱锺书、杨绛、戈宝权、卞之琳、余冠英、罗念生等人曾在此居住。茅盾曾住东四头条胡同5号，新中国成立前这里曾是北京协和华语学校的中国研究院，专为外国传教士和学习汉语的外国人开设。15号院为晋商乔家后人的宅院，19号为著名相声大师侯宝林在20世纪80年代后期到1992年的借居地。

东四二条东段，因孚王府的存在，同样是个半截胡同，需在中段向北行，从东四三条出入。《宸垣识略》载：协办大学士、吏部尚书、

① 马芷庠：《北平旅行指南》，《老北京旅行指南》重排本，卷1，北京：北京燕山出版社，1997年，第114页。

一等嘉勇公福康安的宅第在东四牌楼北二条胡同。据当地老人讲，从西口进去，几乎半条胡同都是福康安宅第，胡同里那棵大榕树就是他家旧物。

东四三条是东四地区第一条笔直完整的胡同，这里住过的名人多不胜数。除了35号为蒙古郡王车林巴布郡王府（车王府），孟小冬、任弼时、晚清最美格格王敏彤、皮影戏传人路家等也都曾住在东四三条。王敏彤（完颜立童记）出身名门，家世显赫，父亲完颜立贤为军机大臣完颜崇厚之孙，母亲爱新觉罗·恒慧系军机大臣毓朗的嫡长女。1913年出生，内务府镶黄旗人，末代皇后婉容的表妹。因是家中长女，人称大格格、王大姑娘，一生钟情溥仪。1922年，当时的紫禁城小朝廷出于一些政治上的考虑，内务府大臣郭布罗·荣源的女儿婉容与溥仪结婚，自那以后王敏彤一直未婚。2003年，王敏彤在养老院逝世，享年91岁。

东四四条5号，与1号、3号同为清道光皇帝本家绵宜（号达斋）的宅院。因系宗室辈分较尊，故当地百姓称这房子为“皇帝的叔叔家”。该院有三进院落。新中国成立后全国人大常委会副委员长楚图南曾住在这儿，隔壁院曾为张学良的宅子。胡同中间地段，传说是纪晓岚的外宅，为此有聪明的商家，建起了阅微山庄旅馆。西口85号为宝泉局东作厂旧址，是明清户部所属铸造钱币的工厂。

东四五条中部曲折，南有二支巷可通东四四条。《京师坊巷志稿》记载“麟公第在五条胡同。按：公为饶余敏亲王次子温良贝子博和托之后”。五条3号为裕谦故居，道光二十一年（1841）正月，道光皇帝下诏“对英宣战”并命裕谦为钦差大臣，力主抗英的裕谦亲临阵前指挥，誓死守城，九月初四，镇海被攻破，裕谦投水殉国，是鸦片战争死难者中官阶最高的朝臣。死后谥“靖节”，入昭忠祠。民国总统徐世昌，以及杜聿明、吴玉章等均曾住胡同内。

东四六条63号至65号，原有房屋三百余间，为清末崇礼豪宅，人称东城之冠。崇礼住宅目前仍有房屋一百余间，宅院坐北朝南，由三个并联的四合院组成，东、西院均为四进院落，是四合院的最大规制。中院为花园，有假山、亭阁、月牙河、戏台等。各院自成一体又相互沟通，中路花园原有一门已封堵，与东院合为一体。咸丰七年（1857），崇礼任清漪园苑丞（清漪园是颐和园前身，苑丞相当于园长），在接待咸丰皇帝时，因对答合宜，受到赏识，不久被提升为内务府大臣。慈禧镇压戊戌变法时，处死谭嗣同等人的谕旨就是由崇礼宣布的。北平沦陷时，崇礼豪宅转归清末名臣张之洞之子张燕卿名下。

东四七条，61号是多拉尔·海兰察的府第，多拉尔·海兰察是鄂温克族，满洲镶黄旗，于乾隆二十年（1755）从征准噶尔，作战英勇，获赐号额尔克巴图鲁（勇士之意）。以后又从征缅甸，参与金川平叛、台湾平乱、在后藏反击廓尔喀侵略，以多次战功晋封一等超勇公。海兰察病逝于七条府中，乾隆皇帝念他“在军奋勉，尝受多伤”，破格批准他入祀昭忠祠。1949年后，为海关总署宿舍。79号院是标准的四进院子，现存东、中、西三路，该院子面积2000多平方米，为清辅国公载灿府和辅国公溥钊府。20世纪20年代，被国民党山西军阀阎锡山花重金买下。1949后，为八一电影制片厂宿舍，很多知名演员曾在此居住。

图23 东四八条71号院

东四八条，明称正觉寺胡同，因胡同中部北侧建有正觉寺而得名。据《燕都丛考》记载：正觉寺为明正统十年（1445）所建，有敕建碑。胡同内还有承恩寺，为明太监冯保奉敕所建，张居正撰写碑文。71号院，原是清代为宫中掌管帘子的王姓官吏所盖的一座房子，1949年后为教育家叶圣陶故居。

东四九条，有清二等昭信伯李侍尧宅。李侍尧祖上是汉人，被编入清朝汉军镶黄旗，曾任总督、尚书、大学士等高官。他的曾祖父因功受封二等昭信伯，他也承袭了伯爵。李侍尧精明过人，深受乾隆皇帝的赏识，他多次因贪污被判死刑，都被乾隆赦免。

东四十条，沿线有"南新仓"等文物保护单位。

东四十一条，42号是一个典型的老北京四合院，院子有三进，曾经是《中国青年报》和《中国少年报》的宿舍。

东四十二条，西口路北为辛寺胡同，辛寺胡同35号原为地藏禅林，有山门、地藏殿、娘娘殿。

东四十三条，明时分为两段，东段称慧照寺，西段称汪家胡同。慧照寺位于胡同东端与小菊胡同南口相交处路北，原为永宁伯谭广府。谭广去世后，僧人庭佑将其宅改建为慧照寺，巷名慧照寺胡同。慧照寺内塑大佛圣像并二尊者，十八罗汉。民国后，庙已衰败。1949年初仅余山门、大殿、配殿及部分配庑，后析为民居。现山门已无，仅余大殿及配殿。

东四十四条，明称新太仓南门，因位于明新太仓南门而得名。清乾隆时称王寡妇胡同，宣统时东段称五显庙，西段称船板胡同。肃王府位于船板胡同北。肃王府原在正义路东，《辛丑条约》订立后，王府被外国使馆占领，便在此地建新肃王府。府主善耆是皇太极长子豪格的后人，光绪二十四年（1898）袭封肃亲王，八国联军攻占北京，他在京与庆亲王奕劻、李鸿章办理交涉事宜。善耆很爱唱戏，他先唱"八角鼓"（单弦），然后唱小戏，并通过溥侗的帮助，组成肃王府自己的戏班。他任民政部尚书时，对建立北京近代警察制度及市政管理有所贡献。清帝退位后到旅顺，善耆勾结日本势力从事复辟活动，他的女儿便是在抗日战争中有名的汉奸金碧辉。肃王府后为北新桥袜厂，原建筑基本不存，仅东南角有部分遗存。1965年整顿地名时将五显庙并入，改称东四十四条。

什锦花园胡同在隆福寺北，呈东西走向。东起东四北大街，西至大佛寺东街，南与南阳胡同、道湾胡同相通，北与小细管胡同、南吉祥胡同、南剪子巷相通。明属仁寿坊，西端称红庙街，东端为适景园。园内亭台楼榭，堂池三四亩，堂后一槐，身大于屋半间，园曰适景，都人俗称十景园，为京师著名私家园林。此园在今胡同东端北侧，园的最早主人朱能，因辅助明成祖朱棣有功被封为成国公，历代世袭，到崇祯年间他的后代朱纯臣还总管京营。清朝属正白旗，乾隆时称石景花园，宣统时称什锦花园。民国后沿称。北洋军阀吴佩孚曾住适景园旧址。1965年整顿地名时改称什锦花园胡同。

黄米胡同在中国美术馆北侧，呈南北走向，北起美术馆后街，南抵东西向弓弦胡同，现南部已不通行。黄米胡同内的半亩园，曾是旧京著名私家园林之一。该处原是清初陕西巡抚贾汉复的宅园，由画家李渔修建。清道光年间，为河道总督完颜麟庆所得。麟庆对宅园大加修葺，改名“半亩园”。宅院坐北朝南，四进院，西边是花园，正堂题曰“云荫堂”。有专收古琴的退思斋，专陈怪石的拜石轩，专门藏书的琅嬛妙境，专存鼎彝的永保尊彝。民国时，宅归瞿宣颖，将半亩园改为止园。现尚存东两路庭院。

西扬威胡同，在美术馆后街东侧，呈东西走向。东起南剪子巷，西止美术馆后街，南邻刚察胡同，北与西扬威北巷相通。载涛曾住在胡同内14号，载涛是清末醇亲王奕譞的儿子，出生在什刹海畔的醇王府，后过继给端郡王奕诒，住在涛贝勒府。他是宣统皇帝的叔叔，人称皇叔。张勋复辟时，被溥仪加郡王爵，任专司训练禁卫大臣，负责保卫京畿。1950年，毛泽东主席签署命令，任命载涛为人民解放军炮兵司令部马政局顾问，后又任全国政协委员、全国人大代表。1959年溥仪被特赦，载涛将溥仪接到自己家内，为之接风。载涛喜欢养马，酷爱京剧，虽为票友，但在武生行中却是名角。李万春所演《闹天宫》得到载涛的真传，称载涛为恩师。载涛多次邀请梅兰芳到西扬威胡同家内做客，饮茶闲谈之余，梅兰芳还向载涛询问《贵妃醉酒》中杨贵妃的某些表演身段。

四、西四胡同权贵云集

说到“东富西贵”，“西贵”指过去西城王府权贵多，其实住在东城的权贵也不少；话说回来，大家都说“东富”，但西城有钱的比东城也少不到哪儿去。不过从西城的太平仓胡同到西边阜成门一带，确有一片权贵集中的地方。明清及民国时在西四路口东、西、南、北设有四座牌楼，与位于皇城东侧的东四牌楼相对应，称西四牌楼。清宣统年间，此街分为两段。靠近西四牌楼的南段称西四牌楼，其北称当街庙。民国后两段合称今名。自元朝起，西四即为北京城里的重要商业区之一，时称“东单、西四、鼓楼前”。

明代，地安门西大街西端为广平侯袁容府。袁容府之大，如果从地安门西大街出行，必须绕道护仓胡同北折，经麻状元胡同（今群力胡同）方能抵达新街口南大街。袁容的父亲袁洪跟随朱元璋开国有功，被封都督。袁容继承父亲的职位，被朱元璋指定迎娶朱棣的女儿永安公主、任燕王朱棣的仪宾，后随朱棣作战屡立大功，以功封特进光禄大夫驸马都尉广平侯。成化年间，明宪宗佞佛，袁容的后人为继续袭广平侯位，献宅建寺。于是在广平侯宅第旧址上，兴建皇家寺庙大永昌寺。第二年宪宗崩，孝宗即皇帝位，躬行节俭，励精图治，革去那些所谓国师、真人封号，把大永昌寺改作内府储存石料的仓库新石厂。正德五年（1510）为户部管辖的京师官仓，东起今护仓胡同，西抵西四北大街，北始麻状元胡同，南达太平仓胡同，明武宗赐名曰太平仓。

历史上，明武宗正德皇帝是位个性突出甚至胡作非为的人，他好骑射，常微服出宫游猎。在兵痞出身的江彬劝诱下各处游幸，掠良家妇女数十车，日载以随，连寡妇也不放过。武宗朱厚照还把大量流氓封为义子，“赐义子一百二十七人皆国姓。初，中官奴卒及市井桀黠，偶为上所悦者，辄收为义子”。[1]永寿伯朱德就是其中一个。拿太平仓来说，本是明武宗亲自赐名的仓房，但第二年他就把太平仓赐给干儿子朱德为私第。没过两年，明武宗想过过当将军的瘾，改太平仓为镇国府，后自封镇国公，下诏选调大同、宣化两府数万精兵，直接驻扎在镇国府内。直到嘉靖上位，才改镇国府仍为太平仓，命总督仓场官管理。

清代废弃太平仓，改建承泽亲王府。承泽亲王是顺治第五子硕塞。硕塞去世后，长子博果铎袭封，改号庄，时称“大王”。他的弟弟惠郡王博翁果诺行二，时称“二王”，府第在西直门内大街。博果铎无嗣，康熙耍了个心眼，把自己的十六子允禄过嗣给他。雍正元年允禄袭爵，其府遂称庄亲王府。与其他王府略有不同的是，庄亲王府南门的太平仓胡同东西两侧，建有两座东西向阿斯门，待阿斯门一关，太平仓胡同就被圈入王府的地盘。南侧毛家湾有庄亲王小府，住着庄亲王的家人。1900年1月，慈禧发布维护义和团的诏令，第十代庄亲王载勋担任统率京津义和团王大臣，积极设神坛于府内。各地义和团到京后，先在庄亲王府挂号编伍，载勋也头裹红巾，身着短衣，跪迎团首，一副义和团打扮。八国联军窃据北京，烧毁王府，只后院得以保存。在列强“索办罪魁”声中，慈禧以庇拳启衅的罪名，赐庄亲王载勋自尽。辛亥革命以后旗人断了俸银，处境艰难。20世纪20年代初，末代庄亲王溥绪因财源断绝，仅以20万银圆把王府卖给天津军阀李纯与其弟李馨。

溥绪字菊隐，号清逸居士，民国后隐去了皇族的姓氏以庄为姓，称庄清逸。溥绪酷嗜京剧，能登台演出，工文武生，如《拿高登》之高登、《狮子楼》之武松等都是其擅长。后以编剧为谋生手段，其剧本多由杨小楼、尚小云、程砚秋、高庆奎、马连良等名伶排演，剧作数量达六十多种。后来李纯家听说豫王府地下挖出金

① ［清］夏燮：《明通鉴》，卷44，北京：中华书局，2013年，第1671页。

窖，遂将庄王府的地上建筑尽数拆除，把砖瓦、木料运到天津建了李氏祠堂，称“津门庄王府”，现辟作南开人民文化宫。李家在原址另建平安里、志兴里等房产七百余间，设平安里经租处管理负责出租事宜。平安里在庄王府南部，为中西合璧式房屋。后因修路将庄王府中部贯穿成街，称平安里大街。1965年与西黄城根合并，统称地安门西大街。

西四路口西北和东北有两座转角楼，相互对称，转角楼各有两层，一层是大厅，二层是看台和窗户。转角楼修建于清光绪二十年（1894），专为慈禧太后六十岁花甲寿大辰而建。早在一年前，慈禧就开始准备在颐和园摆宴的庆祝活动。拟从西华门到颐和园十五里长的御道上，搭建经坛、戏台、彩殿、牌楼等景点建筑，还要组织高僧高道念经打醮，戏班演戏，百姓夹道欢迎。不料，1894年7月，日本舰队在黄海挑起甲午战争。8月1日，中日互下宣战书。慈禧不得不在9月25日下旨，取消颐和园庆典及沿途的“点景”工程。西北角的转角楼自1949年后一直是新华书店西四书店，砖木结构，东、南两翼各面阔五间，成曲尺状连接，屋顶为灰瓦起脊，檐柱为朱红油饰，梁柱檩柁用材壮硕，系为当年旧物；东北角转角楼为工商银行重建的新楼。

护国双关帝庙位于西四北大街167号、甲167号，建于金朝大定年间，为北京现存最古老的关帝庙。该庙原有元朝泰定元年（1324）李用所立《义勇武安王碑》。元泰定二年（1325），泰定帝及皇后捐资重修。该庙坐西朝东，有山门、钟鼓楼、正殿，全部建筑沿中轴线排列，分为前后两个院落。殿内供奉泥塑关羽坐像和漆胎岳飞像，早已不存。山门为硬山式拱券门，上有匾曰“护国双关帝庙”。正殿面阔三间，单檐歇山顶前出悬山抱厦。据1936年登记档案，院内房屋共有20间，山门、大殿为金元风格，大殿木构完整。该庙曾为民居，庙内元朝、明朝石碑于20世纪80年代由北京石刻艺术博物馆收藏。2017年，为强化“首都风范、古都风韵、时代风貌”的城市特色，西城区对护国双关帝庙等古迹完成腾退。

西四北大街西侧有西四北头条至八条胡同，现为北京市历史文化保护区。元、明两代，此处属鸣玉坊，清代为正红旗地界，现基本保持明代胡同格局。现存的四合院建筑，大多为明清两朝的故物，是北京四合院样式最丰富、数量最大的地区之一。这八条横平竖直的胡同，自明代起各有专名，可惜在1965年北京市调整地名时被更改为数字，失去了古都风韵，这些胡同名称可考虑予以恢复。

西四北头条在明代称驴肉胡同，因驴肉集市在此得名。1911年后雅称礼路胡同，后沿用至1965年。

西四北二条，原称西帅府胡同。明武宗南征时，自命太师镇国公，在此设帅府。《明史·武宗本纪》载："（正德）十三年九月癸丑，（帝）诏曰：总督军务、威武大将军、总兵官朱寿（正德帝自名），亲统六师，肃清边境，特加封镇国公，岁支禄米五千石。"在胡同内建统帅驻京边兵的府第。为区别东城"帅府胡同"的东帅府，时称"西帅府"，所在街巷也成为西帅府胡同。9年后，明武宗崩于京师豹房。嘉靖帝登基"遗诏遣还各边军"，才把几万边军遣还。

图24　西四北二条胡同

再北为西四北三条。明称箔子胡同。用苇子或秫秸编成帘子称"箔"，涂上金属粉末或裱上金属薄片的纸亦称"箔"，往往用作纸钱。此胡同内有与此行业相关的作坊。“箔”清讹为“雹”，民国后“雹”又谐音改为“报”。3号是隆长寺，原为明汉经厂外厂，尚存山门及部分殿房。11号坐北朝南，西边是住宅，东边是花园。花园的东墙前建有假山，上有四檩卷棚爬山游廊，廊与绣楼及八角攒尖亭相连，曾为蒙藏委员会委员长马福祥的住宅。19号院是一座小型四合院，大门在东南角，为一间如意门，门楣上方装饰砖花图案。39号（原报子胡同18号）是程砚秋故居。程砚秋，满族人，自幼学戏，受师于梅兰芳。他在艺术上勇于革新创造，讲究音韵，注重四声，追求“声、情、美、永”的高度结合，并根据自己的嗓音特点，创造出一种幽咽婉转、起伏跌宕、若断若续、节奏多变的唱腔，形成独特的艺术风格，世称“程派”。代表剧目有《锁麟囊》《荒山泪》《武家坡》《贺后骂殿》等。程砚秋在北京迁居十余处，在此居住20余年，直到1958年逝世。

西四北四条，原称受壁胡同。明代，因紧靠驴肉胡同，成为加工兽皮的作坊聚集地，称“熟皮”胡同，以后讹化为“臭皮”。民国后雅化为“受壁”。明代其西侧紧靠大明濠（今赵登禹路），濠上设有“王公桥”。

西四北五条，明称石老娘胡同。“老娘”者，产婆旧称，或因石姓老娘居此而得名。20世纪30年代末，大汉奸王克敏曾在此居住，以后又成为军阀张宗昌的宅第。

西四北五条东口原有当街庙，《道咸以来朝野杂记》记载：西四牌楼北，当年在甬路中间有一庙宇，坐南面向北，名当街庙，其址在石老娘胡同（今西四北五条）东口，庙供额森牌位。

西四北六条，明时燕山前卫衙署设于胡同内，称燕山卫胡同。清简化为卫儿胡同。卫亦写作魏，为与其他称魏的胡同相区分，这条胡同曾称南魏。23号是典型的中型四合院住宅，坐北朝南，前后共四进院落。大门外有照壁，门前台阶两侧列上马石一对。大门在住宅东南角，门内有影壁。前院南房四间倒座，东西耳房各二间。中轴线上二门是垂花门，两侧抄手游廊，墙面饰以什锦灯窗。二进院北房五间，两侧东西厢房各三间，东西耳房各二间。北房明间门裙板雕刻《西游记》等古典小说的人物形象和花篮盆景，其东侧建过道与后院相通。三进院北房五间，东西厢房各三间，东西耳房各二间。北房明间门裙板雕刻葡萄、松鼠、花篮盆景，后罩房纳入西四北七条。为北京市文物保护单位。

西四北七条，原称泰安侯胡同。明代，泰宁侯陈珪的宅第在此胡同内，故名泰宁侯胡同。到了清代，因道光皇帝叫旻宁，为了避讳，改为泰安侯胡同。陈珪，擅长骑射，明太祖洪武元年（1368），随大将军徐达北定中原，任燕山中护卫。朱棣发动靖难之役，陈珪随从南征，“从夺九门，征雄，取鄚，击真定，援永平，战坝上，破杨村，鏖通州，应援蓟州，追奔别山”，屡有战功，升任指挥同知。朱棣称帝，授中军都督府都督佥事，辅助世子朱高炽留守北平（北京）。论功位列靖难功臣第四，封爵泰宁侯，赐世袭诰券。永乐四年（1406），朱棣改建北京城及宫殿，陈珪为工程总指挥，“董治其事”。子孙世代承袭，约历十世十四代，直至明亡。

西四北八条，明代称武安侯胡同，因武安侯郑亨的府第设在胡同内而得名。清代曾称五王侯胡同，后又改称武王侯胡同。郑亨，明初将领，早年袭父职任大兴左卫副千户。靖难之役，竭诚效力，论功名列第五，升任中军都督府左都督，加封武安侯，获赐铁券，留守北平。后五次随明成祖北伐，拜征西前将军，镇守大同。子孙袭武安侯爵共历九代，至明亡而绝。37号为长寿庵，后名宝禅寺，1950年尚保存完好，1958年后寺舍被工厂占用。

在西四缸瓦市大街东侧，北起缸瓦市，东到西黄城根，南达东西向大酱坊胡同，这一片地域内曾建有礼亲王府和定亲王府。礼亲王府在今大酱坊胡同东口路北，颁赏胡同以南，定亲王府以东。颁赏胡同原名板肠胡同，宣统年间改今名。礼亲王府规模宏伟，地域宽广，呈长方形，分中、东、西三路。中路为主体建筑，共有房屋五重、院七进。东路为住宅，由十二进院落组成，西路由花园、屋宇等十一进院落组成。整个王府共有房屋、廊庑等480余间。在清代所建的诸多王府中，最大的数礼亲王府和豫亲王府。老北京有“礼王府的房，豫王府的墙”之谚。1927年礼亲王府售出，为华北学院校舍。

定亲王府在礼亲王府西。府占地约2.7万平方米，西起缸瓦市，东至礼王府，北达颁赏胡同，南抵羊皮市胡同，有房400余间。光绪年间，毓朗降袭贝勒，定王府改称朗贝勒府。毓朗是末代皇后婉容的外祖父，授军机大臣。民国时毓朗之子恒馞成为定亲王第八代，降袭贝子。恒馞念过大学，生活放荡不羁，是当年北平城颇有些名气的纨绔子弟。毓朗去世后，家里日子愈发困难。1928年以15万银圆将王府售出，买方为华北银行买办丁济谦。华北银行随后将定王府西院、中路拆平。以后这块地皮又一再转手，北边的义达里就建在这块地皮上。定王府北墙和东墙现在仍可见到。缸瓦市东侧有老字号砂锅居，主营砂锅白肉，每天不到中午就卖完了，接着便摘掉店幌子，所以北京有句歇后语，“砂锅居的幌子，过午不候”。

1930年天津巨商韩某购得该府北半部，1936年在此建成义达里四合院房产，总计38个院落，逐渐形成居民区。内中7条小巷名义达里、乐群巷、孝贤巷、慈祥巷、福德巷、忠信巷、勤俭巷等。义达取成语“行义达道”，出自《论语·季氏》:“隐居以求其志，行义以达其道。”指依照义而贯彻自己的主张。乐群取成语“敬业乐群”，出自西汉戴圣《礼记·学记》:“一年视离经辨志，三年视敬业乐群。”意为对自己的事业很尽职，和朋友相处很融洽。他的孝贤、慈祥、福德、忠信、勤俭无不传播了中国人的传统美德。义达里西口面临西四南大街，是一条长300余米的死胡同，当初出入义达里只有这一座大门，且有门扇。1965年7条小巷合并，统称义达里。义达里西口为青砖券门门洞，门额上雕有张学良的老师张济新先生1936年题写的“义达里”匾额。门楼两侧墙壁上曾刻有“义达里宝地福田境由心造，缸瓦市忠言笃行道在人为”对联。

缸瓦市在西四南大街南段，历史上因有缸瓦、陶器、瓷器等市而得名。20世纪60年代，并入西四南大街。缸瓦市西侧有万松老人塔、缸瓦市基督教堂和多罗贝勒府。砖塔胡同在丁字路口西南，以万松老人塔而名，砖塔胡同61号（现84号），为鲁迅故居。值得一提的是，元末李好古《沙门岛张生煮海》念白中有“你去兀那羊角市头砖塔胡同儿总铺门前来寻我”一句，此句明显插科打诨，指饰演龙女和侍女的艺伎住在砖塔胡同的勾栏院，由此常有人以为砖塔胡同一名始自元朝，系为妓院勾栏所在地。但仔细查对发现，元大都不允许妓女在城内开业，所以城内不会有妓院勾栏。《马可·波罗游记》记述：“那些以卖淫为生的妇女，除暗娼，人不知道以外，不许在城内开业，全部限制在郊区。”所以砖塔胡同附近有妓院勾栏，应是明朝以后的事情。明嘉靖《京师五城坊巷衚衕集》，砖塔胡同一带记有粉子胡同、西城兵马司、西院勾阑胡同；明万历二十一年（1593）《宛署杂记》，记砖塔胡同附近有巡捕厅胡同、粉子胡同、西院勾栏胡同。另外，《沙门岛张生煮海》源于金院本《张生煮海》，收入《元曲选》。《元曲选》成书于明万历四十三年（1615），由臧懋循删易整理，增添科白，此时砖塔胡同周围已有勾栏妓院和巡捕厅，有此背景才能“去兀那羊角市头砖塔胡同儿总铺门前来寻我”，此科白似为明人增添，仅此存注。

图25　粉子胡同

西单北大街自缸瓦市至西单牌楼，呈南北走向，是北京著名的商业街区。明清之际，西长安街附近大理寺、太仆寺、銮仪卫等衙署采办，多以西单为主，推动了这里的商业发展。清末民初，满人贵族多居西城，后来北洋政府、国民党政府的许多机构也都设在西城附近，为满足清朝遗老和政客新贵们的需要，西单一带的饭馆、酒店、百货商店、菜铺以及摊商、摊贩日益增多。老字号“天福号酱肘子铺”“天源酱园”“桂香村南味糕点店”“玉华台饭庄”等相继在西单大街开业。20世纪30年代，在西单大街西侧建起“西单菜市场”，东侧建起“西单商场”，南侧建起“哈尔飞剧场”（西单剧场）、“长安戏院”、“新新大戏院”（首都电影院），使西单成为著名的商业文化街。

第三节　积水潭畔——与什刹海相关的胡同

北京历史上是一个水网密布、河湖环绕的水乡城市。永定河、高梁河、莲花池与城内的天然湖泊和人工河道紧密相连，构成了碧水长流“水叶递映”诗意般的景观。早在一千八百年前，曹植在古蓟城（今北京城西南）便写下“出自蓟北门，遥望湖池桑”的诗句。金朝开挑什刹海、疏通高梁河、修建金闸河。元朝引昌平白浮泉水，开凿通惠河和金水河，让南北大运河上的漕船飞帆一苇，径抵辇下。史文有“舳舻蔽水”的描写，可以想见当时积水潭的盛况。历经辽、金、元、明、清几代建设，随着社会的发展，北京城一些古老河道的周边已经成为多条街巷胡同。研究北京“六海”和这些胡同的历史文化内涵，对研究积水潭、什刹海、通惠河、玉河古道等重要文物的保护和修缮，推进大运河文化带建设，都有着特别重要的意义。

一、积水潭边系客舟

当我们从飞机上俯瞰北京城时，首先映入眼帘的便是那一片巨大而波光潋滟的“六海”水面。它们从北京城的西北角蜿蜒而来，像一串硕大无朋的翡翠，镶嵌在北京城的西北，与金碧辉煌的紫禁城相互映照，给北京平添了无限的情趣和勃勃生机。“六海”是西海、后海、前海、北海、中海和南海的总称，六海之间以桥相隔，互相连通。其中，德胜门内大街以西的一片水域称“西海”，也称“积水潭”；德胜门内大街以东至银锭桥的水域称为“后海”；银锭桥往南到地安门西大街的水域称为“前海”。上述三大片水域及临近地区在历史上位于皇城北墙之外，习惯上又称之为“什刹海”或“外三海”。地安门西大街以南，至北海大桥以北的水域，即今“北海”；北海大桥以南至西长安街新华门里的两片相连的水域即是“中海”和“南海”，简称“中南海”。这三片水域原本都位于皇城之内，故又有“内三海”之称。

“六海”以及清河、高梁河、瀔水，包括原来的太平湖（位于西直门以北），乃至前门外的三里河、龙潭湖等都是古永定河南迁之后留下的遗迹。所谓的“北京六海”，则是上述众多的天然湖泊，在经过了人们的惨淡经营之后形成的佳丽风景。“海”原指大洋靠近陆地的部分，后引申为形容某事物之大，也把天然湖泊称为“海”。常有人误认为积水潭称“海”源自元朝，其实早在两千多年前，许慎在《说文解字》里就说过，“海”是“天池也，以纳百川者”。《汉书·苏武传》载：“乃徙武北海（今贝加尔湖）无人处。”位于阿拉善盟的居延海是一个不断变化的游移湖，汉时曾称其居延泽，唐代起称居延海。可见，汉语中把陆地上大的水域称为海，起码在汉代就开始了。

从现有的史书记载看，“北京六海”这片天然水域最早的名称叫“白莲潭”，说明这片天然水域早已接受过人们的开拓经营。辽代的琼华岛上建有宫殿，是辽帝后和皇族休闲的场所。金大定十九年（1179），素有“小尧舜”之称的金世宗看中了这片风景佳丽的水上风光，决定在这里营建皇家离宫——大宁宫，以浚湖之土堆筑琼华岛，这就是今日北京城内北海公园和中海的前身。金代还凿渠引玉泉之水入白莲潭，又引白莲潭水入闸河，东至潞县与白河相连，使每年所担负的上百万石漕粮直抵中都（今北京）。金章宗看到“船运至都”，非常高兴，御赐河名“通济河”。同时，取“漕运通济”之意升潞县为通州，通州遂成为漕运重地，今北京“通州”之名，便起于金朝。这些举措，对后世北京城市发展影响深远。元大都城、明清北京城，乃至今日北京城，亦皆在此基础上发展而来。

元代，为解决大都“南粮北上”的漕运问题，忽必烈听取水利专家郭守敬的建议，引昌平白浮泉水，揽北京西山玉泉诸水入什刹海，利用金闸河故道，出万宁桥，下接通州。今积水潭北端城墙下的铁棂闸，即积水潭的进水口，闸旁建“汇通祠”，有郭守敬纪念馆。元至元二十九年（1292）通惠河告成，漕船可以从通州以南的高丽庄进入大都城，并停泊在积水潭中。《元史》记有：“川陕豪客，吴楚大贾，飞帆一苇，径抵辇下。”从此，积水潭与南北大运河连在一处，成为大运河的北端码头。当时全城最大的仓库“万亿库”即设在积水潭北岸西端，使漕运总码头积水潭的周边地区，很快成为全城最繁华的商业区。

元代钟鼓楼在今旧鼓楼大街，钟鼓楼与积水潭北岸斜街一带有米市、面市、绸缎市、珠宝市、鹅鸭市、果子市等，鳞次栉比，比比皆是。道路两旁商贾云集，人流熙攘。许多富家大户、显贵官宦、文人雅士也相继在这里建府第、豪宅，造园林、兴别墅。一时间，海子周围成了大都城人们最向往的所在，街巷内云集了权贵功臣们的高宅大院和普通百姓的素雅民居。明永乐时，在湖岸相继修建了众多的寺庙，如广化寺、火德真君庙、护国寺、什刹海寺等，形成诸多庙市。加之每月逢七逢八的护国寺庙会，正月初一、十五的火神庙、药王庙庙会等，使什刹海周边的商业文化更加丰富多彩。什刹海边还有烤肉季饭庄、庆云楼、会贤堂、和成楼、天和茶园等著名老字号，时至于今，鼓楼西大街、地安门外大街一带依然是北京城区的重要商业区。

宽阔的水面既给北京城平添了无限的生机，也使得周围的街巷、胡同随形而影，出现了许多变化。特别是什刹海周边地区，出现了与水系延展相一致的、由西北而东南，又转向西南的环水斜巷胡同，形成了独特的、颇有中国古典园林中那种“曲径通幽处，禅房花木深”的韵味。如后海南侧的羊房胡同、后海南沿、南北官房胡同、大小金丝胡同、前海北沿以及北侧的后海北沿、甘露胡同、鸦儿胡同、烟袋斜街等，都是一些别具一格的街巷胡同，与毗邻的德胜门内大街两侧规整的呈东西向的胡同形成了鲜明的对比。

鼓楼西大街是连接东西城的重要通道，东起地安门外大街北端的鼓楼，西到德胜门内大街北端的德胜门。街呈东南向西北走向，元、明时称“斜街”。清末，此街分为两段，东段称鼓楼西大街，又称“鼓楼西斜街”；西段称“果子市大街”（此处曾是北京城三大果品市场之一），1965年统称“鼓楼西大街”。鼓楼西大街上的古迹很多，有瑞应寺、寿明寺、关岳庙、万寿弥陀寺等。瑞应寺建于明朝成化三年（1467），位于鼓楼西大街148号，现为中学，中路建筑尚存。

图 26　什刹海

寿明寺建于明朝天顺六年（1462），除山门之外，其他建筑尚存，现为西城区房管所。关岳庙建于清末，原是醇亲王的家祠，1914年改祀关羽、岳飞，现为西藏驻京办事处。鼓楼西大街北端的西绦胡同，与东城区中绦胡同、东绦胡同东西贯通，历史上曾是北城东西往来的通道。1965年于西绦胡同59号发掘出元代平民房遗址，1972年又在胡同东口发掘出元代遗址一处。

银锭桥南北横跨在什刹前海与后海的连接处，北接小石碑胡同，南连银锭桥胡同。因桥形似银锭，故名“银锭桥”；也有人说，因桥上的铁锔子似银锭而名。该桥始建于明代，已有五百多年的历史，其初建年代无考。银锭桥以“三绝”著称。眺望西山位居“三绝”之首，站在银锭桥上往西望去，可以看到西山，被称为“银锭观山”，是“燕京十六景”之一。第二绝是观赏荷花，清代纳兰性德，每当荷花盛开之际，总喜欢和友人曹寅、朱尊彝等漫步堤岸，欣赏“藕风轻，莲露冷，断虹收。正红窗，初上帘钩。田田翠盖，趁斜阳，鱼浪香浮”的美景。第三绝是品尝烤肉，银锭桥东有百年老字号“烤肉季”，“客旅京华，问道季家何处？香浮什刹，引来银锭桥边。”来北京的游客，若只品尝了烤鸭、涮羊肉，未曾品味烤肉，绝对是件憾事。此外，其周围还有恭王府、醇王府、宋庆龄故居、郭沫若故居等多处名人故居。1984年，原桥拆除重建，在桥身正面镌刻着单士元先生题写的“银锭桥”三个楷体大字。1989年，公布为西城区文物保护单位。

什刹海的民俗文化丰富多彩。正月十五鼓楼前、后门桥摇元宵、点花灯、放焰火，三月上旬巳日到什刹海边春禊，六月酷暑到海子观洗马洗象，六月二十四荷花节到前海（莲花泡子）赏荷花，七月十五到广化寺观看盂兰盆会，秋天到什刹海斗蛐蛐儿，冬天到什刹海溜冰、玩儿冰床，还有到什刹海放生、放鸽，逛庙会，逛荷花市场，赶德胜门早市，听书看戏，把盏品茗，享受各种小吃，都是数百年来京城居民乐此不疲的民俗活动。在这些有时有节、红红火火的民俗活动中，展现出丰富的中国传统文化和大众文化。

鼓楼位于北京城中轴线的地安门外大街北端，建于明永乐十八年（1420），钟楼在鼓楼北，与鼓楼一同成为古代城市晨昏时分的报进台。在鼓楼上，有二十五面大鼓，其中有一主鼓。钟楼上悬挂着明永乐年间铸造的重六十余吨的大铜钟。古时划分每夜为五更，戌时（晚7时至9时）曰定更，卯初（5时）曰亮更，即天明之意。定更及亮更，皆先击鼓，后撞钟。二更至五更只撞钟不击鼓。击钟鼓时先快击十八响，再慢击十八响，俗曰“紧十八，慢十八”，快慢相间计六次，共一百零八响。鼓声钟声洪亮悠长，全北京城都能听得见。1900年八国联军入侵京师，钟鼓楼上的文物遭到破坏。1924年将鼓楼改为明耻楼，第二年复改为齐政楼。1996年，钟鼓楼被列为全国重点文物保护单位。

钟楼北豆腐池胡同9号（现15号），为杨昌济故居。杨昌济，湖南长沙人，出身诗书世家，在苏格兰阿伯丁大学哲学系学习时与章士钊相识。1917年，章士钊担任北京大学教授，向校长蔡元培推荐了杨昌济。1918年6月，杨昌济携妻子向振熙、儿子杨开智、女儿杨开慧，住进了文化底蕴深厚的豆腐池。豆腐池胡同在鼓楼后身，呈东西走向。明代属金台坊，称豆腐陈胡同，因陈姓豆腐房而名。清乾隆时讹传为豆腐池，1965年将西段娘娘庙并入，名豆腐池胡同。1918年8月毛泽东到北京，他和蔡和森住在杨先生家的南屋，与杨开慧产生了爱情。

豆腐池胡同北侧，有一连串以国字开头的胡同。这几条胡同呈东西走向，相互平行，很有特色。最北面的国盛胡同，明称碾儿胡同，因有加工粮食的专业作坊碾儿房而名，1965年改今名。国祥胡同明称锅腔胡同，宣统时称国祥胡同，胡同甲2号保留有部分那王府建筑。再南为国兴胡同，原1号有慈隆寺，明御马监太监高勋等建，俗名高公庵，清称“高公庵胡同”。民国时为那王府家庙，1965年改今名。

鼓楼东大街北侧有一座黄色琉璃瓦财神庙，俗称黄瓦财神庙。该庙始建于明末，清乾隆十五年（1750）《京城全图》中绘有此庙。据文献记载，原有山门、正殿及配殿，凸出大街，内供财神、土地、药王及鲁班泥塑像。现仅存大殿，坐北朝南，面阔三间。据民间传说，此庙原为民间供奉财神的小庙，庙顶原是灰筒瓦。雍正为亲王时，从雍和宫住处出西直门去圆明园，路过此庙休息，祈求保佑登上帝位，发誓如能继承大统，当将此庙的屋瓦易为黄琉璃瓦。雍正登基后，即派人覆黄色琉璃瓦还愿，为该地一独特景观。

鼓楼东大街南北为著名的南北锣鼓巷地区。《京师五城坊巷衚衕集》作罗锅巷，因巷路面中间高两端低，形如罗锅而名。清乾隆时，随着人口增多，分为南北两巷。北锣鼓巷周围的胡同相对狭隘凋敝，西侧的胡同多以寺庙为名。千福巷，明称千佛寺胡同，因此地有一庙宇供有一尊千手千眼佛，故名。宝泉局西作厂在千福巷东北，俗称钱局。南锣鼓巷在老北京城街坊的胡同系统中最为完整，也是北京旧城典型的传统胡同地区。在南锣鼓巷东西两侧各有八条整齐排列的胡同，如同一条“蜈蚣”，故有“蜈蚣巷”之称。巷从南向北，西面是福祥胡同、蓑衣胡同、雨儿胡同、帽儿胡同、景阳胡同、沙井胡同、黑芝麻胡同、前鼓楼苑胡同等八条胡同；东边是炒豆胡同、板厂胡同、东棉花胡同、北兵马司胡同、秦老胡同、前园恩寺胡同、后园恩寺胡同、菊儿胡同等八条胡同。明清以来，这里一直是“富人区”，居住过许多达官贵人、社会名流。现有僧格林沁王府、清代皇后婉容故宅、茅盾故居、可园、恩园等文物保护单位，有价值的历史遗存二十余处。

二、御河之上始通流

北京的街巷胡同名，很多都散发着与帝王有关的“皇气”，如东黄城根、西黄城根等。这一特点，在河流的命名上也得到充分发挥，如东安门内的御河、紫禁城里的内金水河、天安门前的外金水河等。

玉河是北京城内一条历史悠久的古河，原是元代开凿的通惠河位于宫城东侧的一段河道，主要用于漕运。明清时是皇城内的供排水系，成为专供皇室用的河道，故又称御河。御河起自什刹海东岸的澄清闸，[①]金代已在这里建闸，并引水灌溉附近稻田，《金史》有“放白莲潭东闸水与百姓溉田”“引宫左流泉溉田，岁获稻万斛”的记载。澄清闸之上的万宁桥，因在皇城的后门地安门之北，又称后门桥。万宁桥建于元至元二十二年（1285），原为木桥，后改为石拱桥。元末明初，由于战乱和山洪，通惠河上段从白浮村神山泉至瓮山泊的一段白浮瓮山渠废弃。明代修复玉泉山以下广源、白石、高梁诸闸，保证了什刹海的供水。明清两朝，对中轴线上的万宁桥进行过多次修葺。在石桥的东西石拱券上方各有一石雕螭状吸水兽。桥两侧石砌护岸，四边各有一只鹿角分水兽，身披大片鳞甲，趴在岸边对视着桥孔。桥东的两只将头伸出岸沿边，形成伏岸望水的姿势；桥西的两只将头外伸，两只有吸盘的爪抓着垂直的岸边墙面，身体一侧挂在岸沿外，以测试水位保北京城水运平安。

明代自永乐四年（1406）开始营建皇城，同时开挖御河、修筑内外金水河与紫禁城护城河。此前，玉河自积水潭流出后，经万宁桥、东不压桥、北河沿、南河沿出皇城，过北御河桥（今贵宾楼饭店西），沿台基厂二条、船板胡同、泡子河入通惠河。明代御河自南河沿向南

① 李裕宏：《水和北京——城市水系变迁》，北京：方志出版社，2004年，第86页。

流出皇城后，不再向东南流入泡子河，而是径直向南经今东长安街上的北御河桥、东交民巷的中御河桥、正义路紧靠城根的南御河桥，穿过正阳门东水关，流入前三门护城河（即南濠）。所以东长安街以南的正义路，过去叫御河桥。《天府广记》云“御沟流水晓潺潺，直似长虹曲似环。流入宫墙才咫尺，便分天上与人间”，诗中的御沟即指御河。

2005年，玉河（御河）历史文化保护工程作为北京市六片文物保护试点项目之一，正式获批立项。2007年，在施工过程中发现了元明时期的玉河古河堤遗迹。2009年5月，玉河历史文化保护工程正式开工。重新亮相的玉河北段水道，严格沿着古河道走向重新修复，自万宁桥起到地安门东大街路北的玉河古河道上的东不压桥止，全长480米，平均宽18米、水深1米左右。河道两岸还重新修建了一处水榭、一处曲桥、两处船行栈道和四个挑台，使整个玉河风貌更加统一、完整，两岸修复成古色古香的美丽公园。2010年以后，玉河修复工程又跨过了地安门东大街，往南于东板桥处拐弯向东，直抵皇城东墙内的皇城根遗址公园处，进一步展现了古玉河的面貌。

明清紫禁城的金水河有内外两条，内金水河从什刹海经浴蚕河流

图27　重新亮相的玉河

入紫禁城内，弯曲南流，再东再南，时隐时现，最后流入紫禁城东南护城河。外金水河从南海东北的日知阁流出，向东经织女桥流入社稷坛（今中山公园）南部，经天安门外金水桥，再沿皇城南墙北侧向东入菖蒲河，过牛郎桥、天妃闸，在南河沿处汇入御河。

明清以来，北京城拥有外城护城河、内城护城河、皇城护城河、紫禁城护城河等多重护城河。其中，紫禁城护城河是至今仅存最完整的护城河。紫禁城护城河又叫筒子河，是环绕紫禁城外围的护城河。筒子河全长3.5公里，水面宽52米，至今已有六百年的历史。作为紫禁城的屏障，筒子河引什刹海水，经浴蚕河南下自西北流入，1949年后又增添从北海东南引来的水源。紫禁城护城河的河底用灰土夯实，以神武门、午门为南北轴线，东、西华门为东西轴线，被划分为西北、东北、西南、东南四部分。西华门、东华门和神武门门前路面下各有涵洞将四部分连通。筒子河环绕紫禁城后，一条从宫墙东南角经太庙（今劳动人民文化宫）东侧流入外金水河，另一条在宫墙西南角经社稷坛（今中山公园）内明渠、水榭，再经天安门外金水桥，向东流入菖蒲河，汇入玉河。

筒子河一方面为防护紫禁城而建，另一方面还显示出高贵的皇家气派。沿河栽种的树木，澄明如镜的水面，皇宫四周的角楼，高大壮丽的诸座宫殿，无不让人感受到神秘的权威气息。清代，筒子河由内务府所属的奉宸苑管理，曾在河里栽种了不少莲藕，既可观赏，又能收到经济利益。每到收获莲藕的季节，除了供给皇宫使用外，多余的则予卖出，所得银两存入奉宸苑备用。

菖蒲河是外金水河的东段，因该地河中生长菖蒲而得名。明朝时菖蒲河一带是著名的皇家园林东苑。东苑废弃后变为皇城内的库署居所，民国时在菖蒲河两岸又建起了许多民宅，之后改为涵洞，填平河沟，破旧民房倚皇城和太庙、皇史宬红墙而建，严重影响文物安全，河道填平也丢失了重要的史迹。2002年，市政府斥资全部搬迁河道两侧居民，动工掀开菖蒲河上的盖板，恢复了水面，亮出了南皇城和太庙、皇史宬红墙等古建筑。还在明代崇质宫旧址上建立雕梁画栋的东苑小筑，在河上修筑古朴的牛郎桥、天妃闸，将这里建设成一处依托历史遗址，富有古典风格的城市园林。

三、西河引水瓮山泊

金代为解决中都城的漕运用水，凿开西北部的海淀台地，导引瓮山泊（今昆明湖）之水，转而南流导入高梁河上游。同时，又从高梁河向积水潭上游开渠，分水南下，直入中都城北护城河。从高梁河积水潭上游到中都城北护城河的这条河道，称高梁河西河。高梁河西河从积水潭西侧的渠口向西弯曲处流出向西，在新街口七条西口转而向南，经新街口六条胡同西口继续南下，与自北而南的菜园胡同相接，然后斜向西南，经崇元观东侧南下，穿过西直门大街，沿今赵登禹路、佟麟阁路，流入中都城的北护城河，以供宫苑用水、漕运和农田灌溉使用。

遗憾的是，高梁河西河在清乾隆十五年（1750）内务府测绘完成的《京城全图》中，竟无痕迹可见。但在伦敦英国国家博物馆（原属大英博物馆）所藏的一幅清代早期的北京城图上，十分明显地绘出从德胜门内积水潭南下的河流，有一支向西南流向新街口北大街中段，经四条、三条、二条和头条胡同西，在横桥下流入大明濠（今赵登禹路）的这条河流。幸有伦敦英国国家博物馆舆图部主任以影缩本一份赠给侯仁之先生。经侯先生考证，此图为清雍正二年（1724）所绘，弥补了《京城全图》的缺憾，也让我们知道了“高梁河西河”的所在。[①]

明朝时，在今西直门大街与赵登禹路交接处，有座东西向的红桥，又名横桥，明张爵记此桥东南为“红桥儿东南”。西直门大街红桥以南的河道，明代称“河槽”，清代称“大明濠”，在清乾隆时尚存。红桥西侧有恂郡王府和泰郡王府，东南有八道湾和公用胡

① 侯仁之：《北京城的生命印记》，北京：生活·读书·新知三联书店，2009年，第95页。

同。公用胡同原名供用库胡同，因皇家外供用库在此而得名，清代人口增加，析为前后两条胡同，1965年分别定名为前、后公用胡同。这一带的房屋没经过正式规划，又都是沿沟渠搭建，不甚规范，1911年后改称八道湾，俗称“八条湾”。八道湾往南，还套着一条有六个弯的窄巷，出东口通向八道湾胡同，当地人称小八道湾胡同。八道湾11号院是座宽敞豁亮的三进大四合院，分为前院、后院和西院，本是9号院的别院，人称“小王府”，最早的主人可能与当时住在公用库的达官有关。1919年，鲁迅与二弟周作人、三弟周建人从罗姓房主处共同买下这所住房，由南半截胡同绍兴会馆搬了过来。周氏兄弟共处一院，他们先后邀请过蔡元培、胡适、沈士远、沈尹默、孙伏园、郁达夫等名流来此欢聚。1922年2月，受北大校长蔡元培之托，来北大教授世界语的俄国盲诗人爱罗先珂在这里暂住。毛泽东也曾到过八道湾，周作人日记1920年4月7日记载：“毛泽东君来访。”

明清以后，高梁河西河上游河道逐渐淤塞，河内的水也以生活污水及雨水为主，成为露天下水道，改称“大明濠”。大明濠由北向南蜿蜒十余公里，为方便两岸街道、胡同的交通，过去濠上曾建有35

图28　八道湾胡同

座桥。至今，大明濠沿线留下许多与桥和水有关的地名。明清两代，在今赵登禹路南口有一座石桥，称马市桥。石桥以东有马市、骆驼市、羊市，牲畜贸易，曾兴旺一时。清朝时，这条河槽仍称大明濠，又称西沟沿。清末战乱使大明濠几近荒废，河道淤塞，桥梁、护坡坍塌，两岸居民苦不堪言。1921年，用拆除北京皇城西墙与北墙的城砖，修葺大明濠，将其改建为地下暗沟，暗沟之上铺成马路，整条大明濠遂改称为“沟沿大街”。“沟沿”分南北两段。1946年，为纪念抗日爱国将领佟麟阁和赵登禹，将北沟沿大街命名为赵登禹路，将南沟沿大街命名为佟麟阁路。阜成门大街以南至复兴门大街部分，分别称鸭子庙、太平桥和西京畿道，后统称太平桥大街。太平桥的位置，在今辟才胡同西口外。

太平桥大街西侧，原锦什坊街东，坐落顺承郡王府。清代最后一个袭王爵的是讷勒赫，于光绪七年（1881）袭封，死于1917年。讷勒赫去世后，其子文葵仍被溥仪封为顺承郡王，也只是徒有虚名而已。由于没有收入，家境败落。军阀张作霖入据北京时将王府占用，仅用七万银圆强迫买去，作为大元帅府，成了张氏的私产。1949年北平解放，顺承郡王府为中国人民政治协商会议常设机构的办公地点，并于王府正门外建起全国政协礼堂。1984年定为北京市重点文物保护单位。

全国政协礼堂西南即武定侯街，东起太平桥大街，西至阜成门南顺城街。武定侯是明初开国功臣郭英的封爵，其妹为太祖之宁妃，其子郭镇驸马娶太祖女永嘉公主，孙女为仁宗之贵妃。郭氏三代与皇室结姻，得以世袭侯爵。永乐迁都北京，赐郭氏后人京城官邸，在今西城锦什坊街中段路西，呈东西走向，遂名武定侯胡同，即今武定侯街。第五代武定侯名郭勋，管操神机营，后晋封翊国公，加太师衔，“前后益禄四百石”。史称他凶暴多智，极献媚得宠于嘉靖帝。郭勋以其权势及财力，雇工刊刻过禁书《水浒传》，即著名的明嘉靖“郭武定本”。嘉靖十八年（1539）郭勋晋封翊国公，得势骄横，

“京师店舍多至千余区”，“以族叔郭宪理刑东厂，肆虐无辜”[①]。嘉靖二十年（1541）因夺没人妻田宅，肆虐无辜而受弹劾，翌年死于狱。清末，郭勋府第的一部分成为武定侯小学校舍，1949年后府第的大部和花园为部队大院。今武定侯街23号，是一座三进四合院，疑即武定侯宅第。

武定侯街南部，太平桥大街两侧，有一系列以官府为名的东西向胡同，由北往南分别是济州卫（机织卫胡同）、广宁伯街、屯绢胡同、学院胡同、按院胡同。屯绢胡同内明时有屯马察院，位于今胡同东段北侧，清称屯绢胡同，屯即屯马首字，绢即院之讹音。屯绢胡同东口是太平桥大街，过街有小胡同称高华里。清称猪尾大坑、高岔。1911年之后，改称高岔拉，后改高华里，21世纪初拆除。屯绢胡同南为学院胡同，呈东西走向，东到太平桥大街，西到复兴门北顺城街。明朝称提学察院胡同，因胡同内有提学察院衙署而得名。清朝改称学院胡同，20世纪90年代道路改造，曾更名为学院小街，最终仍定名学院胡同。按院胡同东起太平桥大街，西至复兴门北顺城街。明时胡同内有巡按察院衙署，位于今胡同东端北侧，占地颇广。《京师五城坊巷衚衕集》称巡按公署，入清之后简称按院公署，按即巡按，院即察院。按院胡同以及其北的学院胡同、屯绢胡同，再北的松鹤胡同、半截胡同、松柏胡同、烟筒胡同等，西段均已拆除建楼，泛称金融街。按院胡同及其北的胡同仅余东段，而非复旧观。

复兴门内成方街33号都城隍庙，始建于元，明代重修。庙中供奉北京城的守护神城隍老爷。明清时每月旧历初一、十五、二十五开市，庙会上的货物来自全国各地，甚至国外的名特产和奇珍异宝。明人笔记中，记有外国商人逛都城隍庙：“碧眼胡商，漂洋番客，腰

---

① ［清］张廷玉等：《明史》，卷130《郭英传》，北京：中华书局，第十三册第3823页。

缠百万，列肆高谈。”[1]清代每年旧历五月初一至初十开庙十天。五月初一，是宛平县城隍出巡日，要到都城隍庙与都城隍见面。是日，全份执事，仪仗威严，前面铜锣开道，高举“回避”“肃静”牌，八抬大轿抬着宛平县城隍，鼓镲喧天。高跷、秧歌、五虎棍之类的各种香会，扮成马童、判官、鬼卒、罪犯、披枷戴锁、舍身还愿者紧紧相随。宛平县城隍驾到时，都城隍庙亦挂旗执事，以香会文场相迎，数十档子香会相聚一起，各自表演拿手绝活，谓之献神。把城隍接进庙后，地方往祭官员人等上香焚表，善男信女进香者不计其数，祈祷城隍爷保佑“风调雨顺”。都城隍庙现为北京市重点文物保护单位。

佟麟阁路南有受水河、鲁迅中学、克勤郡王府、民国议会旧址和中华圣公会教堂。鲁迅中学是过去国立京师女子师范学堂的所在，鲁迅先生曾兼任国文系讲师。1926年3月18日“三一八”惨案，该校女学生刘和珍、杨德群等学生因参加反对段祺瑞政府卖国求荣的游行，被枪杀在政府门前。鲁迅在参加了追悼会后，写下《记念刘和珍君》一文。克勤郡王府始王岳托，礼亲王代善之子，为清初八家“铁帽子王”之一。民国期间，末王晏森将王府卖给了政府要员熊希龄为住宅。晏森最后沦为洋车夫，社会上戏称为“车王”。熊希龄是中国近代史上著名的教育家、社会活动家和慈善家，也是一位杰出的爱国主义者。1913年任北洋政府国务总理，后从事慈善事业，创办香山慈幼院（今双清别墅），任国际红十字会中华总会会长。克勤郡王府前半部为新文化街第二小学校址，现府路南影壁尚存，府前部存东翼楼，后部的内门、后寝与东西配房、后罩房均保存完整，西部跨院也存大部原有建筑。后院为新文化街幼儿园。现后寝两山墙角柱石上，尚存熊希龄和夫人朱其慧将财产交由北京救济会的刻字。现为北京市重点文物保护单位。

---

① ［明］郝敬：《谈经》，北京市东城区园林局：《北京市庙会史料通考》，北京：北京燕山出版社，2002年，第77页。

历史上受水河是燕京与中都城的护城河，其西有太平胡同也是壕沟的一部分。三水相连，向西注入西南城根的太平湖。明清时来水渐少，河道逐渐干涸，剩余积水变成臭水，人称“臭水河”。及至填平河道，称臭水河胡同。近代将该胡同名称雅化，取其谐音称“受水河胡同”。

四、金水注入太液池

西直门又称“水门”，在西直门瓮城门洞中，有汉白玉水纹石雕一块，叫“西直水纹”。明清两代，西直门是用水车为皇宫内院运送玉泉之水的重要通道，直到宣统末年依然如此。京城西郊历来是山清水秀之地，玉泉山的泉水更以清澈甘甜、口味醇正而著称，为皇宫内院的帝王嫔妃的御用之水。其实早在金元时期，玉泉山的水就已经为皇家和城市服务了。

元代在金中都城东北修建新城，引昌平白浮泉水，经瓮山泊（今昆明湖）、高梁河由和义门（明、清时的西直门）北水关流入积水潭。同时，又在高梁河以南开辟金水河，引玉泉山水由和义门南水关（位于今西直门南）入城，沿后半壁街、八道湾西的柳巷，经北沟沿、白塔寺东街，至太平桥大街后东转，到今丰盛胡同附近再折向东南，沿后泥洼东南的西斜街、甘石桥后转向东北，经东斜街沿西皇城根北上，经厂桥流经一个“U”字形，再向东流，从西步粮桥（俗称西压桥）入今北海处的内宫。这条金水河在东斜街西南口还有一条支流，从灵境胡同向东直接入太液池，即现在中南海的中海水域。元大都为保证宫廷用水洁净，金水河内禁止百姓洗濯、饮马，“禁诸人毋得污秽”[①]。到了明代，为避免该河道过多的跨河跳槽，把金水河改道，水从玉泉山向东引入紫竹院湖，再东流经高梁桥，分而为二。一支入护城河，另一支从德胜门水关汇入积水潭，向南出西步粮桥入北海，流经紫禁城后至内城南护城河，从大通桥流入通惠河。

---

① ［明］宋濂等：《元史》，卷64，北京：中华书局，1976年，第1591页。

金水河从半壁街东南下，到今丰盛胡同附近再折向东南。丰盛胡同东起西四南大街，西至太平桥大街，明代称丰城侯胡同，因其地有丰城侯第而得名，清代讹为丰盛胡同。旧时丰盛胡同多为官宦宅第，康熙皇帝的孙子、废太子允礽之第七子、辅国公弘晀等曾住此。丰盛胡同南部地势低洼，有一片以河沟、水塘命名的后泥洼胡同、前泥洼胡同，南达辟才胡同、大木仓胡同西侧的二龙坑。前泥洼胡同以南有十几条南北向平行小胡同，这些胡同被一条东西向长胡同拦腰截断，当地居民给它起了个非常形象的名字，叫十八半截胡同，今为什坊小街。辟才胡同南，原有由大明濠分出的两条河汊，由于河汊靠近刑部大堂和牢房，此水正巧流经刑部大牢院墙外，无形之中形成护院之河。到清代遂成两个弯弯曲曲的水坑，称二龙坑。清代二龙坑住户稀少，二龙坑附近有胡同名“鬼门关”，老北京有“二龙坑的鬼——跟上了”的歇后语，意思是甩不掉的麻烦事。民国初年，二龙坑被填平修路，称二龙路；其北端的鬼门关，谐音雅化为“贵门关”或者“贵人关”。

二龙路西侧多杂乱小巷，北部是高华里、太平桥东街、二龙路西街、丁字胡同、二龙路西巷，中部是小口袋胡同、东兴盛胡同、官房胡同、下岗胡同，南部是小沙果胡同、大沙果胡同等。下岗胡同的东南有上岗胡同，此高岗原为元大都的南城墙，明代将内城南城墙南移约2里，对旧日元大都南土城有些段落并未拆除，任由百姓取土垫路盖房。2005年，东起二龙路，西到西二环，北起广宁伯街、辟才胡同，南至复内大街，并入金融街社区。

二龙坑东，原名打磨厂，后演化为大木厂、大木仓。胡同内有郑亲王府，后称简亲王府，明永乐时是姚广孝的赐第。府东为郑王府夹道，府北为劈柴胡同（今辟才胡同）。郑亲王府始主济尔哈朗，是清太祖努尔哈赤三弟的第六子。顺治四年（1647），济尔哈朗因建府超过规定，又僭越擅用铜狮、龟、鹤等，遭弹劾被罢议政并罚银两千两。咸丰临终时，郑亲王端华授顾命大臣，慈禧发动辛酉政变后被以“专擅跋扈罪”赐“自尽”，其弟顾命大臣肃顺被斩首于菜市口。同治年间复郑亲王世爵，发还郑亲王府。民国年间，郑亲王后人将王府抵押给西什库教堂，借银两维持生计。经中国大学调解，由中国大学向比利时营业公司借十五万圆偿还债务，郑王府即为中国大学校址。中国大学于1949年停办，后成为教育部机关及联合国科教学会所在地，为北京市重点文物保护单位。

图29　大木仓一巷

辟才胡同，呈东西走向，从西单北大街一直向西延伸到太平桥大街，过去只是条4米多宽的小胡同，胡同内建有大石佛寺。相传这一带有过劈柴市场，清改称劈柴胡同。光绪三十一年（1905），科举制度被彻底废除，开办的新式学堂逐渐增多，居住在胡同内的天津人臧佑宸开办“京师私立第一两等小学堂”。校歌取劈柴谐音为辟才：“辟才，辟才，辟才胡同中。苍苍，菁菁，槐柳兼柏松，是何处？私立第一两等。开辟人才，开辟人才，胡同著其名。”劈柴胡同遂改为辟才胡同。据考，辟才胡同为慈禧家族长期居住处。慈禧家中三代为官，据咸丰五年（1855）慈禧之妹选秀女的“排单”记载，慈禧的娘家“住西四牌楼劈柴胡同”，应是慈禧在北京的出生地。辟才胡同西口路北，跨车胡同13号为齐白石故居。

北京的斜街，很多为昔日河道，甘石桥两侧的西斜街和东斜街位列其中。明代在今西斜街东口有干石桥，以桥为界，西为干石桥西斜街，东为干石桥东斜街。清《宸垣识略》“镶红旗西中南图”详细记载了干石桥的位置，后干石桥改称甘石桥。西斜街西北起自丰盛胡同，东南至西单北大街，自西北向东南倾斜，与东斜街相对。东斜街呈西南至东北走向，西南口起灵境胡同与西单北大街相连，东北口止于西黄城根南街。20世纪二三十年代，西单至西四铺设电车轨道，将干石桥埋于地下。50年代拆除有轨电车轨道，干石桥曾“重见天日”，修路时把路加高，桥又被埋于地下。据一位市政老工人讲，他在进行下水道清淤时，曾钻进这条暗沟，发现地下的石拱依然完好。1986年5月，西单北大街维修下水道，从东斜街西口地下一米多的深处，再次发现此桥。

灵境胡同，呈东西走向，全长664米，明称灵济宫。东起府右街，西至西单北大街，中与枣林大院、西黄城根南街、东斜街、新建胡同、背阴胡同相交。经先后扩充现最宽处已达32.18米，因此被称为“北京最宽的胡同”。据《帝京景物略》，明永乐十五年（1417），皇帝朱棣患病，梦见南唐江王徐知证、饶王徐知谔二兄弟前来授药，不日病愈。于是下令为他们建宫祀，分封为玉阙真人和金阙真人，赐名灵济宫。每逢初一、十五、立冬、夏至等节令，皇家要派大臣前往祭祀。崇祯十五年（1642）有大臣向皇帝上奏章，说灵济宫供奉的两位真人是叛臣之子，不宜受朝臣拜跪，请示用帐幕将塑像遮盖，停止祭祀活动。崇祯皇帝准奏，从此灵济宫衰落。明代，灵境胡同分为东西两部分，东部称灵济宫，清代称灵清宫；西部因街南系宣城伯卫颖宅园的后墙，又称宣城伯后墙街。1911年后，以西黄城根为界，西段谐音为灵境胡同，东段称黄城根。

灵济宫前原名旧灰厂，明成化十三年（1477）在此设西厂。西厂是明朝特有的官署名称，直接听命于皇帝，全称“西缉事厂”。汪直以西厂为据点，勾结朝官结党，有秘密捕人、杀人之特权，引起朝野反对，后被迫撤销。明武宗时大宦官刘瑾专权，又恢复西厂，五年后以刘瑾倒台遭凌迟而撤销。1913年，袁世凯就任大总统，总统府设在中南海，将总统府西侧的灰厂夹道改名为府右街。当时，府右街南半部为皇城，北半部为中南海的一部分，南北不能通行。今灵境胡同东段往北的一片地带，早年都是皇城以内的范围。据说，宣统帝师、太傅陈宝琛曾住在此。灵境胡同东口以北的围墙，系民国以后修建。1921年，前总统徐世昌在府右街南口东侧建私立四存中学，取“存学、存性、存人、存治”之意，1949年后并为北京市第八中学。

第四节　胡同之根——北京最古老的宣南胡同

北京宣武门外，是北京城的发源地。从东汉蓟城至辽南京城，均在这一地区。具体来说，其东界在宣武门外西侧，从教场小五条至菜市口烂缦胡同和法源寺之间的南北一线；南界在十五中左近的姚家井、白纸坊东西街一带；北抵外城北墙的地区。金朝宣南地区称中都，元大都新城建成后称南城或旧城，明代被圈入外城。这一带保留了大片的辽金时期的胡同，是不可再生的宝贵财富。

一、胡同之根老墙根

宣武门外教场口西有老墙根胡同，始自唐代，因幽州城的北城垣而名，是北京的胡同之根。老墙根得名于胡同北侧的土城。张次溪著《燕京访古录》载："宣武门外老墙根有半截废城一段，长一丈八尺，高九尺。城砖坚固，石基如新，平嵌一石……上刻隶书'通天'二大横字，左刻'辽开泰元年'五字，右刻'北门'二字，均隶书。考此处为辽时内城东北隅也。"震钧《天咫偶闻》也认为这里是辽南京的北垣。20世纪60年代时此处尚有古城遗址，在土城东、西段的延长线上，时有黄土高台留存。

笔者初中就读于北京十四中，差不多每天要经过老墙根胡同。老墙根胡同是一条五六米宽的土路，从校场口通过老墙根这片胡同，高低不平、道路崎岖，再加上早市和菜市场的车马往来，人来人往甚是拥挤。校场口从东向西是个大上坡，进口100米左右有个岔道，岔道西南有车子营、夹道居、广安胡同、狮子店等窄小胡同，与菜市口西北边的广安市场相通。由岔口向北再向西是狭窄的转弯，西转后开始下坡，经校场四条南口向西时，此地因系唐辽东城垣废墟，更是急转直下。那时候老墙根胡同有早市，地摊上摆满破旧杂物，墙根坡上有卖豆汁儿的、卖豆腐脑的，非常热闹。

图30　老墙根胡同

笔者所见到的老墙根纯系土城，废城上尚嵌有两块残石，其一有竖写的小字“辽开泰元年”，并无坚固的城砖，《燕京访古录》所谓“城砖坚固，石基如新”所记当有误。不过也许因为这几个错误的文字，曾被人误认为土城是后人伪造的。直到1929年，在西城区二龙路的教育部院内，发现了唐咸亨元年（670）的仵钦墓志，才确认了老墙根城址的地位。仵钦墓志记述其墓在幽州城东北五里，约合今3.6里，从老墙根向北推4.2里约合唐5.8里，正在西城区二龙路一带，与仵钦墓志记载基本相符。1957年前后建红旗中学时，老墙根被拆毁，至今该地地势仍然高于街南，显示其历史上曾是城垣基址。1965年，整顿街巷名称，将附近炭机库、大火道口并入，定名老墙根街。

校场口，明称将军教场，为操练军队的所在。明、清两代是教场的出入路口，渐为宣外大街西侧的主要干道，1965年整顿街巷名称时，命名为校场口胡同，“校”仍读“叫”音。校场口北侧由东向西平行排列南北向的校场头条、校场二条、校场三条、校场四条、校场五条，除二条外均北起达智桥胡同，南至校场口胡同，各长400多米，宽4～6米。校场二条北起芝麻街，南至校场口胡同，长200米，宽4米。这一系列南北向胡同，沿辽幽州城东城墙平行而建。校场大六条、校场小六条、校场小七条、校场小八条、校场小九条在校场口胡同西北部，东西向并列，西起康乐里，东至校场五条，各长200～300米不等，校场小八条由东西与南北两条胡同组成，校场小九条位于其南侧，为弯弯曲曲的南北向街巷，南至老墙根街，长约300米。清代这里归镶蓝旗管辖。《清史稿》载：旗营校阅之时，自七月开操，至次年四月，该校场于九门之外，将军都统、副都统掌校阅骑射枪炮之事，第其优劣，以为赏罚。清光绪年间，此处除有操场、校场之外，还有观礼检阅台，规模很大。光绪末年，废八股废旧式弓箭比试及科举制度，校场遂废。此地逐渐成为居民宅区。

老墙根胡同南侧有南北向平行的广安北巷、新桥胡同、诚实胡同、思源胡同。新桥胡同原名司家坑小桥，因北部有积水大坑，当地人叫司家坑，臭气难闻，原有小桥可通行，现桥已无，1965年改今名。诚实胡同一带在清代以前统称玉虚观。玉虚观为金代道观，在今诚实胡同西。据金泰和八年（1208）尚书、户部主事、云骑尉庞铸撰《重修玉虚观三清殿记》，该观位于金代仙露坊，原系金太祖第四子太师梁忠烈王祠堂，后改为道观。梁忠烈王名宗弼，即岳飞抗金兵的主要对手金兀术。《建炎以来系年要录》中说檀州门里有兀术甲第，当在其南侧不远处。元至元七年（1270）在观中立“大道祖师传授之碑”。明代玉虚观废，遗址为锦衣千户吕仪别墅。明正统二年（1437）石亨弟石贵重建，清乾隆年间亦曾重修，观内原有122尊泥像。1917年在玉虚观旁建白云庵，20世纪60年代拆除。1958年后改为日用化工厂。20世纪80年代中期拆除旧房盖起丽源日化四厂生产大楼。过去在司家坑、玉虚观一带，有一片低矮的棚户房，里面堆满各种贱卖的破烂，任人挑选，定居胡同原名司家坑浮摊，旧时该地曾辟夜市，天亮散市，称鬼市，“浮摊”即鬼市中不固定旧货交易摊点的俗称。

老墙根胡同西接窦家坑，俗称“斗鸡坑”，民国时更名感化胡同。感化胡同中段北侧有云山别墅，即今三晋宾馆。1911年袁世凯当政，移菜市口刑场到云山别墅南侧的大院内，以后刑场移至天桥，在这里设“感化学校”，巷名遂改为“感化胡同”。熊希龄主办的香山慈幼院下属工厂建在巷内。据当地居民回忆，当时的慈恒印刷厂就在感化胡同3号，这所工厂还曾秘密印刷过李大钊先生起草的传单。

老墙根街西段向北至储库营胡同，明代称惜薪司南厂，即惜薪司堆放加工柴炭之地。清代称惜薪司或惜薪厂，工部所属，俗讹七星厂，光绪时隶属内务府营造司。光绪末年浙人蒋唐沽所创办玻璃公司，即惜薪厂旧址。农工商部加入股本，并拨官地济用，规制颇宏，因经费不继，遂致停办，搁置二十余年，厂屋亦渐倾圮。1949年前已成一片废墟和垃圾场。1951年中国人民银行总行在这片约2.4万平方米的土地上建起职工宿舍、子弟小学和幼儿园，取名“康乐里”。其南为葱厂，后来改称葱店，现在的荧光胡同即葱店所在。

思源胡同北起老墙根，西到长椿街。清代这里是一片葱地，胡同北有葱厂，即葱店。胡同西称四眼井，井的盘石上有四个眼儿而得名。1965年合并葱店、四眼井，取“饮水思源”之意改为今名。四眼井北墙即十四中南墙。北京十四中学是一所百年老校，1906年在畿辅先哲祠建畿辅学堂。中国最后一个状元刘春霖又将“畿辅学堂”扩大，更名为燕冀中学。1951年由市人民政府接管，遂取现称。畿辅先哲祠建于光绪五年（1879），由张之洞负责操办，“诸公征文考献，博稽群书，搜讨靡遗，厘定牌位及祭祀礼节”。其中史可法“世居都下，寄籍大兴”，作为畿辅忠义入畿辅先哲祠，其牌位供奉在祠堂正殿中。

从唐辽至辽金朝，老墙根胡同西部的长椿街（下斜街）、槐柏树街、西便门一带都是繁华热闹、富人居住的高档地区。上斜街西口向西延长线上的三庙街，在今宣武门西大街南侧，名宣武门西河沿。西河沿又称后河沿，东口与上斜街斜交，形成交叉路口。路西高岗上有座呈三角形的关帝庙，山门朝东，庙前有口架着辘轳的水井。笔者上中学的时候和同学去护城河边玩，玩累了就坐在庙前台阶上休息。此地原是三义村，庙因村名称三义庵，当地又称关帝庙、头庙。1928年北平寺庙登记资料记载：“三义庙坐落外四区上斜街十二号，建于明成化年，属私建。”从该地村落名和当年河流纵横的地形来看，过去应是辽南京北城墙即老墙根外凉水河所在地。以后民间在关帝庙西又建起两座关帝庙，由东向西依次称二庙、三庙。三庙指第三座关帝庙，在《乾隆京城全图》中有载，有庙无街巷名称，与庙东土地庙间有四户小院。《京师坊巷志稿》：“上斜街关帝庙有三，其在东者俗称头庙。”民国初年地图上，三庙在上斜街西口外的“蜀义地”东南，西为槐树馆，南为刑场。到民国时，蜀义地南始名三庙街、三庙前街，蜀义地北名三庙后街。近年编写的《宣武区地名志》载：“上斜街25号有头庙（关帝庙），上斜街111号有二庙，三庙街23号为三庙，现在111号已成为民居。”三义庙建于明成化年间，三庙街成巷于民国时，有文称三庙街是北京最早的胡同，此说不确。

唐代幽州城的“市”，即在今槐柏树街一带，是我国北方著名的市场。辽代“城北有市”，继续承袭幽州城的布局，还集中了大量贵族宅第和著名的寺院。辽圣宗之女——秦越大长公主，住在今西便门大街以西的棠阴坊，她舍宅建大昊天寺，占地百顷。大昊天寺西北有开泰寺，“殿宇楼观雄壮，冠于全燕”。今广义街东侧有善果寺，善果寺西北有归义寺，今广安门天宁寺塔处有天王寺。辽宋楚国大长公主住今槐柏树街一带，她舍左街显忠坊之赐第建竹林寺，清乾隆地图中在上斜街西口外，金熙宗时为驸马宫，曾为中都考进士的试院。竹林寺西有著名的仰山寺。但到了清末，寺庙荒废，昔日繁华已成颓垣残壁。1949年前，这里人烟稀少，异常荒僻，除深沟垃圾外，余皆坟地、菜园、粪场。东段为深可没人的大车道，坡上仅留有古柏两棵、古槐一棵，由北而南，称槐树馆、柏树馆和槐柏树，向东称高八冈、范家胡同、椿树胡同、闷葫芦罐。当年，全国劳动模范时传祥从家乡来到北京，流落到这里的一家私人粪场，受生活所迫当了淘粪工，就住在闷葫芦罐旧址。西段曾是清代镶蓝旗驻军营房内的十字街，名东、西、南、北宽街。1954年政府填沟拓路，密植国槐，在东段兴建市府大楼。1965年整顿街巷名称时，以古槐柏命名宽街南口处为槐柏树前街；把东西宽街、范家胡同、西长营等合并为槐柏树街；柏树馆、槐树馆、高八冈、椿树胡同等改称槐柏树后街。1984年建成宣武艺园。1990年对原营房地区进行危房改造，建成新的楼群居民小区，称槐柏树街北里和南里。

二、探寻辽碑老君巷

在北京城内，广安门大街和南横街的历史最为悠久，早在《晋书》里就有“蓟城内西行有二道”的记载，堪称北京街巷的鼻祖。在宣南地区，与这两条街同时代的街巷还有不少，都比内城街巷的辈分要高得多。拿牛街来说，牛街呈南北走向，北通广安门大街，南至南横街，与右安门内大街相连。街东有辽代统和十四年，即北宋至道二年（996）修建的礼拜寺，是北京最大、最古老、最著名的伊斯兰教清真寺。辽代，牛街在南京皇城东墙外，地属敬客坊，北达南闹市口，南抵开阳门（辽名），是当时最重要的南北大街，甚为繁华热闹。牛街和礼拜寺，明《京师五城坊巷衚衕集》分别记作牛肉胡同和礼拜寺，《宛署杂记》记作礼拜寺街，清朱一新《京师坊巷志稿》记作牛街。1949年后，牛街西侧东西向的堂子胡同、周家胡同、丁家胡同、羊肉胡同、张家胡同、穆家胡同等更名牛街头条、二条、三条、四条、五条、六条，现已建设成牛街西里。

图31　辽建牛街礼拜寺

南线阁街在牛街西，与北线阁街相对，南至枣林前街，呈南北走向。西侧是南马道、南线北里、南线里、菜园北里，东侧北端是登莱胡同。燕角楼是辽皇城东墙上的建筑物。金中都皇城的东墙与辽南京皇城东墙一致，在今南线阁大街稍东、老君地西侧之南北一线。明时称该地名燕角儿。清《顺天府志》“南燕角”条下：“南燕角，俗讹烟阁。少南曰燕藁儿，藁即角之误也。以东曰大门口，曰藁上。”藁上，又称岗上、阁上，口语加儿化音称“冈儿上”。过去，在燕角儿与广安门大街相交处立有牌楼，牌楼以北与以南三里许的南北胡同均称燕角。清代以广安门大街为界，分别称北燕角和南燕角。《京师坊巷志稿》记载有南燕角、北燕角，并说俗讹“烟阁”。光绪时名北烟阁胡同、南烟阁胡同。民国以后因谐音称线阁，称北线阁、南线阁。街口牌楼于20世纪50年代初拆除，后展宽路面为街，北线阁北接西便门大街，南线阁南通菜园街，始成南北通道。1965年整顿街巷名称时定名南线阁街和北线阁街。

在《房山石经题记汇编》的辽金部分，收录有辽金间镌刻佛经的题记，其中“施主在京老君巷许荣”条题记特别值得查找。老君巷在哪里？查张爵《京师五城坊巷衚衕集》记有“宣武门外宣北坊老君堂”“白纸坊下老军地”两条。清《京师坊巷志稿》“下斜街，都土地庙在西，坊巷胡同集之老君堂也”，明确记载老君堂就是下斜街西的土地庙。下斜街又称槐树斜街、土地庙斜街，街西侧有长椿寺和土地庙。土地庙始建于金代，明万历四十三年（1615）《明神宗老君堂都土地庙御制碑》云：“朕为圣母御世时圣目弗安，钦传重修宣武门外斜街古迹老君堂都土地庙。”万历年间老君堂又称都土地庙。清时土地庙每月农历初三、十三、二十三逢三开庙。民国后改为每月阳历逢三开庙，为老北京五大庙会之一，20世纪60年代后停办。庙会期间，有曲艺杂技演出，庙门前也摆满各种小摊，豆汁儿、炸三角、煮白菜、大饼，都是普通人的吃食。笔者就读十四中时，常和同学们约好中午回家快点吃饭，然后一溜烟地跑出来去土地庙玩。原因是庙会下午收摊早，待到我们放学已经是4点多钟，庙会大都散摊子了。

那时候土地庙的东墙有个大缺口，不必经过庙门便可越墙而入。庙会里卖东西的很多，有卖花的、卖针线的、卖锅碗瓢盆的，对我们吸引力最大的要数手摇小电影。手摇小电影不用电，在长方形的帐篷外面支几面镜子，把光线聚焦到放映机里，放映的人用手摇动转盘，交了钱的扒着帐篷四周的方孔往里看。我们一群学生站在放映人的后面，伸长了脖子也能看到一些小屏幕上的影像，每当看到卓别林滑稽的动作，都会发自内心地哈哈大笑起来。1958年，在这里建起宣武医院。宣武医院东北邻建于明代的京城首刹长椿寺，现为北京宣南文化博物馆；西邻建于辽代的报国寺。

但是问题来了，虽然张爵在宣北坊里记有老君堂，但在宣南坊白纸坊又记有牛肉胡同、老军地等胡同。明《宛署杂记》把礼拜寺街和老君堂街同记在宣南坊内，与糖坊胡同都在广安门大街南。《乾隆全图》在牛街西记有老君地。而且《京师坊巷志稿》牛街条下："其西南隙地，荒冢外多蔬圃。少东曰三间房，井一。曰大明园，井五。以西曰老君地，井一。其北有峨眉禅林，康熙初建。西南曰道士观，元之长生观也，井四。曰道士坟，明之官园也。"老君巷、老君堂街、老军地、老君地都位于广安门大街南侧的宣南坊，看来应该指同一条胡同。

老君地在牛街西南，枣林前街北，地属辽南京城内。枣林斜街东北口与牛街相通，西南口和枣林前街相交，斜街长302米，均宽4.1米，东段旧称甄家胡同，中部北与枣林北里、南和枣林夹道相通，为牛街向西南至崇效寺山门的捷径，至今枣林斜街以西南北向白广路处均称老君地。老君地高势较高，北接南王子坟，斜街中段建有老君地小学，1965年整顿街巷名称改名枣林北里，2000年建设西里小区时拆除。房山石经题记中金皇统年间老君巷一名，也可能在老君地周围，或即今枣林斜街处。这样辽金时的老君巷后名老君堂街，即今枣林斜街处，应该是北京最早有专名记载的胡同。

从枣林斜街中部向北通向牛街四条、牛街五条、枣林前街。枣林前街原名枣林街，呈东西走向。东起牛街南口，西到广安门内南顺城街。西段与南线阁街、菜园街相交，中段与白广路相交，总长约1150米。过去，这条街是唐幽州城子城东门和辽南京东宫门外宣和门通往南横街的重要通道。金皇宫东门东华门与皇城东门宣华门直通枣林街，宣华门内有东园，是以花卉、柳树和辽时果园为主的园林，地在今南线阁西侧。金朝皇帝与太子诸王等经常到东苑游玩，春赏牡丹、冬品菊花，五月射柳。明张爵《京师五城坊巷衚衕集》记该地街名“枣林儿”。清代因崇效寺藏经阁北的成片枣林，亦称崇效寺为枣花寺。清乾隆十五年（1750）北京外城的地图上，“枣林儿”为“枣林街”。朱一新《京师坊巷志稿》载：“枣林街，东距牛街半里许，井三。西有三官庙，井五。”民国初年，枣林街改称枣林前街，以南侧街道称枣林后街至今。1949年后，以“枣林”命名的几条街巷，如枣林后街、枣林斜街、枣林北里、枣林夹道、枣林一巷、枣林二巷、枣林三巷、枣林南里等覆盖了这一带的大片地区。如今枣林前街北部的枣林斜街、枣林北里、枣林夹道等街巷已从北京的版图上消失，代它拔地而起的是高楼林立的住宅小区，枣林前街也已变成了宽阔的通衢大道。

唐代，幽州卢龙节度使刘济在枣林街南舍宅建崇效寺，历经唐、宋、元，该寺香火不断。唐德宗建中二年（781），划幽州城内由幽都、蓟县二县分治。幽都县管郭下西界，蓟县管东界。辽改幽都县为宛平县，蓟县为析津县，又以沙门高师设僧录一职，分管南京东西两县寺院。凡东部析津县内寺院归左街僧录管理，西部宛平县寺院归右街僧录管理。崇孝寺的文理大师任管理全县寺院的左街僧录，可见当时该佛寺的地位之高。1341年，元顺帝登基，命重建该寺赐名崇效寺。1522年，明朝世宗嘉靖登基，内官监太监袁福与高僧了空和尚同心修葺崇效寺，主要建筑有山门、天王殿、大雄宝殿和后殿等。嘉靖三十年（1551），内官监太监李朗捐钱，在寺院中央增建藏经阁。《析津日记》载：“嘉靖辛亥（1551）掌丁字库内官监太监李朗于崇效寺中央建藏经阁，阁东北有台，台后有僧塔三，环植枣树千株。”如今崇效寺早已不存，只剩藏经阁矗立在白纸坊小学教学楼北侧的操场边上。藏经阁以北的大片枣林，消失殆尽，现为华北电力集团的办公地和家属宿舍群。其南为东西向白纸坊西街，建有中国地图出版集团。

枣林前街西端南侧，有枣林后街。此街长不过百余米，街道两侧是一些平房群。12号曾是民国初年印刷局工人聚会成立公务急进会的会址。枣林后街西边还有两条互通的小巷，分别叫枣林二巷和枣林三巷。三巷里有几棵粗大的槐树，长得十分茂盛。巨大的树荫，遮盖了整条胡同。在这两条小巷西南的大片地区，原无住户，有一巨大的坑壑，曰万人坑。它曾是清朝时菜市口刑场被杀犯人的埋尸之所。清时，每到秋季，大量囚徒在菜市口刑场被问斩，谓之“秋决”。行刑后的犯人尸体运到此地，有主尸体由亲属领走，无主尸就地掩埋。故而此地又被称为“安家庄”，意为让亡灵在此安家落户。到了民国时期，菜市口不再是刑场，始有人在安家庄建房居住，渐成小巷。因位于枣林前街南侧，由东至西依次排列，称枣林二巷、枣林三巷。枣林西里在枣林后街的南侧，西里与南侧崇效寺山门前边的胡同相通，民国时叫陈家胡同。1949年之后兴建华北电管局，东头被封堵，变成死胡同。

隋唐时期，幽州佛寺的建造数量大大超过前代。白纸坊一线为幽州城南垣所在，仅枣林前街周围便曾建有乾静庵、伏魔寺、救苦庙、五圣庵、相国寺、千佛寺、正真观、三官庙、紫竹林、圣寿寺、昙花寺、五道庙等多座庙宇。千佛寺在枣林街7号，为明朝嘉靖年间的御马监太监商尚质投资重建，万历年间落成。整座庙宇金碧辉煌，门额上写“千佛寺”三个大字，现已无存。圣寿寺在崇效寺后面，坐北朝南，相传唐刹，无碑碣可考。

白纸坊为元官署名，北起枣林街，南至南菜园，东至牛街和右安门大街，西至城墙根。元世祖至元九年（1272）始置，属礼部，掌制造诏旨宣敕纸札。白纸坊的造纸作坊，经历了明、清、民国，一直到1949年前后。过去白纸坊多坟地、菜园子、水井、臭水坑，只有一家较大的印刷厂和分散的手工造纸作坊、菜地。1958年逐渐被现代化的城市建筑所取代。白纸坊西街南侧为清时南菜园，1984年仿建《红楼梦》中的大观园，被选为“新北京十六景”之一。

三、古老的金代胡同

骡马市大街自菜市口至虎坊桥，西与广安门大街衔接，原是唐檀州街的外延，金代被圈入中都城内，是中都城最繁华的集市之一。骡马市大街因有骡马交易市场而得名，清时设有骡马税局。街上原有明代元帝庙，又称马神庙，祀马神。因临近菜市口刑场，街上多棺材铺、冥纸店、杠房、寿衣店。1942—1947年加铺沥青路面，路内通行有轨电车。1953年拆除有轨电车道。1979年展宽至18～26米。骡马市大街是一条繁华的商业街，百姓生活中所需的各行各业，在这条路段上都能找到。从虎坊桥向西，路北1号原和平餐厅为日伪时期地下交通员杨子健活动处。青砖小楼1949年前是北平妓女检查所，1949年后属宣武区防疫站。其西梁家园南口，后名梁家园胡同，是条由南而北的大下坡，胡同东南角有专司殡葬事宜的杠房，胡同内有明代著名的梁园。

明嘉靖建外城前，虎坊桥以北一带称李家庄，为京师郊外。该地林木葱郁、溪池水清，兵部尚书梁梦龙引凉水河入其中，利用地势建造了水景宅园，亭榭花木极一时之盛，称梁园或梁氏园。明刘定之《呆斋集》:“梁氏园外有旧城。旧城者，唐藩镇、辽、金别都之城也。元迁都稍东，于是旧城东半遂入于朝市间，全无迹可见，而西半犹存，号为萧太后城，即梁氏园所在。”明程敏政《篁墩集》:“京师卖花人联住小南城，古辽城之麓，其中最盛者曰梁氏园。园之牡丹、芍药几十亩，花时云锦布地，香冉冉闻里余。”以后梁家园逐渐荒废，到清时已“空旷平原，并无烟水”。乾隆四十四年（1779）有僧人莲性在此募建寿佛寺，设粥厂为饥贫者舍粥。民国时寿佛寺改为外右二区公署，不久宛平县绅士周之极东方先生在寿佛寺西创设惜字会馆义学。1928年改称北平市立梁家园小学。20世纪40年代末，笔者在梁家园小学上学，学校分南北两区。北区的校园西侧有段土城，放学以后我们常爬上去玩耍，传说那是萧太后城，此城即金中都的东城墙。可证梁家园西大院及西邻的麻线胡同、魏染胡同、北柳巷、南柳巷以西及其南北胡同，均为金代胡同的遗存无疑。

南柳巷在明代名柳巷儿永兴庵。永兴庵供奉观音大士，在今南柳巷45号，寺门朝东，清代称永兴寺。寺门外原有河道，柳树成行。清乾隆京师图中，今南柳巷处名十间房，琉璃厂西门北名北柳巷。宣统京师图中，十间房处改名南柳巷。清代在南柳巷东侧的铁老鹳庙设立报房，逐步形成报房集中的报房胡同，永兴寺和南柳巷也成为在京销售和批售报刊的中心报市。著名京剧演员李少春和《城南旧事》作者林海音，都曾住此巷。2003年扩建两广大街，在永兴寺前挖下水道，深挖到10米左右时，挖出金朝绳纹砖和近2米长的圆松木，证明该巷确建于金代。

从南柳巷向西，有南北向四川营和大片的东西向胡同“棉花地”和“椿树园”。相传，明崇祯三年（1630）四川女将秦良玉奉诏勤王，曾驻兵于四川营。秦良玉在驻兵处建有石芝庵，后来蜀人将石芝庵改建成四川会馆，由于北京四川会馆颇多，故称四川老馆。民国时期，四川会馆曾开辟女校，会馆大门还挂着匾馆额，上书“蜀女界伟人秦良玉驻兵遗址”。北京市社会科学院历史所研究员孙冬虎对此进行了考证，他在《北京地名发展史》一书中写道：“关于‘四川营’，从清代的《宸垣识略》开始，往往说它因为明万历至崇祯年间四川女将秦良玉的军队在此驻扎而得名，旁边的‘棉花胡同’则是她的部下纺棉织布的地方，但是，张爵的记载证明，‘四川营’的产生必然远在嘉靖三十九年之前，命名原因或许与此前来自四川的一支军队有关。”由此证实了“四川营”的命名，与秦良玉是否驻军毫不相干。

图 32　棉花下二条

“棉花地”和“椿树园”两大片胡同被西草厂分割为南北两块。西草厂胡同在明代称北草场胡同，俗称西草厂，因这里是储存草的地方故名，1965年定名西草厂街。椿树胡同形成于金代，因广植椿树而得名，是北京以树命名最早的胡同。明嘉靖时，名椿树胡同三条。清时的汉族官员，多住在宣武门外，随着琉璃厂的兴起，大量外官、举子纷纷住到琉璃厂附近。乾隆三十八年（1773）开四库馆，修《四库全书》，天下典籍汇聚京城。翰林院的大臣们，每天把所校勘的古籍中须要考证的内容，详细列出书目，到琉璃厂的书店里去寻找资料，椿树胡同自然成为大臣们的首选居处。如乾隆十九年（1754）进士、翰林院侍讲学士钱大昕，住椿树头条胡同；嘉庆六年（1801）进士、礼部左侍郎陈用光，住椿树二条胡同；雍正二年（1724）进士、工部尚书汪由敦，住椿树三条胡同。这些学者还互相唱和，乾隆十二年（1747）博学鸿词汪沆《看丁香》诗：“颇忆前年上巳后，小椿树巷经旬栖。殿春花好压担买，花光浮动银留犁。”一时传为佳话。

此后，云集在前门外的名伶也纷纷离开八大胡同向西转移，仅有的三条椿树胡同已无法承受众多住房要求。于是扩充出大、小椿树胡同，还在椿树一条、二条、三条胡同的基础上，分别延伸拆分为上、下两条胡同。到光绪年间，椿树胡同已从三条扩充到八条，棉花胡同也由头条胡同扩充到十二条胡同。这里与宣南的戏楼相近，几乎90%以上的京剧演员都住过这里，成为京剧演员居住最集中的地方之一，被称为“戏窝子”，一向有“椿树园，棉花地，那里净是唱戏的”之说。

骡马市大街、广安门大街以南至南横街以北地区，从西到东有教子胡同、西砖胡同、烂缦胡同、南北半截胡同、丞相胡同、米市胡同、果子巷、潘家胡同、粉房琉璃街等九条平行的南北向胡同，这一带均为辽金时遗留下的胡同，在北京地区非常罕见。在这些通向南北的古道间，还有与之相连的七间房、中兵马司、前兵马司、迎新街、贾家胡同、高家寨、福州馆前街、帐篷营等胡同。这一带胡同都严格建立在南北和东西方向，南北向胡同间的距离大致相等，胡同里的四合院则有序地排列在街巷两旁。这不由得使我们对唐代遗留下来的辽金胡同有了一种新的感觉。

果子巷是骡马市大街南侧最为繁华的地带，明代属宣南坊的范畴之内，处于宣南的核心地带，因巷内有果子市而名。这条贯穿南北的胡同里，曾有许多经营干鲜果品的店铺，房山及大兴等地的果品大多集散于此。果子巷北口路西，民国时有南城劝学所，其朝东临街五间，满是大格玻璃窗，中国共产党的早期革命家高君宇和邓中夏都在这里进行过革命宣传活动。道光二十年（1840）七月，曾国藩曾住果子巷万顺店，与湘潭欧阳小岑同住，十月移居达子营关帝庙。果子巷69号古瀛会馆即河间会馆，北洋政府副总统冯国璋曾住此。

果子巷口内扁担胡同，曾住过“四大须生”之一奚啸伯，在他四十年艺术生涯中，以委婉细腻、清新高雅的唱念艺术，气质文静、感情深沉的表演才华，深受观众的喜爱。奚啸伯住米市胡同南口东侧的平坦胡同5号，原扁担胡同2号。这套宅子坐北朝南，是一套两进院落。通过前院北房中间步入后院，迎面五间北房，为奚啸伯居住，我上中学的时候经常路过这里。有一次与欧阳中石先生谈起往事，他说过去他常到老师奚啸伯先生家去学戏。奚派代表剧目有《白帝城》《杨家将》《十道本》《范进中举》等。1957年下半年奚啸伯调到石家庄，再也没回来居住过。

在南半截胡同浏阳会馆，谭嗣同在戊戌变法时曾住在会馆主房北套间，自题为“莽苍苍斋”。1898年光绪令谭嗣同入京晋见，下令封谭嗣同、林旭、刘光第、杨锐等四人四品衔，在军机处任职，从事变法并参与新政。1898年9月21日慈禧发动兵变，谭嗣同把书稿交给梁启超，让梁逃走。9月26日清政府逮捕谭嗣同，28日在菜市口就义。南半截胡同7号，是鲁迅在第一次来京的居所——绍兴会馆。会馆创建于清道光六年（1826），原称“山阴会稽两邑会馆”，简称“山会邑馆”。民国初年，山阴、会稽两邑合并为绍兴县，会馆更名为“绍兴会馆”，又名绍兴县馆。1912年5月，鲁迅随南京临时教育部北上，直到1919年11月，均住此地。

四、唐代古刹龙树寺

北京的传统地名大多数以“街”“胡同”为标志词，少数以“巷”“条”为标志词。而以上海为代表的南方城市常常对小街称“里”，对胡同称“弄”，统称“里弄”。北京叫“里”的地方比较出名的有平安里、和平里、永安里、知春里等，被老北京人念念不忘的还有儒福里的过街楼。儒福里在官菜园上街与自新路之间，清代称猪营，是贩猪养猪的场所，民国后改称东珠营。民国时，通县电话局长王席儒在“观音院”南建“如福里”，系东西向长约60米、宽2米的小胡同，胡同东西口均设有门楼。董必武从事地下革命活动时曾得到王席儒掩护，遂书“儒福里”为赠，王席儒便将“儒福里”三字刻于巷西端门洞之上，内侧刻“碧云西拱”，胡同东端门洞有砖刻“紫气东来”。儒福里10号是胡同里唯一有讲究的大门的两进的四合院。1965年北京整顿胡同名称，与东侧南北胡同统称儒福里，现建成儒福里小区。

顺着官菜园上街由北往南，是个大下坡，近南口处有东向珠朝街，再南向西小川淀胡同（后建有平渊里），路南有座清嘉庆年间重修的寺庙“观音院”，成为自新路和儒福里分岔的界标。儒福里把“观音院”分隔成东西两院，西院在路的西侧，坐南朝北，有四层大殿；东院在路东侧，有房51间。两院均建于土阜之上，东西两院间有一座过街楼相连，过街楼下形成一个门洞，供车马通行。这是北京城唯一残存的过街楼实物。笔者高中在北京市十五中读书，三年间除节假日外，每天上下午和晚自习都要从这里经过。过街楼坐北朝南，上层为悬山式灰砖砌筑的拱券，高约3.5米，面宽约3间，四檩进深约5米，灰筒瓦层面，过陡脊，柱间为方格窗；下层为砖拱门洞，下扇为条石。南北券顶均砌圈花檐，檐上有匾额，南面书“觉岸”，北面书“金绳”，为清道光十年（1830）四月所刻。观音院东院曾是停灵场所，西院超度亡魂，所以民间传说过街楼是阴阳界，有过街到觉岸再生之意。革命烈士邵飘萍曾在观音寺里办过报馆。1952年西院辟为自新路小学，四座大殿均为教室和办公室，三殿、四殿之间作为操场，前院成了居民住宅。次年在东院兴建北京建筑工人医院（今健宫医院），大部分被建工医院占据，一小部分为居民住宅。

曾有文载，过街楼上的“觉岸”“金绳”四字与南面的第一监狱有关，此系误传，因为道光十年时还没有第一监狱。第一监狱建于清末民初，宣统元年闰二月初十（1909年3月31日），清朝法部奏请筹建“京师模范监狱”。宣统二年（1910）四月在姚家井地区的镶蓝旗操场动工，构造图式由日本人小河滋次郎博士设计。狱中的五排监舍以中心岗楼为圆心散射开去，状似王八，俗称“王八楼”。该监于1912年11月10日投入使用，更名为北京监狱。民国初年改称京师第一监狱。监狱北面地势北高南低，遇水时南侧成泽无法通行。1919年组织监狱犯人从监狱修路到官菜园上街，计长二百二十六丈，宽三丈。占用义地长二十多丈，迁移坟墓五座，埋葬死尸百余具。此路因由犯人修建，取悔过自新之意名自新路。1950年7月更名“北京市监狱”。1999年自新路并入菜市口大街，原监狱的东半部开发成清芷园小区。

里仁街在自新路南、姚家井西北，形成于清末。旧时这里多菜地和坟地，该地原有一座宝塔寺，为旧时祭祀神灵的场所，时称里神街。因“神”与“仁”谐音，后取《论语》里的“里仁”二字谐音为里仁街。以后里仁街辟为民居，因系邮电系统职工家属，借鸿雁传书之意，称宏建里。该街还居住有电信职工家属，称信建里。1955年，在里仁街东段北侧建中国戏曲学校。多年来，为国家培养出谢锐青、杨秋玲、钱浩梁、于魁智、李胜素、孟广禄等一大批艺术家。我上高中时，中国戏曲学校里有排演场，戏校学生边排练边演出特别卖力气，一张票1毛5分钱，是我们常去看戏的地方。

龙爪槐在姚家井东侧。过去陶然亭北面地势低洼，俗名南下洼子，那里聚着一汪水，春秋两季，常有野鸭子出没，叫作野凫潭。潭的北面，有一座很大的庙，就是龙泉寺。龙泉寺元建，北起陶然亭路，东到今龙泉胡同，为昔日北京著名大寺。过去这一带多坟地，北京艺培戏曲学校（现北京戏曲艺术职业学院）和十五中，就是在“松柏庵”“梨园义地”和部分龙泉寺基地上建立。建陶然亭公园时，龙爪槐大部分地域划入陶然亭公园内，仅有小巷尚存。北面的晋太高庙建成楼房居民小区，称红土店南里。

龙泉寺的东南有龙树寺，在今龙泉胡同东南，全明星儿童城即其旧址。龙树寺本唐之兴诚寺，后因寺内生长有两株巨大古槐似龙爪而改名“龙树寺”。明朝弹劾权相严嵩的杨继盛被害后，曾厝棺于该寺。这里旧时是文人雅集、游览、酬唱、吟咏之地，龚自珍、魏源、黄爵滋、林则徐等人均常来此地，曾兴盛一时。晚清名臣张之洞以达官兼作名士，每次主持宴集，最喜欢来龙树寺，说“有此地曾来一百回”。张之洞在龙树寺建有别墅，名“抱冰堂”，张去世后，其门生、同僚将“抱冰堂”改为张之洞祠堂。到民国初年，龙树寺已经衰落，而寺内的龙爪槐却一直在人们口中传颂，逐渐演化成地名。1949年后张之洞祠堂划入陶然亭公园。

陶然亭紧邻龙泉寺，园内慈悲庵为辽金古刹，现存辽寿昌五年

（1099）石幢、金天会九年（1131）石幢、《陶然亭吟》石刻、《陶然亭记》石刻等。清康熙三十四年（1695），时任窑厂监督的工部郎中江藻在慈悲庵园内建亭，并取唐代诗人白居易“更待菊黄家酿熟，与君一醉一陶然”之诗意，为亭题额曰“陶然”，公园名称也由此而来。公园北门处建有窑台，系唐窑遗址，台顶原建有火神庙。乾隆年间又建水神庙真武殿，道人夏搭凉棚、设茶具，供游人品茗、消暑。重阳后“苇花摇白，一望弥漫，可称秋雪”，野趣颇佳。

图33 陶然亭

1920年1月18日，毛泽东与在京的“辅社”成员罗章龙、邓中夏等在慈悲庵内商讨驱逐湖南军阀张敬尧的斗争。会后在慈悲庵山门外大槐树前合影，留下了珍贵的影像。同年8月16日，周恩来与觉悟社成员和李大钊领导的少年中国学会等进步团体二十多位代表也来到慈悲庵集会，讨论五四运动以后革命斗争的方向及各团体联合斗争等问题。1921年夏，李大钊以少年中国学会会员陈愚生的夫人金绮新葬于陶然亭畔守墓为名，租赁了慈悲庵南房两间，作为进行革命活动的据点。到1923年间，邓中夏、恽代英、高君宇等常来此参加会议。至今公园锦秋墩的北坡上，还埋葬着革命志士高君宇和石评梅。1952年，北京市清理扩展景区环境，陶然亭成为新中国成立后北京市首家开辟的公园，1978年8月被列为北京市文物保护单位。

第五节　繁花似锦——中轴线两侧的胡同

明清北京城的中轴线，南起永定门，北到鼓楼和钟楼，全长约7.8公里。从这条中轴线的南端永定门起，左右两侧，天坛与先农坛、东便门与西便门、东华门与西华门、东直门与西直门等建筑以中轴线为中心对称分布。在城市布局艺术方面，重点突出，主次分明，运用了强调中轴线的手法，造成宏伟壮丽的景象。沿中轴线还布置了城阙、牌坊、桥梁和各种形体不同的广场，辅以两边的殿堂，更加强了宫殿庄严气氛，显示了封建帝王皇权至上、无比崇高的权势。中国著名建筑大师梁思成先生曾经说："北京的独有的壮美秩序就由这条中轴线的建立而产生。"

一、最繁华的商业区

正阳门俗称"前门"，为九门之首，位于内城南垣正中，北京城的南北中轴线经此贯通而过。前门大街北起前门月亮湾，南至天桥路口，与天桥南大街相连，全长845米。因为正阳门是京师正门，故前门大街比其他大街要宽，这里也是古都风貌保护的核心地区。前门大街是皇帝出城赴天坛、山川坛的御路；明嘉靖建外城后，为外城主要的南北街道。

明永乐十七年（1419），把内城的南城垣向南拓展，并先后在大明门、东安门等皇城四门外和东四、西四、钟鼓楼及内城各城门外，兴建数千间民房、铺面房，称廊房，召民居住，召商居货。其中以正阳门外的"廊房"商业街最为著名，促使正阳门周围以及南至鲜鱼口一带，陆续形成鲜鱼市、肉市、草市、猪市、粮食市、珠宝市等许多专业集市，并逐渐发展为街巷胡同专名。如前门大街东有果子胡同、肉市街、鲜鱼口街；西有珠宝市街、钱市胡同、粮食店街、煤市街等。附近胡同内随之出现许多工匠作坊、货栈、车马店、旅店、会馆、戏园，成为京中最繁华的市井商业区。

图 34　前门大街

廊房头条、二条、三条、四条在前门大街西侧。廊房头条到三条，以宫灯和北京特有工艺品最为著名。大栅栏原名廊房四条，清乾隆年间，为治安需要，北京城内外大小街巷设立门栅栏，廊房四条两端的木栅栏最为高大，大栅栏以此得名。大栅栏内有金店、绸布店、珠宝首饰店、饭店、戏院等八十多家，其中如马聚源帽店、瑞蚨祥绸布店、内联升鞋店、同仁堂药铺、张一元茶庄、天惠斋鼻烟铺、豫丰烟店等，都在京城久负盛名。老北京流传的顺口溜“头顶马聚源、身穿瑞蚨祥、脚踩内联升、腰缠四大恒”，除“四大恒”在东四外，其余各家都在大栅栏街上。

北京劝业场在廊房头条17号，始建于1905年，比天津劝业场还年长23岁。当时，清政府工商部在廊房头条设立官办的京师劝工陈列所，展示各地工业品，同时附设劝业商场销售商品，系中国博览会的雏形，也是北京最早的展览建筑。1908年，陈列所遭火灾，1914年在廊房头条原址重建，不久再次因火灾焚毁，1918年重建后第三次遭焚毁。1923年，该所在廊房头条原址再度重建开业，其建筑即今劝业场旧址。原建筑外观四层，钢筋混凝土砖混结构加钢屋架，采用古希腊的爱奥尼柱、花瓶栏杆阳台、圆拱形山花等西洋古典装饰，在当时属于最时髦的建筑技术，被誉为“京城商业第一楼”，也是北京中轴线的“点睛”之地。1928年，该所更名为“工商部国货陈列馆”，馆址迁到正阳门箭楼上。1936年后在廊房头条原址重建“北平市国货陈列馆”，又名“劝业场”，意为“劝人勉力，振兴实业，提倡国货”，主营商业百货，私人可在此租地设摊，但只许卖国货，禁止卖洋货。

劝业场大楼内曾设有百余个摊位，一层售日用百货，二层售文物及艺术品，三层有照相馆、理发馆，四层是小型剧场，楼内有电影院、剧场、舞厅、台球厅，集商贸、餐饮、娱乐于一体，吃、穿、用、玩俱全。劝业场曾遭多次火灾，1949年后劝业场曾一度关张。1956年公私合营后改为国营商场，1975年后相继被改成新新服装店、新新宾馆。1995年，劝业场旧址被列为北京市文物保护单位。2006年，劝业场旧址作为“大栅栏商业建筑”的一部分，被列为第六批全国重点文物保护单位。经过修缮后的百年劝业场被打造成博物馆艺术中心、文化中心，引入服饰、饮食、娱乐等领域的国内外知名品牌，尽可能还原老店原有的格局、气息和商业风俗，使其成为北京中轴线上最鲜明的城市名片之一。

珠宝市街呈南北走向，南起大栅栏街，北至前门西河沿，长250米，宽4.5米。清代称珠宝市，巷名沿用至新中国成立后，1965年定名珠宝市街，是京城最古老的珠宝玉器交易场所。珠宝市街北口路西，是驰名中外的百年老号、“八大祥”之首的北京谦祥益。谦祥益的前身是“恒祥”染坊，店址在山东的周村，老板孟毓溪。嘉庆末年，孟毓溪之子孟传珠接手，并将恒祥染坊更名为谦祥益，对原来的伙计董连元委以重任，于1830年在北京前门外东月墙设立谦祥益绸布店。董连元经营有方，谦祥益生意极为红火，先后在前门外鲜鱼口建“谦祥益南号”、在珠宝市建“益和祥”、在钟鼓楼建“谦祥益北号”，并以北京谦祥益为总店，在全国开设分号。八国联军入侵北京，前门外谦祥益老号被烧毁，宣统元年（1909）在廊房头条重建谦祥益老号。到清末民初，谦祥益在周村、任丘、上海、济南、天津、烟台、苏州、汉口、青岛等地开设绸布店20余处，总投资白银400万两，成为全国规模最大的丝绸布匹店。九一八事变，谦祥益总号由北京迁往上海。1955年公私合营，谦祥益总店由廊房头条搬至“益和祥”今所在地。1978年，更名为“北京丝绸商店”。2000年，恢复谦祥益老字号。现为北京市文物保护单位。

内联升总店坐落在大栅栏商业街34号，创办于清咸丰三年（1853），至今已有160多年历史。创始人赵廷，河北武清县人，他从十几岁开始，在东四牌楼一家鞋作坊当学徒，学得一手好活计。赵廷为人聪明，又能吃苦耐劳，深得一位达官的赏识，这位达官还出资数千两白银入股，帮赵廷开办了内联升靴帽店。“内联升”三个字起得也耐人寻味，暗示店主与朝廷内的微妙关系，穿了内联升的朝靴，可以让人在朝廷内连连升官，给人带来幸运吉祥。凭借赵廷自己的手艺技术和经营管理经验，他们决定定位在“高档消费群体”，专为皇亲贵戚、京官外官制作靴鞋。内联升的朝靴，用厚实的黑缎做鞋面，色泽黑亮，久穿不起毛；如果沾了尘土，用大绒鞋擦轻轻刷打，一会儿便又干净又闪亮；鞋底缝纳三十多层，却厚而不重。朝靴穿着舒适、轻巧，显得特别精神爽利，很快就赢得了清廷文武官员的喜爱。据说内联升藏有密本一册，名曰《履中备载》，上面记着朝廷官员的鞋码式样及爱好。顾客再次买鞋时，不必亲自往返，内联升按照店里的记录，就能迅速做成送去。清王朝被推翻后，内联升转而生产经营礼服呢鞋和缎子面鞋。现在内联升已经成为国内规模最大的手工制作布鞋的生产企业，至今的拳头产品还是千层底布鞋。

前门大街南口路西135号，有著名老字号长春堂药铺。长春堂药铺原在前门外长巷下头条，创始人是山东道士孙振兰，俗称孙老道。孙老道以自制消暑闻药“避瘟散”“无极丹”为主，经多年的苦心经营积攒了些钱财，于清乾隆五十五年（1790）开张营业，距今已有200多年的历史。避瘟散具有祛暑清火的功能，芳香开窍，提神醒脑，祛邪气，药效迅速。取用少许抹入鼻腔，清凉感直通心脑，受到社会各阶层的喜爱。老北京有句顺口溜：“暑热天，您别慌，快买暑药长春堂。抹进鼻孔通肺腑，消暑祛火保安康。”此外，他们还完善了与生产配套的印刷厂，专门印刷包装纸、使用说明和宣传广告，开设了铸造锡制八卦药盒的生产车间，形成了采购、制造、包装、销售一条龙的生产规模，不仅行销国内，还在泰国、印度尼西亚、缅甸等东南亚国家打开了销路。新中国成立后，长春堂店铺迁到前门大街新址。

前门大街东侧里街名肉市，长250米，宽4米，因旧时多肉铺而名。胡同内有碎葫芦酒店、全聚德烤鸭店、正阳楼饭庄。肉市路东是北京最早的戏园广和楼。广和楼建于明末，与华乐楼、广德楼、第一舞台并称为“京城四大戏楼”。康熙曾到此看戏，并赐台联：“日月灯，江海油，风雷鼓板，天地间一番戏场；尧舜旦，文武末，莽操丑净，古今来许多角色。”民国初，京剧科班喜连成（后改为富连成）经常在此演出，名演员雷喜福、马连良、谭富英、裘盛戎等都受业于班中。1965年，将周围小巷定名肉市一巷、二巷。

鲜鱼口与大栅栏齐名，明代称鲜鱼巷。因附近渔民在三里河打鱼，运到巷里来卖而得名。以后三里河的水流减少，上市的鱼也大量减少。到了清代初期，三里河大部分河道被夷为平地，附近居民便沿河道故址建房，逐渐发展成店铺相连的商业街。鲜鱼口内有大众戏院、正明斋饽饽铺、长春堂药店、天兴居炒肝店、华清园浴池、便宜坊烤鸭店、天成斋鞋店、联友照相馆、黑猴百货店、马聚源帽店等一系列老字号。黑猴百货店的店主杨小泉以制帽为生，因养了只黑色的小猴儿，日久天长“黑猴儿”反倒成了有口皆碑的店名，成为北京有名的老字号。那只黑猴年老去世后，帽店的主人特意请人用木头雕刻了一只木猴，涂上黑漆，摆在店门口。

鲜鱼口南侧，伸展出果子胡同、布巷子胡同、绣花街和冰窖厂。果子胡同北起大江胡同，南接东珠市口大街，清末有专供皇宫选用的果行，民国后与德胜门外果子市并称南、北市。果子胡同有南北相连的瓜子市胡同，1965年并入果子胡同。果子胡同东有布巷子胡同与之平行，布巷子里多批发布的店铺，称布市。瑞蚨祥开设之前，瑞蚨祥的经理孟觐侯，就在布巷子租房设庄，为孟洛川批发山东土布。大江胡同、小江胡同和长巷一至四条，则是客店聚集之地。

二、琉璃厂文脉深深

从前门西河沿或前门外几条廊房胡同向西，辽代时称“京东燕夏乡海王村”。元代，在这里建有琉璃窑厂。明永乐四年（1406）前后，营建北京城，其间需要大量建筑材料，建立琉璃厂，为“五大厂”之一。琉璃厂有东门、西门和后门，分别位于现在的延寿街南口、南北柳巷之间及前门西河沿一带。由于琉璃窑厂的规模很大，又有大批工人从事生产，于是便在窑厂周围建立专供工人吃菜的四处菜园。东侧的东北园、东南园在厂东门附近，西侧的西北园、西南园在厂西门附近，都以种植蔬菜为主。明嘉靖三十二年（1553）修建北京外城后，琉璃厂被纳入城内。清乾隆年间停止烧窑，厂子迁至门头沟琉璃渠村，“琉璃厂”的名字被保留了下来。窑厂迁址后，这四处菜园逐渐成为民居。清末《光绪顺天府志》记述北京外城坊巷时，在琉璃厂旧址周边已经出现了东北园、东南园、西南园和西北园的地名。

清末，随着“中学”概念在中国的引进，设立中学堂的实践也在逐步展开。1901年，清政府为筹办五城学堂发布了上谕：“光绪二十七年十月十五日内阁奉上谕，政务处奏请，节各省速办学堂等语。查袁世凯所奏山东学堂事宜及试办章程，拟先于省城立学堂一区，分斋督课。”顺天府尹和五城察院为筹办五城学堂联合会奏：“方今时势多艰，需才孔亟，京师为首善之区，尤当先行举办，为各省倡前。经本尹堂和本院会同具奏，就琉璃厂北后铁厂义塾旧址。开办五城学堂。”该奏折很快得到了批准。1902年初，五城学堂正式开学：“光绪二十七年（十一月）十六照会一件。为照会事，照得本学堂谨择正月十五日入学，二十五日开学。”就这样，五城学堂设立，校址在琉璃厂厂甸。

光绪三十四年五月（1908年6月）京师大学堂优级师范科改为京师优级师范学堂，就和平门外南新华街西侧五城学堂地方改建校舍，原来的五城学堂改称五城中学堂，在原校址的东面另建校舍，即今北京师范大学附属中学的前身。1912年，京师优级师范学堂改为北京高等师范学校，其教职员的宿舍建于西北园；五城中学堂改名为北京高等师范学校附属中学校。1921年，附中增设女子部，是为全国中学男女同校之始。1923年，校名改为国立北京师范大学附属中学。陈独秀、鲁迅、赵世炎曾在此发表讲演。其南侧的第一实验小学，系北师大附属小学。

香炉营头条位于琉璃厂西北部，大致呈东西走向，长488米，宽5米。明代称香炉营，属宣北坊，为制作香炉的作坊工人集聚地。清初街巷由北向南逐渐展开，依次为香炉营头条、二条、三条、四条、五条、六条。香炉营头条62号为广东嘉应会馆，清末诗人黄遵宪曾居于此。1913年秋，钱玄同应聘到国立北京高等师范学校任附属中学国文、经学教员。次年钱三强随母亲由绍兴迁京，住在香炉营头条，后迁至西北园。香炉营西侧有香炉营西巷，北起香炉营头条，南至香炉营四条。香炉营西巷23号有湖南会馆。近代语言学家、毛泽东的老师黎锦熙在此住过三年。毛泽东多次到此找先生商讨国家大事和国际形势，1918年、1919年两次在此度过春节。毛泽东主编《湘江评论》第五期刚刚寄往这里就被反动军阀查封，报纸被销毁。黎先生收到的这份《湘江评论》已成为珍贵的文物，1949年后被他捐献给了文物部门。

民国期间，在前门至宣武门之间的缺口处开通了和平门南北道路——新华街。新华街在金代之前，为西苑（即北海和中海）向南去的古河道。明初营建北京，在中海南侧开凿了南海，同时利用原有的天然河道开凿减水河，以确保中南海泄水通畅。这条减水河从中南海流出，经今北新华街流入南护城河。明代向南拓展原北京内城南城墙，新的南城垣又把这条古河道一分为二，北段留在内城，即今北新华街一线，称“化石桥大沟”；南段置于外城，即今南新华街一线，称“虎坊桥明沟”。1926年，冯玉祥将军亲自主持，将化石桥大沟改成暗沟下水道，并在上面修建南北向的柏油马路。此后，琉璃厂被截为东、西琉璃厂两部分。

南新华街北段东侧，分布有正乙祠戏楼、北京烤鸭店（全聚德）。往南有成立于宣统二年（1910）的北京电话总局，该地原为八旗军习武场，后改为窑厂。街西侧是我国最早的高等师范学校，往南系北京第一家照相馆丰泰照相馆，所拍摄的无声电影《定军山》为我国第一部电影。该地原系安平水会，俗称土地祠，后为南新华街小学。由于琉璃厂以书肆、画店、古玩店为主，店铺最怕着火，所以过去此地建有两座火神庙，以期盼通过祭祀火神来除祸免灾。一座在小沙土园，后来成为文昌会馆；另一座就是原厂东门内的火神庙。新中国成立后，厂东门内的火神庙由国家收管，为普及文化知识、活跃劳动人民文娱生活，在此建立北京市第四民众教育馆。1951年改为北京第四文化馆，成为东琉璃厂、大栅栏一带的文化中心。文化馆曾经组织演出过评剧《柳树井》《刘巧儿》《小二黑结婚》等剧目。1952年改为北京市前门区文化馆，1958年底辟为宣武区文化馆。由火神庙向东，经杨梅竹斜街或炭儿胡同可以通向繁华的前门大街。

琉璃厂的“厂甸春节集市”，是北京特有的春节文化集市。明代的灯市，初在今东城区的灯市口。嘉靖年间，为确保皇宫的安全，灯市被移到琉璃厂、花市及正阳门外等处。清康熙十八年（1679），广安门内慈仁寺遭地震破坏，以书籍文玩为特色的庙市移到琉璃厂。东琉璃厂有火神庙，每年正月初三至十六，庙会兴旺。附近的真武庙、延寿寺等古刹也在这段时间开庙。官办的灯市加上寺院的庙会，“逛厂甸”便成了在京城人春节生活中一大重要内容。厂甸汇聚了北京及周边著名的民间手工艺品，如风筝、空竹、箫笛、胡琴、万花筒、孩子们喜欢的大花脸面具，以及炸灌肠、羊霜肠、面茶、艾窝窝、驴打滚、年糕、茶汤等各种民间传统小吃。厂甸最能反映北京民俗文化的是大风车、大糖葫芦和大山里红串。老北京人过年，谁家屋门外不摆出这三样东西，就不算你逛过厂甸。和一般集市庙会不同的是，厂甸以经营书籍字画、古玩文物、笔墨纸砚等为主，因而被称为“文市”。到琉璃厂淘书、攻读钻研的文化人，从纪晓岚、康有为，到胡适、郑振铎，包括著名书画家陈师曾、张大千、齐白石等，从清乾隆以来就不乏学界名人。钱玄同、刘半农等人称琉璃厂书摊为“安身立命”之所，正是凭借着琉璃厂的书籍和书商，他们才得安学问之身、立学问之命。

图 35　琉璃厂

纪昀故居在南新华街南口虎坊桥东，今珠市口西大街241号。纪昀字晓岚，为乾隆朝左都御史、《四库全书》总纂修官。故居北院有纪氏编著《阅微草堂笔记》的书宅，称“阅微草堂”。据考证，纪晓岚分别于11～39岁、48～82岁前后长达60余年居此。嘉庆十年（1805）纪晓岚故去后，该院数易其主。辛亥革命后，院内一部分曾为直隶会馆公产。1930年左右，曾有中共河北省委的秘密联络点在其中。1931—1936年为北平国剧学会。1959年，北京市市长彭真和国务院副总理薄一波建议建山西风味餐厅，主要作为山西招待所。1963年后，正式对社会开放。

三、车马辐辏的斜街

北京的胡同大多呈东西或南北走向，但受地形影响，比如前门外的西河沿、东河沿，也会因受到当时的河流走向，形成斜街。不过铁树斜街和周围的几条斜街不同，它们全是靠人和马走出来的。金朝时北京称中都，在今北京城的西南部，那时铁树斜街周围还是农村。1285年，忽必烈在中都东北营建元大都新城，原中都城称南城或旧城。从元朝到明初，南北两城的人为通行方便，从骡马市大街到繁华的前门外，选择了西南至东北的斜向捷径，历经两百多年人走、马行、车轧，到明嘉靖三十二年（1553）增筑北京外城时，已经形成了这里一系列的斜街。

铁树斜街在明朝时称斜街，从未种过什么铁树。到了清朝，有位李姓做铁锅的棚铺很有名，于是就有了李铁锅斜街的名号，“拐”和“锅”发音相近，到清朝末年便谐音为李铁拐斜街了。李铁拐斜街东通大栅栏西街、大栅栏街，西经五道街通虎坊桥，为大栅栏地区交通要道。1894年，著名京剧表演艺术大师梅兰芳出生于此。1949年前，该地繁华一时，有护国观音寺、留香大饭店、远东饭店，以及清真饭庄同和轩、同益轩等名号，北京第一家女澡堂润身女浴所也开设在此街上，现改名清江浴池。1965年整顿街巷名称时，改称铁树斜街。

铁树斜街左近，有相互连通的樱桃斜街、杨梅竹斜街和棕树斜街，均呈东北至西南走向。樱桃斜街因曾广栽樱桃树而得名。现为民居的65号院，为民国时期在京戏曲界人士的群众组织“梨园公会”所在地。该会1936年7月正式成立，选出杨小楼、梅兰芳、余叔岩、谭富英、马连良等15人为董事。1956年在此改组成立北京市京剧工作者联合会，京剧名角合作演出义务戏：裘盛戎的《锁五龙》；孙毓堃、李万春、郝寿臣、谭元寿的《八蜡庙》；大轴《四郎探母》，马连良、谭富英、奚啸伯、李和曾、陈少霖分扮杨四郎，张君秋、吴素秋演铁镜公主，尚小云演萧太后，萧长华、马富禄演二国舅，姜妙香演杨宗保，李多奎演佘太君。当时《四郎探母》已多年未演，再加上如此强大的阵容，可谓盛况空前。

铁树斜街与樱桃斜街西南向交会的路口处有座五道庙，庙前名五道街。据明代兵部尚书王象乾《建玉帝殿碑记》记载，明万历三十五年（1607）在旧五道庙故址后建玉帝殿行宫，说明此前已有庙宇。五道庙的主殿朝向西南，前殿面阔三间，次间甚窄。大殿后为二层楼，面阔三间。王象乾撰记谓："正阳门西，由臧家桥到宣武门，乃龙脉交通车马辐辏之地，旧有五道庙镇焉。"此处为正阳、宣武龙脉交通之地，故于庙侧建玉帝殿，率诸神以镇之。庙属门殿合一、抱厦临街的布局，保留了明代以前郊野路口的五道庙、土地庙形制，所处位置是从金中都旧址到元明内城的标志点，具有重要的历史价值。现玉帝像已不存，周围成为民居。五道庙西北邻堂子街，东南原有河道和潭坑，旧称韩家潭。

老北京俗语称："人不辞路，虎不辞山，唱戏的不离百顺、韩家潭。"明代时韩家潭地势低洼，原有河道在此积水成潭，名寒葭潭。清康熙十二年（1673），礼部尚书兼翰林院掌院学士韩元少住此，称韩家潭。1965年改为韩家胡同。韩元少名韩菼，通经史，文章负盛名，曾领修《一统志》《平定朔漠方略》等书。清康熙初年，戏剧评论家李渔寓居于街北25号。李渔号笠翁，世称"李十郎"，家设戏班，常到各地演出，著有《笠翁十种曲》《十二楼》《闲情偶寄》，编印有《芥子园画谱》。他在韩家潭的院子里，设计建造类似家乡芥子园的花园，仍名芥子园。小园名满京城，常有名流在此诗酒流连。后改为广州会馆，1949年后为九十五中。清至民国间，韩家潭被列入"八大胡同"。

清代中叶的北京，经济繁荣，全国各地的商帮纷纷来到京城，集中在前门外到大栅栏一带。清代规定，内城只许八旗官吏居住，还规定内城禁止开设戏园，不得有文艺场所。那些王府显贵、八旗子弟们只能出城到正阳门外来找玩乐，再加上外官转迁、举子科考、外地人流的拥入，前门外就成为商业发展和戏园的集中地带。此时北京的戏曲演出场所也发生了很大变化，设有舞台的茶园逐渐取代了宋元以来的勾栏和后来的戏棚。清道光年间问世的《都门纪略》，记有19世纪北京最大的九家戏园，这些大戏园都集中在前门外一带。如广和楼在鲜鱼口北的肉市，裕兴园、天乐园在鲜鱼口，三庆园、广德楼、广和园、广乐园、同乐园在大栅栏，中和园在粮食店。

乾隆五十五年（1790），三庆徽班进京祝寿演出，在北京舞台上演唱剧目，此后又出现了“三庆”“四喜”“启明”“霓翠”“和春”“春台”等戏班。其中“启明”“霓翠”两台为昆曲班，另外四台因与徽剧有关，时称“四大徽班”。京师的繁华、众多的观众、浓厚的文化氛围，使他们体验到戏曲在京师有无限的发展余地。于是他们在艺人云集的前门外落脚，居住于粮食店梨园馆，开始了创新之路。前门外的铁树斜街和棕树斜街周围，自然也成为各大戏班、勾栏、私寓和“八大胡同”所在地。这时的京剧已采用北京音、湖广音相结合的舞台语音，西皮、二黄成为京剧的主要声腔部分。京剧在唱词、念白及字韵上越来越北京化，使用的二胡、京胡等乐器，也融合了中华民族的发明。从前门外这块热土上产生的京剧文化，逐渐演变成全国广泛流行的京剧。

图 36　京剧剧照

西珠市口路北今丰泽园南门所在地，清光绪三十三年（1907）建有文明茶园，后来改为华北戏院，在中国戏曲史上有很重要的地位。文明茶园建成之后，大力倡导文明新风，在京城首开允许女观众进茶园看戏、女伶登台、男女演员同台演出、戏园夜场演出的先例。戏台抱柱的对联，也宣传着维新爱国的思想：“强弱本俄顷，愿同胞爱国正宗，此日漫谈天下事；古今无常理，结团结文明进步，他年都是戏中人。”笔者在华北戏院看过著名红生李金声、“四小名旦”之一宋德珠、“南派美猴王”周云亮等人的精彩演出。周云亮在《挑滑车》

中饰演高宠，一出场“起霸”“亮靴底儿”，左右两腿轮番抬起直穿护背旗到脑后，身不动膀不摇，便得到几个满堂彩；“挑车”一场，身穿大靠三个“摔叉”接三个反跟头，台下喝彩声不断。他和周云霞合演的《虹桥赠珠》，曾出访过数十个国家和地区，被誉为中国京剧代表作品。

“八大胡同”是老北京“红灯区”遗留下来的一个地理名词，指石头胡同、陕西巷、王广福斜街（现名棕树斜街）、韩家潭（现名韩家胡同）、胭脂胡同、百顺胡同、皮条营、李纱帽胡同（现名大力胡同）。有首竹枝词写道：“八大胡同客尚醒，醉生梦死任人评。谁家狎客常居此，公子王孙数不清。”其实“八大”是虚指，广义的八大胡同指从铁树斜街以南、珠市口西大街以北、南新华街以东、煤市街以西这一大片区域内的许多胡同。封建社会里的梨园行，人们称之为“戏子”，属“三教九流”的“贱业”，谓“娼优并举”，这与“堂子”之风气有关。那时王公富人经常到堂子里找男旦陪酒取乐，庚子年（1900）后才逐渐被娼妓业取代。《清稗类钞》载：“伶人所居曰下处，悬牌于门曰某某堂，并悬一灯。客入其门，门房之仆起而侍立，有所问，垂手低声，厥状至谨。”“有好事者赋诗以记之曰：‘六街如砥电灯红，彻夜轮蹄西复东。天乐听完听庆乐，惠丰吃罢吃同丰。街头尽是郎员主，谈助无非白发中。除却早衙迟画到，闲来只是逛胡同。’”其后并加小注：“盖天乐、庆乐为戏园名，惠丰、同丰为京馆名（饭庄），而胡同又为妓馆所在地也。”

位于陕西巷西南、虎坊桥大街北侧的德寿堂药店（南号），始创于1934年。创办人康伯卿，少年时曾入西单怀仁堂学徒，他天资聪慧，勤奋好学。数年后开始自制中成小药，1920年在崇文门外南小市开办“德寿堂药铺”（总号）。“德寿堂南号”是前店后厂型药铺，以经营自制的丸散膏丹为主，后扩大经营，亦售汤剂饮片。其生产销售的药品由于选料精良，加工精细，“重医德，顾客至上；守信誉，诚信无欺”，因而在京城逐渐叫响了字号，赢得了信誉。过去在德寿堂建筑的二层楼顶南侧外立面，设计安装了一个用燃油驱动，可穿过外立面开凿的涵洞并沿环形轨道循环运转的仿真小火车，引得观者如潮。当年的火车在抗日战争时已丢失，现在的是按老式火车1∶10仿真制成的复制品。

四、建设香厂“新市区”

珠市口处于繁华的前门大街与东西珠市口大街交叉处，旧时是外城最热闹的地方之一，被称为“金十字”。明朝时该地原为买卖生猪的交易市场，称“猪市口”。后生猪市场移至东四地区，猪市生意逐渐冷淡，遂雅化为“珠市口”，不过历史上这一带从未出现过珠宝商业的生意。

珠市口西南有条呈南北走向的铺陈市胡同，因胡同中有很多经营“铺衬”的店铺而得名。铺衬是废旧布料，过去穷苦百姓用它打袼褙纳鞋底。铺衬店铺专门收购“铺衬”，经加工分类再进行售卖。明、清至民国时这里是坐商、摊贩集中地。清称穷汉市，因贫穷劳动者常在此等候雇主，或以拆洗缝补为生。清光绪时称补拆市或补陈市。民国后随着珠市口商业的发达，一部分小商人买下铺陈市的一些房子，改建成居所或店铺。1947年雅化为铺陈市，1965年改称铺陈市胡同。

九弯胡同东口从铺陈市胡同起向西向北，又向西再向西北，西出口在校尉营胡同西口。胡同西高东低，不足半里的小胡同，有死弯、活弯、直弯、斜弯，还有弯连弯，九个拐弯形式各样，故名九道弯胡同。胡同里最宽处不过三四米，最窄处只有一个自行车车把宽度。胡同里一个个小院儿彼此相邻错落有致，院内多为三两户人家，也有独门独户的，一条胡同不过二十几个小院儿，五十余户人家。在弯曲的胡同里有两座寺庙，靠近东口的庙前后有两套院落，1949年前曾建私立小学，后名九道弯胡同小学。与之相邻的另一座庙，1949年后改为民宅。

与铺陈市相对，在珠市口东南也有一条南北向胡同，叫西草市。过去没有汽车，老北京人出门要骑马、坐马车，喂养牲口需要草料，所以“草市”在北京城里到处都有。元熊梦祥所著《析津志》里就有“草市，门门有之”的记载。草市不仅销售喂牲口用的青草，也经营居民家里烧炕、做饭用的柴草，北京话称其为柴火。清《京师坊巷志稿》中写道：“草市，亦称柴火市。井一。以南为六间房。”说明当时这里住家还不多。随着社会的发展，烧煤的火炉子逐渐从大户人家普及普通百姓，柴火的需求量越来越少，草市也随之名存实亡。到了清朝末年，由于京剧的迅速发展，前门外聚集了大量的戏班子，开始出现经营京剧、徽剧等戏剧服装行头的商铺。著名的“久春”剧装店，至今已经营数代，梨园里的名角大都到这里定做戏衣。民国时这条街上的知名店还有三顺戏衣庄、三义斋靴子铺、滕记戏衣庄等，后来越来越多的道具店、民族服饰店也加入其中，成为北京市唯一一条经营戏服的特色街。

西草市街东侧，有条南北向平行的胡同，因早年间胡同东面有条排水沟，故名“沟尾巴胡同”，当地俗称“狗尾巴胡同”。此地原是卖包装水果用草包的地方，胡同内有几家旅店，南面有四家浙江人合办的“四联染厂”。过去狗尾巴胡同周围坑坑洼洼、污水横流，有后沟沿、草帽胡同、天顺胡同、小沟胡同、兴隆街等多条小胡同和死胡同，1965年均并入狗尾巴胡同，更名西草市街。

光绪末年，推行了一系列“新政”举措。光绪二十七年（1901）明令各省开办学堂，光绪三十一年（1905）废除科举考试，同时鼓励发展工商业，筹办工厂，开展市政建设。光绪三十二年（1906），拓修正阳门至永定门一段马路，除原有石道外，更换成碎石路面。其中也涉及翻修香厂路一带的马路，以及兴建新住宅的市政建设。香厂一带地势低洼，沟塘遍布。在香厂一带的中心地段，是一个巨大的水泡子。“附近之居民，或是熟皮子，或是开染坊，利用死水坑子，以营其业，名曰香厂，实则臭的难闻。”

光绪三十四年（1908），为修筑南北新华街道路，以及在沟西扩建高等师范学堂、沟东新建五城中学堂，在南新华街堆积了大量建料，致使每年一度的厂甸庙会无法举行。宣统元年（1909），当局决定暂时把厂甸庙会由海王村公园改到香厂一带的空旷隙地。经过填壑整地，清除垃圾，庙会在香厂一带连续三年如期举行。庙会结束后，还存留不少摊商与伶人支搭的寮棚，给寂静空寥的香厂地区带来无限商机。北洋政府依照宣统时的规划，在这一带“延续引进西方文明的建设”。这一带因属新型街道，为区别以前的老街巷，则冠之以“路”和“里”。1914年，北洋政府成立内务总长朱启钤掌领的“京都市政公所”，在香厂一带的大片空地和胡同开辟“模范市区”，又叫“新市区”。修建香厂路、万明路、永安路、仁民路、仁寿路、板章路、留学路、虎坊路、阡儿路等纵横经纬的十四条马路，将土地招商投标承租，一时租地盖房者甚为踊跃，建筑了很多西式楼房，并在万明路与香厂路交叉路口的圆盘中心，设立北京最早的交通警察岗和电灯柱。

万明路的名称来源于此街北口路西的万明寺。万明寺，元水浙庵故址，明万历重修时，清康熙年间都司谷之麟重建，殿宇颇崇丽。自1914年始，香厂新市区建设采用了西方城市建设的理念，聘请西方建筑设计师参与设计，运用当时最新的市场经济手段来进行建设，短时间内在宣南贫苦之地建起了一座“文明之城”。它集购物、餐饮、娱乐于一身，一度成为民国初年北京最时尚、最繁华的区域。今万明路东西两侧修建的多幢西洋式二层建筑，都是当时招商引资，推行现代城市规划“新市区”的重要建筑遗存。

1916年，曾在吴佩孚手下担任过江西督军的陈光远在香厂购置了一块地皮，由英国人包工，在此地建造新世界游艺场。大楼设计成轮船模样的外形，因游艺场仿照上海大世界而建，俗称“大世界”。1918年2月11日大世界游艺场落成开业，京剧剧场由坤角组成的“崇雅社”演出，演员中有孟小冬、苏兰舫等。五层是屋顶花园，楼下设有四面新奇的“哈哈镜”，映出的人影或胖或瘦或高或矮，招徕了大批游客，生意火爆异常。“大世界”生意兴隆，使得一些商人也跃跃欲试。1918年，国会议员彭秀康以个人名义出面，相约朋友买下天桥三角市场以西的一大片空地，在现在的友谊医院的位置上建起一座综合性大型游艺场，称城南游艺园。还在游艺园西南今新北纬饭店东门外，修建一座四面钟楼，为城南游艺园的标志性建筑。四面钟楼高十几米，四面皆装有钟表，状似铁锚。意欲用这只铁锚，拴住船形大世界的生意，使它不能向前（钱）开。城南游艺园开业后，便轰动全城，包括专家学者，也跑到南城去一饱眼福。1919年7月30日，上海《晶报》描述道：北京香厂一带，电灯照得如同白昼一般，车如流水马如龙，宛然上海风景。

新世界、游艺园等建成后，成为北京首先引进西方文明的模范地区，令京城人蜂拥而至。与此同时，在虎坊桥盖起京华大楼和琉璃厂的营业大楼，在新世界的对面建成东方饭店。李大钊、陈独秀、蔡元培、胡适、张大千、白崇禧、张学良等人都曾在此居住过。吴佩孚、张作霖、冯玉祥发生直奉战争，鲁迅曾避难住在东方饭店。《顺天时报丛谈》载："自城南游艺园至第一舞台之南北马路，亦系最近开辟者，因其地原有板章胡同，故命名为板章路，沿此路而南两旁商店林立，多为新式建筑，可谓为北京最新之商埠。该路一带饭庄、饭馆极多，其次化妆品公司、绸缎庄，最近又新辟落子馆等……"当时，香厂路一带游人如织，香厂路的兴起，也带动了天桥和先农坛周围的繁荣。

可惜好景不长，不久新世界发生游客自杀坠地事件，城南游艺园也因建筑质量问题，剧场倒塌砸死观众招来讼事，于是怨声四起。新世界一带的游乐场立刻萧条，新世界楼房挪作他用，城南游艺园成了屠宰场，它的标志四面钟楼也被破坏，四个大钟表被挖走，钟楼上留着四个大黑窟窿，再加上周围荒凉，还有土冢，就出现了"四面钟周围闹鬼"的传言。随着国民政府南迁和"九一八"局势紧张，这两处游艺场相继以停业告终。

明、清两代，在先农坛西北有一片低洼的苇塘。龙须沟内的河水即源自这片苇塘，接着折向正东，穿过前门大街，沿天坛的北侧，绕到天坛东侧，经左安门西水关注入外城的南护城河。在正阳门大街与龙须沟水道交汇的地方，原有一座汉白玉单孔高拱桥。石桥呈南北方向跨于水道之上，因此桥是皇帝去天坛祭天的必经之路，故称天桥。

天桥把东西向龙须沟分为两部分，分别叫天桥东沟和天桥西沟。光绪三十二年（1906）修整道路，将天桥改建成低矮的石桥。1934年拓宽马路，天桥被拆除，当时老北京流传一句戏言“天桥天桥，有天无桥”。2013年底，在天桥遗址南40米处复建新天桥。

天桥南大街的天桥市场，可谓大名鼎鼎。1915年6月，内务总长朱启钤亲自主持前门改造开工仪式。拆除了正阳门的瓮城和闸楼，将原来封闭的瓮城变为开阔的场地，在箭楼两旁修建马路，原月墙与城墙交界处东西各辟两门，迁走拥挤杂乱的荷包巷内的商户。这些商铺移至天桥后，利用旧房料在天桥东、西市场北端建房营业，形成多条狭窄蜿蜒不规则的胡同。由东市场从北往南依次有一巷至五巷及东街。二巷、三巷原为东市场的木器市，东市场七巷原为老菜市。东市场中街位于东市场中部，街巷较宽，原为卖皮货处。东市场西街原为卖布的地方，传说相声《卖布头》即源于此。

1926年拆除先农坛东北第一道外坛墙，在坛的东北角建先农市场、城南商场、三角市场、惠元商场。先农坛外坛拆除后形成西北、东南向斜街，民国时称先农坛根儿，1965年改为天桥市场斜街，街东侧为老天桥的核心地段天桥西市场和公平市场。20世纪30年代末至50年代初，相声艺人侯宝林、罗荣寿，单弦牌子曲艺人曹宝禄，数来宝艺人高凤山，拉洋艺人“小金牙”（罗沛霖），北京琴书艺人关学曾等都曾在天桥献艺。随着“新世界”“城南游艺园”相继倒闭，天桥市场范围日渐缩小。20世纪50年代废止市场，天桥渐为居民居住区。1957年，天桥各类演出大部分停歇。2010年，政府启动“天桥演艺区”建设，不仅要将天桥演艺区打造成具有代表性的世界级演艺区，还要为市民提供吃、住、行、游、购、娱等全方位服务，使其成为老北京城市文化的展示区。

第六节 运河寻踪——崇文门外的运河遗迹

远在地质时代，永定河经过不断变迁，在北京小平原上留下了多条古河道，其中一条斜穿现在北京城的三海，被称为“三海大河”。“三海大河”往南过石碑胡同、高碑胡同，从今日人民大会堂西南过正阳门，由孝顺胡同（今晓顺胡同）、长巷头条一带南下，经芦草园、北桥湾，接三里河，向东过红桥、龙潭湖，自左安门左近，流向马驹桥。这段河道，沟通着大运河至北京城的漕运，自古以来便是南北水运和城市排水的必经之地，并被历代所利用。明嘉靖年间，因边情紧急，修筑外城。崇文门外地区，除主要街道外，境内未能进行很好的规划，便匆忙圈入城内，此后民居依河道而建，遂造成这一带拥有大量的斜街以及沿河道形成的胡同。探寻这些与水有关的街巷胡同，对保护好、传承好、利用好大运河，加快大运河文化带保护建设，起到重要的作用。

一、萧太后主政漕运

辽代，为解决南京城（今北京）内的漕运问题，萧太后决议在南京城与通州间开挖运河，人称萧太后河。据《通州文物志》记载，萧太后河于统和二十二年至二十七年间（1004—1009），由辽代萧太后主持开挖。萧太后河起自南京城（今北京）的东门迎春门，利用西直门外高梁河南支和玉渊潭注入南京护城河之水，出迎春门后，接南横街南侧的大川淀和小川淀之水，蜿蜒向东流入陶然亭湖，然后东进龙须沟、金鱼池，沿天坛北转天坛东墙外、龙潭湖，经左安门附近的八里庄，斜向东南过今胡家垡，流入张家湾，与北运河相接，成为京杭大运河家族的一员。中都城建立后，北京成为金朝国都，市郊人口从30万猛增到100多万，仅有的萧太后运粮河已无法负担日益繁重的漕运任务，又开辟了引永定河水和高梁河的工程。

金元间还有一条排水河从中南海西南角流出，水由新华街向南，经虎坊桥明沟汇入先农坛西北的苇塘，接着就折向正东，与龙须沟汇合，汇入萧太后河中。这无疑增加了龙须沟的水量，使得龙须沟至三里河南北之间沟渠纵横，水坑遍地。在天坛北坛根儿龙须沟北岸，过去分布着大片水坑和许多小湖泊。旧志云：池上有殿，榜以瑶池[①]，四周种植了许多柳树，称“鱼藻池”。此处是金、元、明、清直至民国时期饲养金鱼之地，数十亩池塘星罗棋布，人称“金鱼池”。金鱼池一带曾有不少达官贵人的园亭楼阁，明代武清侯李伟的新园，就是其中很有名的一座。他把三里河的水引入园中，园内有鱼池，可以泛舟。这条水的上源来自芦苇园，水从北桥湾桥下流出，沿金鱼池北再东折，南穿金鱼池中部，流入龙须沟。到了民国初年，金鱼池一带日益衰败，污水泛滥，疾病蔓延，成为旧北京有名的贫民窟。20世纪50年代中期，填平湖面，盖起楼群，建成新的居民区。今金鱼池东街、金鱼池中街、金鱼池西街即为原金鱼池旧址所在。

图37　金鱼池小区

金鱼池西北有东西向半壁街，半壁街在三里河大街南侧，因紧邻

① ［明］刘侗、于奕正：《帝京景物略》，北京：北京古籍出版社，1982年，第102页。

金鱼池，一侧有房舍，一侧无房舍，明代时称半边街。清代改称为半壁街。街内曾开有富成原、裕丰、天佑等十几家皮货店，又称皮货街。西半壁街13号，系“大刀王五”的故居。“大刀王五”生于1844年，名正谊，字子斌，原籍河北沧州，与霍元甲、黄飞鸿等一代豪侠齐名。光绪五年（1879）他买下了这里的三十多间房舍，创办源顺镖局，为“八大镖局”之一。源顺镖局坐南朝北，前院是仓房、车棚和马厩；西跨院是镖师居住、练武的场地；后院是内柜房、存镖房、王五家属住处。“戊戌变法”失败，王五冒着生命危险为谭嗣同收尸，护送灵柩往浏阳安葬。1900年八国联军入侵北京，王五在一次与敌人的搏斗中手刃数敌，最后献出了宝贵的生命。此后，顺源镖局停业改为大车店。20世纪90年代，王五的后代孙媳李家志、重孙王德海一家仍在此居住。

精忠街呈南北走向，清代称精忠庙。精忠庙前有金鱼池水流过，石板小桥通庙门口。庙内三重殿堂，前殿供牛皋、汤怀、王贵、张显塑像，中殿供岳飞像，后殿供周侗、孙膑坐像。庙门口土台上放着铁铸秦桧夫妇跪像。清代，精忠庙“烧秦桧”为京城一大活动。据史书记载，每年农历正月另塑秦桧夫妻土像，用火烧之，往观者众，热闹异常。1959年秦桧夫妇铁像迁入中国历史博物馆。精忠庙侧曾有一座梨园弟子的祖师殿，每年三月十八是梨园行祭神的日子，要祭拜梨园祖师爷，行会规定这一天的所有演出活动必须停止。1960年，北京市政府拆除了精忠庙，在原庙址上建华北光学仪器厂，喜神殿辟为精忠庙小学。1965年，精忠庙街改为精忠街，那所学校也随之更名为精忠街小学。

东晓市，东起磁器口大街，西至鲁班胡同，明代称苜蓿园北，清代称东小市、新小市，1947年改为东晓市大街。这里的货品多为杂物、旧货，价格低廉，每到天明散去，遂名“晓市”。昔日街中有慈溪会馆，每科举之日，直隶学政录取遗才于此。街北有关王庙、慈源寺、药王庙、天庆寺。东晓市大街203号为金台书院，是清朝中叶在京城建立的一所书院。金台书院的前身是降清明将洪承畴的私宅，名洪庄。清康熙三十九年（1700），京兆尹钱晋锡在宛平、大兴分设义学，收孤寒生童就读，洪庄改为京师义学，康熙特赐御书“广育群才”匾额。乾隆十五年（1750）改名“金台书院”，隶属顺天府官署管理，所收学员主要是京师和各省准备参加会试、殿试的举人和贡生，顺天府的童生亦可就读。光绪三十一年（1905）废除科举制度，改为顺直学堂。后又几易其名为东晓市小学、崇文区第一中心小学。1973年改为崇文区东晓市小学，1984年5月被定为市级重点文物保护单位。

药王庙在东晓市街东部，明末天启年间武清侯所建。因京城药王庙很多，故又称南药王庙。主要建筑分东、西两部分，西部是寺庙形式，山门门额镌刻敕封药王庙，门前原有两尊大铁狮子，进山门有一对大旗杆，其后有三层大殿。第一层大殿为药王殿，面阔三间，东、西两侧配殿各三间。第二层玉皇殿，与第一层规模相同。第三层大殿是三清殿，面阔五间，两侧设有配殿。在三清殿东，与它并排而立一座二层小楼，楼下是关公殿，楼上为唐明皇殿。东部的建筑贯穿在南北轴线上。在明末清初，药王庙香火除夕彻夜不断，每逢初一、十五两日有庙会。相传每年农历四月十八为药王诞辰，从四月中旬开始，在庙外神路街设香池数处，供焚香遥拜。1949年后在药王庙旧址上改建为北京十一中学。

龙须沟穿过天桥，流经金鱼池后，沿着天坛北坛墙外继续东流，过红桥、沙土山南、法华寺街南，在四块玉与正蓝帜教场之间东南折向龙潭湖，再向西南流出城外。流经之处，不断有河渠注入。民国初期，仅在天桥至流出城外这段河上，便建桥16座，红桥就是其中的一座。1978年底，农村实行改革，允许农民将菜、鸡蛋、花生米等农产品带到北京城里来卖。初在体育馆路交易，后在体育馆西路形成了市场。1979年9月，农贸市场搬到磁器口街。1980年初，为解决知青的工作安置及早市扰民问题，将市场移至天坛公园东北坛墙下。从天坛东门沿围墙的半弧形一直到天坛北门，逐渐扩大成5000平方米的红桥农贸市场。1992年，根据“退路露墙”、展示古都风貌的要求，在法华寺敬业西里建造具有民族风格的集贸商厦——红桥市场。

左安门内一带，原是明代为烧制城砖挖出的大片洼地，后来变成水域和臭水坑。正德年间，有潘姓在左安门东北部开办烧制砖瓦的窑厂，名潘家窑。嘉靖年间修建北京外城时，把潘家窑分为两半，城内部分称“里潘家窑”，城外部分称“外潘家窑”。1984年在龙潭湖公园龙吟阁东南清理湖底时，曾发现十几座大型窑址，似为潘家窑窑址。1952年为改善左安门内一带恶劣的自然环境，开挖人工湖，将挖出的50多万立方米泥土在湖中堆积成两个小岛，整修为东、中、西三湖，并修建环湖道路。因龙须沟的水汇集于此，此处如龙头，经梁思成提议定名为“龙潭湖”。龙潭湖公园南面和东面是护城河，左安门大街穿湖而过，公园内水陆面积达120公顷，水面达680多亩，比积水潭、前海、后海的总和还大。

二、明英宗开壕泄水

元朝末年，因通惠河水源不畅，朝廷两次讨论重开金代开凿的金口，引浑河（即金之卢沟河）济漕。到顺帝至正二年（1342），中书参议孛罗帖木儿、都水傅佐再度建言，重开金口，自大都以下，别开新河。时廷臣多言不可，但中书右丞相脱脱坚持执行。至正二年正月，役夫十万人，开金口新河。金口新河在大都城外开河置闸，引金口浑河之水，从元大都文明河闸（今正阳门以东水关附近）转而南下，经由天坛以北三里河更东南行，由左安门东出城，以接十里河之旧河床，东达通州，以通舟楫。当年三月，金口河工毕，但“流湍势急，沙泥壅塞，船不可行。而开挑之际，毁民庐舍坟茔，夫丁死伤甚众。又费用不赀，卒以无功。继而御史纠劾建言者，孛罗帖木儿、傅佐俱伏诛。今附载其事于此，用为妄言水利者之戒”。[①]

明迁都北京后，将元大都南城墙南移二里，使得通惠河原在皇城

① ［明］宋濂等：《元史》，卷66，北京：中华书局，1976年，第1660页。

东墙外的一段河道圈入新的都城内，成为内城的泄水孔道。此后，由通州南来的漕船只能到达东便门外大通桥。明英宗正统四年（1439），因北京城“月城楼铺之制多未备”，于是修造京师门楼、城壕、桥闸。为防止雨季水溢泛滥，便筑坝蓄水，重新修浚南护城河，利用金口新河文明河段的古河道，在正阳门东护城河的低洼处向南开通壕口以泄雨水。因壕口距崇文门外大通桥约3里，文明河遂改名三里河。《明史》载：“城南三里河旧无河源，正统间修城壕，恐雨多水溢，乃穿正阳桥东南洼下地，开壕口以泄之，始有三里河名。”①至今崇文门西河沿中部，有南、北深沟胡同，这两条胡同原名深沟口，即三里河由壕口引出，流向东南的上游所在，清代已无水。民国年间，以打磨厂为界，分为南、北深沟，1949年后始加通名“胡同”。

打磨厂东西长1.5公里，民国时分为东、西打磨厂，1965年定名东、西打磨厂街。明初，来自房山的一些石工，从家乡运来石料，在打磨厂西口一带打磨出售，有的住在破庙里，有的住在大车店中。当时，宅门大户、碾坊、豆腐坊、酒醋作坊、大饭馆都要自己磨面，需要大小石磨。所以，打制石磨和开制磨刀石的生意很兴隆。不久，从房山来的石工越来越多，发展到半条街都是打制石磨的石厂，打磨厂也由此成为街名。打磨厂西段因近前门大街，多店铺。到了清中期，除石厂外，又开办了三山斋眼镜店、万昌锡铺、福兴楼饭馆及几家假王麻子刀剪铺。在打磨厂的东半条街，出现了很多书局和卖年画折扇的店铺，逐渐发展成文化街。著名的有老二酉堂、宝文堂、文成堂、泰山堂和学古堂等书局。

三里河的主干道，从正阳门东南经今前门外西打磨厂西口，沿北晓顺胡同和长巷儿头条斜向东南，流向鲜鱼口。孝顺胡同是北晓顺胡同和南晓顺胡同的合称，又称晓顺胡同，是在旧河道上建的老胡同。据传明代时，胡同里有刘姓老人，因子孙孝顺，竟活了108岁，被称

---

① 《明史·河渠志》，朱一新：《京师坊巷志稿》，北京：北京古籍出版社，1982年，第215页。

为“老寿星”。为此有人在胡同里竖起一块汉白玉石碑，上书“孝顺大德”四个大字，以褒扬尊老重孝之人，时称“孝顺碑”，明《京师五城坊巷衚衕集》称孝顺碑胡同。清代时以鲜鱼口街为界分成南、北孝顺胡同。1965年，被改成南、北晓顺胡同。

北孝顺胡同有两个北口，一个叫罗圈胡同，一个叫戥子市，呈裤裆形通向西打磨厂，都并入北孝顺胡同。罗圈胡同以前做罗圈的小铺子很多。戥子市有十几家戥子铺和小作坊，专做称金银或药品的小秤，做工精细、计量准确，为药店、金银首饰店必备，故此巷虽小，却闻名全国。胡同内旧有灵应三官庙。1929年翻印的《编制街村图说》里记载：“北孝顺，南北向，幅宽长，土路街，尚属清洁，商业以工业居多，系中等铺户。”“罗圈胡同，南北向，幅狭短，土路，亦属清洁，以工业为多，系中等铺户。”“戥子市，东西斜向，巷幅狭短，土路，通行大车，欠整洁，系中等铺户。”

清代规定，在内城禁止开设戏园，所以南城前门外就成为发展戏园的集中地带。《都门纪略》记19世纪北京最大的九家戏园，其中就有鲜鱼口的天乐园。三里河旁精忠庙边上的梨园会馆里，在嘉庆二十一年（1816）三月十八所立的石碑上刻了二十个剧场名称，已有天乐园的名字。乾隆六十年（1795），北京人杨米人所写的《都门竹枝词》中有一首诗里写道：“半膘无事撞街头，三五成群逐队游。天乐馆中瞧杂耍，明朝又上广和楼。”1920年，天乐园易主，更名华乐戏院。新中国成立后更名为大众剧场。天乐园从唱落子、耍杂耍的小馆起家，逐步发展成由田际云、梅兰芳、程砚秋、马连良等京剧艺术名家长期驻场演出的大戏院。20多年前，大众剧场关闭，变为歌舞厅和台球厅，最后成为仓库。2012年，东城区在原址重建改造后的天乐园，按照20世纪二三十年代的建筑风格，恢复了老戏楼的风貌，重新开张迎客。

长巷头条建于明朝，北起西打磨厂街，东南折至得丰东巷。今长巷分头、二、三、四、五条，其中前四条因横跨在鲜鱼口街上，故在清乾隆年间的地图上以鲜鱼口街为界，北边四条称上头、二、三、四

图38　在原址重建后的天乐园

条，南边四条称下头、二、三、四条，长巷五条为昔日高庙胡同。在鲜鱼口与晓顺胡同相交处的东侧，原有一条东北向小胡同直抵长巷头条，明至新中国成立前称小桥儿，因有横跨三里河旧河道的东西向小桥而名。清光绪年间，河道已成平地，桥也不存。20世纪60年代，小桥儿胡同并入鲜鱼口街。三里河从小桥儿下向东南流入芦苇园，经北桥湾，进入薛家湾。

芦苇园在鲜鱼口东南，湿地内多芦苇而名。元建大都城时，用土夯“版筑”城墙，下宽上窄，是座土城，便产生了如何防止雨水冲刷城土的问题，后来采纳千户（官名）王庆瑞的建议，“以苇排编，自下彻上”。就是用苇帘子自下往上覆盖土城，像人穿蓑衣一样，简称苇城或蓑城。《析津志》载：每年都要“收苇以蓑城”，达“百万”（担）之多。明代改称芦草园，这一带仍是城防物资储备积存地。现在芦草园东北，尚留有东北至西南向的草场头条至十条胡同，即为当年积草场地。草厂头条胡同与南深沟胡同南口斜对，北起西兴隆街，南端东折，出口在草厂二条内，全长约220米，宽4.5米左右。明称羊房草厂一条，清时称草厂头条胡同，后沿用。草厂头条东有9条由北向南、后转向西南的平行胡同，呈鱼骨状排列而成，称草厂二条至草厂十条胡同，另有东西向的草厂横胡同。《京师坊巷志稿》载：

“正阳门东偏，有古三里河一道。”“芦草园即坊巷胡同集之芦苇园也，盖前明积草之地，故其北草厂诸胡同皆以是名。”

三、众河道变身胡同

过去珠市口东大街由东珠市口大街、三里河、平乐园、东柳树井四条相连的街道组成。三里河分东、西三里河。西三里河自正阳门桥以东向东南流，从鲜鱼口的小桥下流入芦草园、北桥湾，经铁山寺，到三里河桥。今珠市口东侧有略向东北的斜街，原名东珠市口，清名小市街，明称西三里河。由西三里河向东，过三里河桥转向东南，名东三里河，在蒜市口与崇文门外大街相交。明正统以前，这一带还是郊区，三里河的修建，导致附近街巷胡同呈现斜街形状。以后三里河水道日益淤塞，清初河道完全干涸，除金鱼池尚有蓄水外，原三里河一带尽为街道屋舍，形成三里河、草厂、薛家湾、水道子、河泊厂、缆杆市、南河漕等一系列弯曲的斜向胡同。

铁山寺在三里河大街的中段北侧，是旧三里河的重要标志。铁山寺位于三里河桥西，现珠市口东大街219号。明正德十年（1515）僧人宗洪募化修建，宗洪的法号叫铁山，故名铁山寺。明朝到清中叶，三里河从前门护城河由西北往东南流过，一直流向左安门。当初河面很宽，可以跑船，在此河湾处建有汉白玉的三里河桥，成为三里河与西侧小市街的分界。1953年修路时曾经挖出此桥，又原地埋在地下，庙内尚存明代重修三里河桥石碑。明朝时，三里河的两岸各有一座庙宇，南岸为明因寺，北岸即是三进的铁山寺，《帝京景物略》和《宸垣识略》中均有记载。铁山寺所在地称北桥湾，因在桥北而得名。民国时期，该寺成为办理丧事的庙宇，现尚存大殿和东配殿，西配殿和后院已荡然无存。

明嘉靖年间修筑外城，三里河逐废成街，名称沿用河道名。三里河大街修成后，一直是城南东西走向的主要街道，俗称南大街。民国初，街东口古刹大慈庵内酒业公会与路南的恩成公烟柜，控制全市的官酒、官盐。此街原通行有轨电车，1953年扩展道路时拆除，改行公

图 39 三里河的标志铁山寺

共汽车。2000年8月该街再次进行扩建，2002年7月通车，原街两侧破旧房屋被拆除，建成了一条现代化商业街。

平乐园大街西接三里河大街，自东八角胡同至平乐园，东接东柳树井大街。清宣统年间，因该街东段路北有一口井，井旁有一柳树，得名柳树井，为与珠市口西大街的西柳树井区别，冠以东字，称东柳树井。明清两代，平乐园大街有平乐园戏园、桌椅铺等。清咸丰年间，山东籍迟姓商人在此创办大顺粮店，逐渐取代了山西人对北京粮食业的垄断地位。大顺粮店开业时店铺规模很小，只有一间门面，专营粮食，从业人员也只有三四个伙计和学徒，店中售卖的商品种类也比较单一。由于缺少流动资金，所以很少有存粮，遇到急需就不得不到其他山西籍粮商处去调剂，故此常受山西籍粮商的排挤。为降低成本，大顺粮店减少了中间环节，从粮食收购到加工生产都由自己经营，在价格上与其他同行相比很有竞争力。清末民初，大顺粮店已扩展成拥有四间门面、一个大院子、几十间房屋、员工四五十人的大店铺。大顺粮店后来扩大营业种类，改为大顺米面油盐店，店内有专门炒磨芝麻的人员，对外经营芝麻油和芝麻酱。

东八角胡同建于明代，明《京师五城坊巷衚衕集》称巴家胡同，清《京师坊巷志稿》由音转为八角胡同。1934年，分成东、西八角胡同。东八角胡同北起薛家湾胡同，南至今东珠市口大街，从北向南有四个拐弯，最窄处仅1尺多。东八角胡同12号，原先是一位纸厂老板的住宅，门联上写“生财从大道，经营守中和”。

薛家湾胡同39号门额上有一石质匾额，上雕“钱氏宗祠”。据《宸垣识略》载：吴越王钱镠祠在芦草园，雍正三年敕封诚应吴越武肃王。其裔孙创建西竺庵，在南芦草园。现钱氏后代仍居此。钱镠在位四十一年，无论在其生前死后，都受到历代朝廷的尊重与封赐，也受到文人们的普遍赞颂。之所以能如此，主要是钱氏本人有着良好的资质和一系列正确的处世准则。他无野心，自当上镇东节度使后便提出保境安民的口号，对外不攻伐，对内提倡养蚕种麻，发展生产。更难能可贵的是，钱氏不但一贯拥护国家的统一，拥护唐王朝，还教育自己的子女要“善事中国，勿以易姓废事大之礼”。难怪经过近千年，雍正皇帝还特封钱氏为“诚应吴越武肃王”，并准许在北京为其建祠立碑，这在历史上也极其少见。

崇文门外大街东茶食胡同至蒜市口一段，旧称瓜市大街，因有出售各种瓜果的集市而名。东茶食胡同始于明代，在今崇文门外新世界商厦南，东口直对崇外大街，西口与薛家湾胡同相连。因旧有茶房（喜庆事招待员）聚集待雇的场所，称为“茶口”，故名。过去，规定凡外来酒类皆由官方指定的酒商出售，上税之后的酒称官酒，未上税私自出售的酒称私酒，在崇文门指定十八家统一收售，统一纳税，俗称“十八家酒店”。为了防止别的官吏忌妒，每年三月，税官以献鲜为名，向皇帝及大臣送黄花鱼，十月送冬笋和银鱼，进行变相行贿。

东茶食胡同路北旧有广兴园，始建于清朝光绪初年。最初只卖清茶和说评书，后来曾约请梆子班、二黄班演过戏。因为地方狭小，地点又偏僻，到了民国初年营业日渐衰落而停办。20世纪五六十年代，崇外大街不仅路窄而且往南只通到蒜市口，今两广大街所在地只是一条仅能错开公交车的窄马路，两侧的胡同便成为居民日常出行的通衢。1997年拆迁东茶食胡同东段，2001年拆迁中段，建成崇文区文化馆新馆、祈年大街、都市馨园小区，2006年开始拆迁西段。

蒜市口东起抽分厂南口，西至崇文门外大街，与东柳树井大街相对，现已纳入广渠门内大街。抽分厂系明代在蒜市口北所建的税收机关，对竹木柴薪抽份收税，清属外城巡捕中营参将驻地，1965年因位于普仁医院旁，定名健康里。清雍正年间，曹雪芹的叔父、江宁织造曹府因骚扰驿站、亏空库银、转移家中财物获罪，受到抄没家产与革职枷号的惩处。雍正六年（1728）初夏，曹雪芹和家人回到北京，接任江宁织造的隋赫德将曹家崇文门外蒜市口地方房十七间半、家仆三对，还给曹寅之妻度命。隋赫德在《细查曹府江南家产人口等情析》中奏明："曹所有田产、房屋、人口等项，奴才荷蒙皇上浩荡天恩特加赏，宠荣已极，曹府家属蒙恩谕少留房产，以资养赡。今其家属不久回京，奴才应将在京房屋人口酌量拨给。"

中国第一历史档案馆研究员张书才根据乾隆《京城全图》和实地考察，认定隋赫德还给曹雪芹家的旧宅在蒜市口北侧，由抽分厂南口往西数第三个院子。院子的门牌是广渠门内大街207号，该处是一坐北朝南的三进院落，临街房六间，前院西部有北房三间，东部无房。中院北房三间，东西厢房各三间，在中院南墙的垂花门处，有一座四扇屏门上书"端方正直"。后院空旷无房，是一座小花园，西院墙向内凹进一段，全院总计房十七间半。红学家称，这间院落的影子在曹雪芹的《红楼梦》中处处可见，像屏门上"端方正直"四个字在《红楼梦》里就曾出现过，极有可能是曹家遗物。此宅院在修建两广路时已被拆除。

四、工艺品异军突起

崇文门离通州较近，又是商贾集中往来之地，明朝在此设立税关。当时南方的各种货物由大运河运到通州下船后，要经陆路从崇文门进城，在崇文门接受检查和缴纳税金，年收税银巨万，征收商税居全国之冠，所以崇文门也称为"税门"。课税时，手续繁多，天长日久，小商贩根据自己货物多少，把税款插在帽檐上，关吏取下银钱立即放行，称"插鬓"。清人查嗣瑮有诗记云："九门征课一门专，马迹车尘互接连。内使自取花担税，朝朝插鬓掠双钱。”1930年撤销税卡。崇文门外还有酒市。北京在早年间，烧锅酿酒的作坊大多集中在京城南郊和通州一带，民间早有南路烧酒和东路烧酒的区分，而多数贩酒商客的酒车都要经崇文门进京，因此民间留下崇文门走“酒车”的说法。

明代的北京城，商贸集市在前门和崇文门外已相当发达。崇外三里河以北人口骤增，形成新的街巷胡同。沿街巷出现的集市、商店、客栈、摊点、作坊不断发展扩大，受河道等地理环境和人文因素影响，在鲜鱼市、花市、油酒市、药市、瓷器市等地云集。清顺治二年（1645），免除匠籍行役的规定，又采取汉满分治办法，把汉人赶到城外居住，大批匠人铺户进而集中到这一地带，许多工艺美术作坊闻名遐迩，集聚起四五十个手工业行业和数百个作坊。清中叶以后，在花市上头条、三条一带，玉器、料器行异军突起，渐成规模。20世纪五六十年代，北京传统的工艺美术生产企业，如玉器、珐琅、象牙雕刻、骨刻、料器、绒鸟绢花、宫灯、木刻、花丝镶嵌、剧装道具等厂家，全部或大部集中在这一地区，被誉为“工艺美术的发祥地”“特种工艺的摇篮”。

花市大街在崇文门外大街北段路东，全长2000多米，宽约10米，后分为东花市和西花市，老北京统称为“花儿市”。明永乐四年（1406）营建北京，命工部尚书取材川蜀，得大木数株，“天子以为神，名其山曰神木山，遣官祠祭”。把这几株大木也当神一样在北京供奉。永乐二十年（1422），在崇文门外建神木厂，明张爵记有神木厂大街地名。清朝建立后，将明时遗留下的几株神木，从崇文门外迁至广渠门外二里许，另立新厂，神木厂大街的名称在《清乾隆北京全图》上便改为花儿市大街。后以羊市口为界，东边为东花市大街，西边称西花市大街。1965年后将周边胡同扩入，2002年由幸福大街北口向北直到崇文门东大街修建了南北大道，与东、西花市大街相接，增加了北花市大街和南花市大街。

“天下绢花出北京，北京绢花出花市。”乾隆中晚期，在花市的胡同中，绢花业已经形成，并打造出生产加工、批发零售及贩运的一个完整链环。东花市一带，北从小市口两侧直至虎背口；南从南小市口两侧上下堂子、上下宝庆、上下锅腔（国强）、上下唐刀多条胡同直至元宝市，多数家庭都从此业。凡经营此业者，都是门前设店销售，后设作坊制造。自正月起，凡初四、十四、二十四有市。著名艺人制作的绢花，曾在巴拿马万国博览会上获奖。花市还有玉器作、珐琅作、象牙雕刻作、花丝镶嵌作、雕漆作、料器作、挑补刺绣作、染纸作等各种各样的工艺品作坊和店铺，再加上为商业区作后勤保障的豆腐坊、油坊、肉杠子、饭馆、茶馆，使花市成为老北京最大、最集中的手工业区。

花市的发展，与街内的庙会有关。花市大街西段，曾是北京“五大庙会”之一的“花市庙会”举办地。西花市大街的火神庙，全称火德真君庙。该庙建于明隆庆二年（1568），为神木厂悟元观下院，专为神木厂所建。清代旧历每月逢四有会，1922年后改为阳历逢四有庙会。1949年后逐渐演变为纯商业集市，火神庙始终是花市集的中心。庙会于20世纪60年代初期停办。从花市沿护城河往东，为太平宫，俗称蟠桃宫。蟠桃宫全名“护国太平蟠桃宫”，始建于明代，每年农历三月初一至初三开庙，后延长至初五。相传农历三月三为王母娘娘

图 40　东花市大街

寿诞之日，举行蟠桃盛会。开庙之前护城河往往开闸放水，崇文门至东便门的水路即可行船。

花市一带的胡同极具特色，以增加东、西、南、北，上、中、下，东口、西口等方向性专名的胡同甚为典型。花市街北面，有羊市口、小市口和元宝市。羊市口，原是宰杀和销售羊肉的集中点，明朝时已成胡同名。小市口以摊贩为主，元宝市因制作纸元宝得名，现并入小市口街。到清乾隆时，羊市口和小市口分别成为花市南北两侧的南羊肉胡同、北羊肉胡同，南小市口和北羊市口。更为称奇的是，明代花市街北面只有四条平行的东西向胡同，称头条胡同、二条胡同、三条胡同、四条胡同。到了清乾隆十五年（1750），鉴于住户增多，以羊市口、小市口、虎背口为界，把每条胡同断为三截，衍生为上、中、下计12条呈东西走向的胡同。清末光绪时，又增加花市下下头条、下下二条、下下三条、下下四条，1949年前后，人口再度增加，北上坡增加花市东头条东口至东四条东口4条，北羊市口胡同里增加中头条西口至中四条西口4条，北小市口里增加花市中头条东口至中四条东口4条、下头条西口至下四条西口4条，虎背口胡同里增加花市下头条东口至下四条东口4条、东头条西口至东四条西口4条，由最初的4条胡同，扩张到40条。

东花市大街路北原有老北京时最大的灶君庙，又称都灶君庙。庙前有雄雌铁狮子一对，高约二尺，相顾而视，上铸“康熙己巳年崇文门外上头巷童子圣会同仁诚献”。老北京有歇后语“灶君庙的狮子——铁对儿”，比喻朋友关系密切。厨行视灶王爷为本行业祖师爷，传说灶君八月初三圣诞，每年八月初一、初二、初三灶君庙有庙市。庙会开放时“八大堂”“八大楼”等名酒楼和大小饭馆的厨师，以及平民百姓都来庙里焚香礼拜。厨行的学徒还要在此举行拜师、谢师、出师的仪式。因临近中秋，这里摆放着很多卖兔儿爷、绢花、装饰品和水果的摊子，吸引游客前往。民国以后，灶君庙房屋年久失修已成危房。20世纪30年代，附近回民小学董事会集资筹款买下灶君庙的地产，董事长是马连良之父马西园。马连良、侯喜瑞等艺术家多次组织京剧义演，于1941年11月筹资建立私立穆德小学，1960年改名为北京市崇文区东花市小学。铁狮子曾丢失，80年代初期，穆德小学一位校董的后人发现其在中国工艺美术进出口公司仓库内，北京市政府根据群众反映将这对铁狮子运回校内。1988年为落实党的民族政策，重新恢复校名“崇文区回民小学校”。

东花市大街东口原在北小市南口，其东称铁辘轳把，因曾有铁辘辘把的手摇水井而得名，现已并入东花市大街。东花市大街东段有东西向的卧佛寺街，清名卧佛寺，1965年将佘家馆、史家胡同、牛角湾部分并入，名东花市斜街。东花市斜街东南与白桥大桥相交处，路北有民族英雄袁崇焕祠墓。袁崇焕死后，佘氏义仆为其收敛骸骨，葬于广渠门内广东义园，从此世代为袁守墓。清乾隆四十七年（1782），乾隆帝下令为袁崇焕平反昭雪，后人为纪念袁崇焕，先后在佘家馆修建袁崇焕祠和墓，坟侧为佘义士之墓。东花市斜街36号原有卧佛寺，据传曹雪芹家道中落时，曾经寓居卧佛寺，过着卖文求生的凄凉生活。1931年秋，国画大师齐白石与我国著名的北京掌故大家张次溪，曾往卧佛寺访寻曹雪芹遗迹。张次溪赋诗一首，齐白石借用诗的意境画了《红楼梦断图》，并题一绝：“风枝露叶向疏栏，梦断红楼月半残。举火称奇居冷巷，寺门萧瑟短檠寒。”

第四章

北京胡同的文化魅力

文化是人们生活意识、习惯、观念等的集合。北京大大小小的街巷胡同不仅构建了北京古都的框架，而且蕴含着丰富的历史文化信息，成为北京文化的重要组成部分。几千年来，胡同既是我们随意往来行走的通道，也是居住在这里的人们从事各种活动的场所。胡同里的四合院，四合院的大门、雕刻、门联，年节习俗、四季卖货声，儿时一起游戏和生活在同一条胡同里的小伙伴，说不尽的亲情和记忆，组成了北京特有的胡同文化。

第一节　胡同建筑，礼制当先

在北京传统四合院建筑中，门占有至关重要的地位。按《黄帝宅经》的说法：“宅以舍屋为衣服，以门户为冠带，若得如斯，是事严雅，乃为上吉。”意思是说，一座宅院，假设以房舍比作衣服，大门就像帽子和装饰，如果能把院落的整体与大门及大门周围的事物安排好，配饰得庄严文雅，这座院落就吉上加吉了。作为中国传统文化的生动载体，古代四合院建筑的门在几千年不断发展过程中，逐渐从单一的进出门洞发展为自成体系的独立建筑，形成具有自身特点的物质形式、文化特色和艺术特征。在北京的胡同中，住宅的大门不仅仅是住宅内外空间的过渡，更重要的是户主社会地位的象征。在其背后所表现出的传统礼制思想，所反映的社会等级、尊卑有序、家庭结构和讲究神韵、讲究和谐、讲究内在精神的审美取向，地域传统建筑风格和艺术与民俗等文化内涵，已成为中国建筑文化中的重要组成部分。

一、依礼而建的大门

在北京的胡同中，住宅的大门不仅仅是住宅内外空间的过渡，门楼的高低大小、砖瓦材质和装饰特点，更是户主社会地位和经济实力的象征，历来为人们所重视。在封建社会里，门的大小、间数都有严格的规定。如亲王府正门广五间、启门三间；公侯一级的宅第大门三间，前厅、中、后堂各七间；一品、二品官厅堂为五间九架；二品至五品厅堂为五间七架；公侯以下住宅屋顶不准建“歇山式”。清顺治九年（1652）《大清会典事例》载：“公侯以下三品官以上房屋台阶高二尺，四品以下至士庶房屋台阶高一尺。”“又定公侯以下官民房屋，梁栋许画五彩杂花，柱用素油，门用黑饰；官员住屋，中梁贴金；二品以上官，正屋得立望兽，余不得擅用。”我们在胡同寻觅的时候，可以根据门楼的规模、形制、装饰识别历史上这家主人的身份。

北京四合院的大门，按其构造方式可分为两大类，即屋宇大门和墙垣式大门。

1．屋宇大门

屋宇大门的特点是常用房屋（通常为倒座）一个或数个开间做门，在构造上则与房屋大体相同。

（1）王府大门

王府大门是北京四合院里等级最高的大门。《大清会典事例》规定：亲王府“正门广五间、启门三间……均红青油饰，每门金钉六十有三”；郡王府、世子府“正门金钉减亲王之二”；贝勒府“正门三，启门一间……门柱青红油饰”；贝子府“启门一”。规定得既严格又细致，逾制则要处罚。一般府门东西各有角门一间，俗称“阿司门”，供普通人出入；府门外除有石狮、灯柱、拴马桩，还常设有上马石，以供王府要人上下马使用。王府大门多采用三间五檩、五间七檩做硬山或歇山式屋顶。顶上置正脊、正吻，垂脊上有仙人走兽，覆绿琉璃瓦。大门梁枋均施油漆彩画。现在看到的王府大门，以“五间七架启门三”和“三间五架启门一”的居多。屋顶用筒瓦，安脊兽，门板漆红色，装门钉，这是与一般府第大门的主要区别。

在称谓方面，《大清会典·工部》规定：“亲王、郡王称王府”“世子、贝勒、贝子、镇国公、辅国公的住所，均称为府”，有人护卫、够级别的住宅则称宅第。“王府”和“府”在形制上也有所区别，如王府的正房称“殿”，而府的正房不能称“殿”；王府的正门殿寝均使用绿色琉璃瓦，府则绝对禁止，其规模也较王府小。

（2）广亮大门

广亮大门仅次于王府大门，具有一定官衔、品位的宅第才可以使用。这种门相当于一开间的屋宇，它的进深略大于与它相毗邻的房屋。广亮大门的屋顶形式多以硬山式为主，屋面用筒瓦或阴阳瓦，屋脊常见的有元宝脊、清水脊、鞍子脊等。大门檐柱上端有雀替、三幅云等官品标志。大门的地面要高出胡同的地面几步台阶，台阶做垂带踏垛。它有自己的山墙，墀头墙略突出于左右，戗檐上施以砖雕花饰；屋顶加高，墀头突出；门扇位于脊檐之下，门板两扇，门轴下端装在门枕石的槽子里，上端用联楹门簪固定到大门框上，以利于旋转。门槛插入门枕石侧面槽内，走车时可以拔出来。门簪用四颗，正面加纹饰，有四季花、吉祥纹、汉瓦当等，其上部装走马板，供悬挂牌匾或施以彩画，门簪和门枕石外的抱鼓石等是大门装饰的重点。大门外两侧山墙的头墀，其上部戗檐常置砖雕，砖雕多采用动植物作为图案，如狮子、麒麟；其次如松鼠葡萄、仙鹤灵芝、牡丹、海棠等；戗檐下依次设盘头、枭混（古建筑瓦件名称）、炉口等线脚及荷叶墩，这组雕花底部常用一个花篮垫花作为结束。山墙侧面博缝头也加雕砖，采用如意、柿子、卍字等组成图案，寓意吉祥平安。

（3）金柱大门

金柱大门与广亮大门的区别，在于将门扇立于金柱的位置上，这种大门上部多设吊顶，门外侧的顶棚施油漆彩画，檐檩、垫板、坊子上亦绘有苏式彩画。

（4）蛮子门

蛮子门是一种门扇立于外檐柱外的屋宇式大门。与上述两种门的不同之处就在于它将门框、门扇外移至外檐柱外，有些蛮子门前用马尾礓礤代替垂带踏垛。据说过去来京做官的南方人官阶较低，不愿意那么铺张，故称蛮子门。

（5）如意门

这种门原来多是广亮大门，以后住宅卖给富裕平民，住户不敢逾制，只得将门改小，也有的富户在建房时就采取这种形式。其特征是门口两侧用砖砌墙，洞口本身较为窄小，门楣上多施以各式砖雕，富有人家的砖雕往往用“九世同居”“狮子滚绣球”“荣华富贵”等纹样；次之用“凤凰牡丹”“香草人物”等，雕花做在望柱和栏板上。简单的仅有几块平素栏板。

（6）窄大门

窄大门只占用半间房子的空间，多与倒座房为一个整体屋架。这种大门常见于北京外城。

2．墙垣式大门

墙垣式大门是在院墙上开的门，主要开在较小简陋的宅院中，也有的用作旁门。常见的形式是小门楼，其种类有元宝脊、清水脊、筒瓦、阴阳瓦等几种不同的屋面做法，但造型大同小异，较为讲究的小门楼还有大量的砖雕。还有一种栅栏门，将两根木柱用梁枋连接起来，再装上直棂栅栏门，栅栏门的上部挑出卷棚小顶，造型十分生动。

3．垂花门

垂花门是四合院的内宅门，人称“二门”。垂花门是主人社会地位的标志，同时又是吉祥的表征。垂花门一般有前后两排柱子，分别安装槛框。外柱之间的攒边门通常是开启的，内柱之间的四扇门，除有重大礼仪活动外，平时不得开启。垂花门的种类很多，有三檩到七檩的不同。其屋顶最典型的式样，是前面做成清水脊，后面做成元宝脊的勾连搭悬山顶，即一殿一卷式。也有用两个卷棚悬山的，还有用单卷棚和单清水脊的。垂花门的其他特征，如二前檩悬臂挑出两根垂莲柱悬于梁头之下，柱下端雕刻优美的垂头；门的上部采用“彻上露明造”，即不做吊顶，殿内无天花板，人站在下面可以直接仰视到梁、椽等构件。所有主要构件如梁、枋、檩、荷叶驼峰等都施以油漆彩画，色彩以绿色为主。屏门用绿色，上面常书有“福禄寿喜”等字样。可以说，垂花门是北京四合院最为华丽的装饰门。

二、特有的“面南文化”

北京地处北半球，为典型的暖温带半湿润大陆性季风气候区。冬季盛行寒冷的西北风，阳光从南面照来，面南的房屋有利采光；夏季盛行凉爽的东南风，开在南面的大门易于进过堂风，北房具备冬暖夏凉的功效，出檐的房屋有利遮挡炎热的阳光。地理环境的影响，促使坐北朝南的四合院成为中国特有的“面南文化”。老北京谚语：“冬不暖，夏不凉，有钱不住东南房。”在风水学中，南方在离位，为火，官属火，官家的大门开在正南主官运亨通。不过除皇宫、王府、衙门和庙宇可以用正南门外，在胡同北面的民居四合院，宅门宜开在东南角，即八卦中的巽位。巽为风，位东南，主吉，财运亨通，所以绝大多数四合院的大门开在院落的东南位上。传统认为此位可通天地之元气，风水说属主吉的“青龙门”，为通风之处。厨房要放在东侧，东房坐东朝西，称为“东厨司命”。若四合院在胡同南侧，大门则开在西北。

为使“通天地之元气”顺利进入院内，工匠还要以特制的“门尺”来裁定门的尺寸。门尺又称门光尺、鲁班尺，每尺分八寸，每寸上写着一个字，“财病离义官劫害吉”。《鲁班寸白集》：“财者财帛荣昌，病者灾病难免，离者主人分张，义者主产孝子，官者主生贵子，劫者主祸妨蘼，害者主被盗侵，吉者主家兴崇。”营造门窗时，取“财义官吉”四字为吉，“病离劫害”为凶。清《工部工程做法则例》，按门光尺裁定的门口尺寸计一百二十四种，分为“添财门”“义顺门”“官禄门”“福德门”四类。官府、衙门宜取义字和官字，大门开在正南，庶民百姓安之为凶。民居四合院开在院落的东南巽位，大门取财、吉的位置为吉。

三、门的颜色和装饰

古代，门的颜色、门钉、铺首门钹是等级的标志。只有皇室才能使用“朱门”，丞相的宅第用黄色大门，称之为“黄阁”，以至“黄阁”演化成丞相的代名词。官贵的大门用绿色，普通百姓以黑色为主。清代王府大门的颜色有所改变，因为“人主宜黄，人臣宜朱”，所以王府俱用朱漆大门。从帝王宫殿的大门到九品官的府门依次是：红门、金钉、铜环；绿门、金钉、锡环；黑门、锡环；黑门、铁环。

以门的颜色上分是红、绿、黑，以门环的材料上分是铜、锡、铁，由高到低，等级分明。

门环，是大门上安装的两个铁制的圆环，客人来访时手拍圆环，通知主人开门，所以又称“门钹”或“响器”。除供客人叩门的用途外，还起到门拉手的作用，是四合院门上不可缺少的实用装饰物。主人家外出时，可以在门外拉拢门环关门，两环交叠上锁，以防范外人进入。严格地讲，门钹只是门环的底座。最常见的门钹呈圆形、六边形或八边形，周边有孔，用穿钉与门板结合在一起。门钹中部隆起如球面，上带钮头圈子，吊有树叶状的铁片或铁环，俗称“铁草帽”。《明史》记载：亲王府，四城正门，以丹漆，金涂铜钉；公主府，大门绿油，铜环；百官第宅中，公侯门用金漆及兽面锡环；一二品官，门绿油，兽面锡环；三至五品官，门黑油，锡环；六至九品官，门黑油，铁环。兽面门钹又称“辅首”，在大门上安装辅首装饰不仅是等级威严的象征，也是门的辟邪物。清初书法大家黄生撰《字诂》里说：“门户铺首，以铜为兽面御环着于门上，所以辟不祥，亦守御之义。”

门钉的数量和排列，是古代等级的重要标志。早期的门钉，只起加固门板的作用。明太祖朱元璋时，把门钉列入典章制度，对王城规定“正门以红漆金涂铜钉”。清代明文规定，皇家建筑，每扇门的门钉横九路、竖九路，共九九八十一个钉。九是阳数之极，象征帝王最高的地位。亲王府门钉纵九横七，每门金钉六十有三。世子府、郡王府金钉减亲王七分之二,九行五列，每门四十五个金钉。贝勒府、镇国公府、辅国公府，由金钉改为铁钉，公侯铁钉纵横皆七，计四十九个铁钉。侯以下至男递减至五行五列，均以铁。普通百姓则不得使用门钉。

北京有一种传统小吃，叫门钉肉饼。中间高、四周低，馅料用牛肉大葱，煎烙成熟后鲜香四溢。据说清朝时御膳房给慈禧做了这么一道肉饼，慈禧吃得很可口，问这叫什么名字。御膳房厨师联想起宫廷大门上的门钉，连忙回答说叫作门钉肉饼，门钉肉饼因此也在四九城传出了名。

四、修身言志的楹联

楹联也叫“对联”，包括镌刻在民居院门门板上的楹联和逢年过节、操办喜事时所写的对联。过去在老北京四合院、会馆的大门上，楹联可谓无处不在。作为一种习俗，对联是中华民族优秀传统文化的重要组成部分。2005年国务院把楹联习俗列为第一批国家非物质文化遗产名录。

民居楹联雕刻在大门的门板上，然后涂以油漆颜料，内容多为修身言志。门联以门板为载体，门板之长不过两米，宽约一米，所以上联或下联的字数多为四至七字，八字以上的极为罕见。在老北京胡同里的门联中，以“忠厚传家久，诗书继事长”这样的门联最多。它如“厚德载物，和气致祥”“为善最乐，读书便佳”“修身如执玉，积德胜遗金”“立德齐今古，藏书教子孙”“持家尊古训，教子有益方”“淡泊以明志，宁静而致远”“时华新世第，古道旧家风”“孝友家声传两晋，文章德业著三槐”“传家有道惟存厚，处世无奇但率真”等。有些商家的门联也很有特色，如“百代醇儒商，千秋积善家”“经营不让陶朱富，贸易长存管鲍风”“聚宝多流川不息，泰阶平如日之升”。官宦之家的门联，如“福荫兰芝性，寿开棠棣花”“松柏有德行，龙鸾即文章”“门多将相文中子，身系安危郭令公”。典型地体现了北京人对传统文化道德的推崇和对修身、立德、忠厚、厚德、孝道的重视。

第二节　雕琢细致，寓意精深

胡同里的木雕、砖雕和石雕是古建筑雕刻中很重要的一种艺术形式，雕刻的内容往往通过仙鹤、喜鹊、花卉、福字、寿字、云纹等图案，以吉祥语或神话故事为题材，用借喻、象征、谐音、会意和比拟的方式，创造出丰富多样的吉祥寓意图案，祝愿吉祥富贵、长寿幸福、趋吉辟邪。比如鹤鹿意为“鹤鹿同春”，表示延年益寿；五只蝙蝠围绕寿字，称“五福捧寿”；猴、蜂、马意为“马上封侯”；荔枝、桂圆、核桃意为“连中三元”。这充分表达了中国传统文化中天人合一、祈福纳吉的观念，体现了居民对美好幸福生活的向往和追求。

一、和谐之美的门墩

“门当户对”是句成语，旧时指男女双方家庭的社会地位和经济情况相当，适合结亲。从字义看，“门当户对”包含门、户、门当、户对四个单体。古代以双扇为门，单扇为户。《玉篇》：“人所出入也。在堂房曰户，在区域曰门。”

户对俗称门簪，又称门户，古代称阀阅，阀指功绩，阅指阅历。阀阅是一个家族地位的标志，被赋予极其厚重的精神内涵，成语“光耀门楣”即指此。门簪嵌在门楣上，是四合院门木雕的部位之一，起固定或装饰作用。门簪有方形、长方形、圆形、菱形、六边形、八边形等样式。等级较高的广亮大门、金柱大门有四枚门簪，等级较低的如意门只有两枚门簪。门簪的雕刻题材以四季花卉为多见，四枚分别雕刻“春兰”“夏荷”“秋菊”“冬梅”，象征一年四季富庶吉祥。图案间还常见“吉祥如意”“福禄寿德”“天下太平”等字样。两枚门簪一般有团寿字、福字或吉祥、平安等吉祥语。雕法多采用贴雕，雕好后贴在门簪迎面上。

门当置在门槛两侧，成双成对，正名门枕，俗称门墩，又称抱鼓石、门枕石，是用来支撑门框、门轴的石质构件。门墩与门枕石由同一块石头雕凿而成，门墩在门的外侧，雕刻精美，起到垫高门扇和平衡门扇板重量的作用；门枕石在大门内侧，通过安装有铁铸的海槽，承接门扇下轴和门扇的重量。门墩上工刻花纹图案，既起保护作用，又具有衬托装饰的效果。北京有首家喻户晓的歌谣："小小子儿，坐门墩儿，哭着嚷着要媳妇儿。要媳妇儿干什么？铺炕、叠被、梳小辫儿。"上至七八十岁的老人，下至几岁的孩童都会拍着手一起唱出，让人感受到胡同里的门墩已经深深刻印在老北京人的心中。

门墩不仅具有实用价值，也是中华传统文化的载体。北京胡同里的门墩大致有鼓形和方形两种，鼓形门墩的年代较为久远，有的顶上有小型卧狮，大都为官宦或有功名的人家。门墩上的花纹图案有严格的规定，王府门墩的狮子头特大，官吏多用兽吻形门墩，布衣平民多用小平台形门墩。一些豪门富宅的门墩也有用鼓形的，但鼓面以吉祥图案为主，书香门第门墩则多用方形门墩。人们常把蝠（福）、鹿（禄）、桃（寿）、喜鹊（喜）、穗（岁）、瓶（平）、鹌（安）、羊（三阳开泰）等雕刻在门墩上，表现了对吉祥长寿、荣华富贵、幸福安康等美满生活的向往和对美好事物的追求与渴望。

二、祈福迎祥的砖雕

四合院大门的门头砖雕的内容丰富，除装饰意义外，图案多体现为祈福迎祥，表达对生活的美好愿望。比如砖雕栏板浮雕蝙蝠、鹿、乐器磬，意为"福禄喜庆"；浮雕鹤、松，为"松鹤延年"；浮雕鼠与葡萄，为"子孙万代"。文人家庭，有雕刻博古花瓶，将香炉、玉佩、笔筒、砚台等文房四宝与花瓶安排在一起，表示诗书礼义之家，寓意"四季平安"。在王府大门、广亮大门和金柱大门中，门头的装饰和院门的屋顶与门的等级相一致。广亮大门两侧山墙的墀头，其上部戗檐的砖雕，采用狮子、麒麟、仙鹤、灵芝、牡丹、海棠等动植物作为图案，有着严格的等级标准。在所有的门头装饰中，以如意门的砖雕图案设计最具特色。尤其大如意门的主人，多为商贾富绅，因为不受官府等级限制，戗檐雕得美轮美奂，完全可以在有限范围内施展自己的经济实力。

图 41　东茶食胡同 153 号砖雕

影壁是中国古代传统建筑特有的部分，古称“萧墙”，南方称照壁。成语“祸起萧墙”“萧墙之祸”即指来自家门内的祸乱。影壁的主要功能，是为了遮挡外人的视线，即使大门敞开，外人也看不到宅内。影壁还可以烘托气氛，在大门前感觉宽阔、整洁，增加住宅气势，同时也表明四合院内外有别，以增加院内的私密感。

按照四合院的等级，影壁有门外影壁和门内影壁之分。作为一种礼制设置，过去只有皇家宫殿、诸侯宅第、寺庙的门外才能建筑外影壁，后世虽然放宽限制，也只能与四合院的等级配套修建。比如门外影壁只用于王府大门和广亮大门，如果门前宽度不够，门外影壁往往单独倚砌在对面宅院的墙壁上。门外影壁呈“一”字形的称一字影壁，平面成梯形的叫雁翅影壁。还有一种设在宅门东西两侧的八字影壁，与大门外的影壁相呼应，用于增加门前气势，起装饰作用。八字影壁与大门檐口成120度或135度夹角，平面为反“八”字形，俗称“反八字影壁”或“撇山影壁”。设这种影壁的四合院，大门要向院里退2～4米，形成进出大门的缓冲空间，以增加深邃、开阔、富丽的视觉效果。

北京四合院的门外影壁多为砖瓦结构，但在德胜门内鼓楼西大街有条铁影壁胡同，以胡同内的铁影壁得名。铁影壁胡同位于西城区东北部，东起八步口胡同，巷内多曲折，南至鼓楼西大街，平面呈“厂”字形。明嘉靖三十四年（1555），在今胡同19号建铸钟厂“护国德胜庵”，把德胜门外龙王堂前的石雕影壁移至庵前。这座影壁是元代遗物，由中性火山块砾岩雕成，壁高1.89米，长3.56米，两面浅雕云纹异兽，壁呈棕褐色，因颜色和质地似铁，俗称铁影壁。1947年，铁影壁移至北海公园北岸，但当时铁影壁的基座并未被运来。直到1986年，北海公园工作人员从铁影壁胡同找回影壁的基座，才使这一文物得以完整复原。

门内影壁一般镶嵌在东厢房的山墙上，与东西两侧的屏门共同构成进入四合院的第一个空间。规格高一些的院落，采用独立影壁，可以起到遮挡视线、美化院落和突出大门的作用。有些中小型四合院的入口院落较窄，便在东厢房的山墙上直接砌出小墙帽做出影壁形状，使影壁与山墙连为一体，称座山影壁或借山影壁。除讲究的人家外，借山影壁一般下部无座，墙身用平心，顶部出檐，比较简单。

影壁墙身的中心区域称影壁心，通常由45度角斜放的方砖贴砌而成。豪华的影壁通常装饰有很多吉祥图样的砖雕，简单的影壁也必须磨砖对缝非常整齐。影壁墙上的砖雕主要表现在中心区域和四角，雕刻的形式多以花草、动物、神话人物故事等相互组合，如花草鸟兽、福禄寿喜、岁寒三友等，也有的在影壁墙中央镶嵌福寿字、迎祥、凝瑞、树德、积善、松竹、丹桂的砖匾，或者带有卐字纹、云纹、番草、蝙蝠、柿子、西瓜、石榴、猴、牛、鹤、鹿等吉祥图案的砖雕。牡丹寓意富贵，荷花寓意清廉，海棠寓意满堂，灵芝寓意如意。鹤表示长寿，蝙蝠表示福到，猴表示封侯，鹿表示禄位，寿带鸟表示长寿。

三、守护门户的石狮

天安门前，有一对汉白玉雕大石狮子，左雄右雌，雕刻得极为精美。来自世界各地的游客，无不为它的威武雄健而举起相机。作为尊贵而威严的瑞兽，狮子很快成为中国雕刻艺术的题材，到唐宋时，石狮子已被民间广泛地使用，成为守护门户、驱除邪灵鬼怪、纳福祥瑞的吉祥物。古人认为万物皆有阴阳之分，所以石狮子的摆放有一定的规矩。雄狮居左，右爪下踩着绣球，俗称“狮子滚绣球”，象征威力，寓意权力无限；雌狮居右，足下依偎着一幼狮，叫“太狮少狮”，意为“世世同居”，子嗣昌盛，世代高官。狮子头部的鬈毛疙瘩，显示主人官位品级。皇宫里石狮子头上的“疙瘩”45个，意为九五之尊。一品官衙府门前的石狮子头上13个疙瘩，称十三太保，其他官员依爵位递减。七品官以下人家的宅第，不准安放石狮子。狮子的底座，正面雕刻瓶、盘和三支戟，象征“平升三级”；右面刻牡丹和松柏，象征“富贵长春”；左面刻文房四宝，象征“文采风流”；背面雕刻八卦太极图，象征“镇妖驱邪”。

图42　守护门户的石狮

与石狮异曲同工的还有拴马桩和上马石。拴马桩有门洞式和立柱式两种。门洞式拴马桩又称拴马环、马洞，安置在四合院临街倒座房的外墙上，高1米有余。立柱式拴马桩用坚固耐磨的整块青石雕凿而成，一般通高2～3米，宽厚相当，22～30厘米不等，桩首下方有拴马的铁环和孔洞。在石柱端头有雕刻装饰，比较讲究的拴马石上刻有吉祥图案，如雕刻猴子，意为猴子能辟马瘟；雕刻狮子，意为驱邪避恶。清乾隆五十三年（1788）降旨规定：亲王、固伦公主府之下马桩应高一丈，郡王、和硕公主府之下马桩应高九尺，贝勒之下马桩应高八尺。不得随意设置，更不许僭越。

上马石是古代为辅助官员上下马所用，旧时北京的府第和大四合院门前左右都有设置。清代朝廷规定，满洲年未满60岁的官员出门，无论文武，均需乘马，以不忘先祖遗风，汉族官员准许乘轿。官员有“前引”“后从”的定例，主人外出时，仆从也要骑马，前呼后拥地跟随。一般上马石多用汉白玉或大青石，石分两级，第一级高约一尺三寸，第二级高约二尺一寸，宽一尺八寸，长三尺左右。住宅门前的上马石也是划分宅第等级的标准，府门前的上马石规格比较高，不仅体量大，装饰得也很讲究，有的上面刻有麒麟、海水奔马、云纹、松树花卉等。一般的上马石雕刻严整，造型规正、端庄沉稳。级别较低的宅第用素面上马石，表面平整不做装饰。

四、平安镇邪“石敢当”

北京胡同里墙外正对街口的地方，常立有一块“石敢当”或“泰山石敢当”的石碑。古代的先民认为泰山石可以镇灾厌殃，就用天然石头在碑额上雕刻虎头或八卦等图案，有的只是一块石碑，刻上“泰山石敢当”或“石敢当”几个字，立于墙根、街巷、桥头、要冲，用于辟邪、止煞、消灾、镇魔、驱风、防水，保佑居民和宅院平安。传说妖魔鬼怪有直向行走的习惯，遇到在外墙或路口设置的石敢当，便被阻挡回去，不再进入居民的家中。“石敢当”的“平安”文化内涵，也涵盖了人们对吉祥安康的向往。宋仁宗庆历年间，莆田县出土的唐代大历五年（770）的石铭上，就刻有“石敢当，镇百鬼，压灾殃，官吏福，百姓康，风教盛，礼乐昌”的文字，可见历代对“石敢当”的推崇。

有关“石敢当”的文字，最早见于西汉史游的《急就章》：“师猛虎，石敢当，所不侵，龙未央。”意思说“石敢当”以兽中之王老虎为师，即使非常厉害的强龙，也无法伤害他。千百年来，“泰山石敢当”习俗已传播到世界各地，成为全世界华人乃至日、韩及东南亚一带民众敬仰的“保护神”。在泰国首都曼谷，多处可见“泰山石敢当”；在马六甲众多的店铺门沿上方，立有“泰山石敢当神之位”的碑石；在马来西亚，“泰山石敢当”矗立在槟城蛇庙外。据统计，在日本的“石敢当”雕刻遗存共有六百多块，最早的是1689年立于宫崎县的“泰山石敢当”。作为全世界华人都认同的“平安石”文化，“泰山石敢当”已被列入国务院公布的首批国家级非物质文化遗产名录。

第三节　厚德载物，守望相助

北京是厚德之城，紫禁城、中轴路、横平竖直的胡同、方正的四合院，这些城市符号都体现了厚德、亲情、规矩、有序这一中华文化的特点。北京市社科院研究员阎崇年说，北京建城三千多年、建都近千年的历史，培育了北京人崇德、尚德、重德、厚德的品格。“厚德”这个理念，最早见于我国传统经典著作《周易》：“天行健，君子以自强不息。地势坤，君子以厚德载物。”“厚德”就是要用像大地一样宽厚的德行来容载万众、万象、万事、万物。做人德为上，做事德为先。这正是过去、当代和未来北京精神的品格。

一、豪爽大气，心系国家

燕赵自古多感慨悲歌之士，坚守“天下兴亡，匹夫有责”的信条。苏东坡说过：“幽燕之地，自古号多豪杰，名于国史者往往而是。”生活在首都的北京人大气、爱国、关心国家大事。就是胡同里的老大妈、蹬三轮车的“板儿爷”，说起刚从电视里看到的新闻，也会滔滔不绝地跟你聊一阵子。历史上，在北京的胡同里，就记录着文天祥、于谦、张自忠、赵登禹、佟麟阁等许多为国捐躯的感慨悲歌之士。

佟麟阁路南起宣武门西大街，北至复兴门内大街。七七事变后，任29军代军长的佟麟阁命令自卫还击。《北平时报》登载文章说：“佟副军长善治军。29军纪律严明，勇于作战。而于老百姓则秋毫不犯，佟将军训练之力也。当七七后，军士于烈日下守城，每一队前，置水一桶，用开水以止渴。商民感激欲泣，竞献西瓜，坚却不受。对老百姓恭而有礼，杀敌则勇猛无伦，堪称模范军人。”1937年7月28日，日寇由通县、丰台调集陆空军进攻南苑。佟麟阁誓死坚守，在南苑大红门壮烈殉国，时年45岁。忠骸运回北平城内，寄厝于雍和宫附近的柏林寺。老方丈仰慕将军为国献身精神，保守寄柩秘密，直到抗日战争胜利。1946年4月5日清明，北平市各界在八宝山忠烈祠举行入祀大典，将佟麟阁烈士忠骸移葬于北平西郊兰涧沟山上。

赵登禹路北起西直门内大街，南至阜成门内大街。1933年初，日军将战火引到长城一线，赵登禹奉命率领109旅从蓟县出发，把守喜峰口阵地，因战功卓著，被授予陆军中将军衔、132师师长。1937年7月28日，日军调集重兵并动用30多架飞机向29军阵地发起猛攻，赵登禹与副军长佟麟阁一起负责指挥南苑的所有军事力量。正当他率部经过大红门时遭日军袭击，身中五弹，壮烈殉国，时年47岁。陶然亭西的龙泉寺的老方丈带领四名僧人连夜出城，在高粱地中寻得将军遗体，抬回寺中装殓，隐藏在寺中八年之久。依照赵将军生前“军人抗战有死无生，卢沟桥就是我们的坟墓”的誓言，1946年7月28日中山公园公祭大会之后，灵柩于次日运至卢沟桥以东2公里处的西道口山坡上安葬。

张自忠路位于地安门东大街以东，呈东西走向。1933年初，29军奉命参加长城抗战。张自忠慷慨激昂地说：“日本人并没有三头六臂，只要我们全国军民齐心协力，与日寇拼命，就能将日寇打出中国去。国家养兵千日，用兵一时，为国捐躯，重如泰山！”率所部与37师在喜峰口与日军血战，名声大振。1940年5月，敌酋冈村宁次调集十余万日军进犯随县、枣阳。张自忠率33集团军从外线夹击敌人，带领骑兵第九师及总部手枪营东渡襄河，拦腰截击敌军主力。经过七八天的苦战，部队减员甚重，粮弹两缺。18日，日军冲上杏儿山，他身中七弹，仍呼喊“杀敌报仇”，为国为民流尽最后一滴血。1940年5月28日，国民政府为他举行国葬。中共中央在延安举行隆重的追悼会，在祭文中给予高度评价。

二、贤良正直，珍惜亲情

俗话说：“远亲不如近邻，近邻不如对门。”胡同从西周时闾里的小巷开始，便形成了一种超血缘的地域性组织，众多血缘宗族被整合为崭新的街坊邻居关系。《周礼》：“令五家为比，使之相保：五比为闾，使之相受；四闾为族，使之相葬；五族为党，使之相救；五党为州，使之相赒；五州为乡，使之相宾。”几千年来，街坊邻居之间的相保相受、相葬相救、相赒相宾，互相照应，辈辈相传，留下了他们共同生活的文化记忆。

“晏子卜邻”，记述公元前593年，齐景公看到晏婴的住宅潮湿狭窄，周边尘土飞扬、市场喧闹，想为他重建住宅，被晏子谢绝。待到晏子出使晋国回来，齐景公已经拆毁周边的房屋，为他建筑起宽阔明亮的新居。晏子拜谢过齐景公，继而拆掉这所新宅，把那些被拆的住房按原样重新修建起来，请邻居们回来居住。晏婴对他们说，谚语讲得好：“非宅是卜，惟邻是卜。”意思是说，找房不是看房子怎么样，重要的应该选择好邻居。君子不做不遵礼法的事，小人不做不吉利的事，这是古人的遗训。其他如唐王勃《杜少府之任蜀州》的“海内存知己，天涯若比邻”；戴叔伦《女耕田行》的“东邻西舍花发尽，共惜余芳泪满衣”；《南史·吕僧珍传》的“一百万买宅，千万买邻”；宋真德秀《劝欢诗》的“千金难买是乡邻，恩意相欢即是亲。年若少时宜敬老，家才足后合怜贫”；吕大防《乡约》的“德业相劝，过失相规，礼俗相交，患难相恤”无一不歌颂了邻里亲情。

生活在胡同里的北京人，对于胡同是一种依赖。如今的北京人回忆北京的蓝天、北京的小吃、北京的吆喝，那胡同里的玩伴、对门的二大爷，都是儿时那份浓浓的亲情。胡同里的邻里之间，很多人都是几代人相处，无论一个大户人家还是若干户人家组成的大杂院，只要住户在家，从来都是家门大开。到胡同里去买点东西，从不锁门，是对邻居的信任和尊重。谁家有事，在屋外喊一声“大哥在家吗”，只要有人应答“在呐，兄弟进屋说话”，抬腿便进，相互帮助，充满了亲情。直到20世纪六七十年代，很多人即便外出要锁门，也往往把钥匙放在院内有年长者的家中，“等会老二回来您让他开门”。一家炖肉，十里香，谁家吃点好吃的，先给对门送过去一碗，和邻居分享。工作中的大人还没下班，邻居会主动安排早回家的孩子到他们家去吃饭，在北京人眼里那只不过多了一双筷子。到邻居家去借一根葱、拿一块姜都是常事。谁家老爷子做寿，谁家娶媳妇，谁家生了个大胖小子喝满月酒，一定过去贺喜，腾屋子，下厨灶，里里外外帮着接待客人。家里老人孩子生了病，邻居家年轻力壮的一定会自告奋勇把老人送到医院守候，形成了开放的环境和独有的“大家庭”情怀。

胡同里的安全，都由邻居中上了年纪的大爷大妈们看守着。当有生人进来，大爷大妈便会迎上来跟你打招呼，您找谁啊？您贵姓啊？那份热情如沐春风。他们会告诉你，您要找的人刚出门，有什么事吗？先到我们家喝杯水。热情中其实暗藏着盘问：你是谁？和他们家有什么关系？到这儿来干什么？待邻居回来，会一五一十地描述一番，既帮助邻居接待了来人，更是对邻居家的护卫和胡同安全的守望。“尊老爱幼”在四合院文化中有着突出的体现，整个院子围绕着辈分最高的老者生活。作为长辈或年长者，对后生晚辈也呵护有加，对年幼者自然格外地疼爱。孩子每天上学、放学，除了和自己的父母打招呼外，往往还和在院子里的老人或长辈打招呼问好。年长的人也会慈爱地摸着孩子的头，笑着问他的学习情况，说声“好小子”。

三、循规蹈矩，有里有面

北京城有一条贯穿南北的轴线，整座城市由这条长达7.8公里的南北中轴线串联起来，从而完成了一套严谨的空间序列。严谨的空间序列说明“尊卑有序”，轴线的使用及其左右对称的格局，强化了森严的等级关系。北京的四合院也是如此，四合院的这条轴线统领着整个院落的建筑。轴线上的建筑以正房居于首位，厢房次之，倒座为下。在四合院里，家长居正房（或上房），长子居东厢房，次子居西厢房，男仆只能住在外院，也暗示着“内外有别”“尊卑有序”的秩序与等级。通过四合院所构成的一系列大大小小、变化无穷的封闭空间，既表达出内外、主从、尊卑的等级关系，又创造出一个典雅宁静、舒适宽敞的居住环境，居住其中，既能与自然对话，又享受天伦之乐。

四合院的门是这家住户权属的标志，门外属公共用地，门内便是自家财产的管理范围。老北京在登门拜访时，有一定的规矩。比如事先联系好，免得影响对方。如是熟人经常往来，在大门前也要轻叩门环，敲门时不能太重、太急或用手拍击门扇，一般轻敲两三下即可。当有人出来开门迎接或应声请进时才能入内，哪怕门开着也不能擅自闯入，以示对户主人的尊重。作为主人家，接待客人时讲究热情、周到、礼貌。过去宅第之家，有贵客到达要洒扫庭院，事先恭候。就是普通之家，也要先掌握来客的抵达时间，尽量出迎。客人要走时，主人应等客人起身后再相送。对于年长的客人、稀客等，一定要送到大门以外。对骑马或乘轿来的客人，要看着客人上马上轿。对步行来的，要目送客人远去。如果只将客人送出屋门，是对客人的一种不敬，被视为失礼。把客人送出门后，回身关门不能过重，避免客人误认为主人对自己不满。按老北京人的礼俗，接送客人还有点头哈腰“您起您落”之说。客人到来时，说“您来啦”；客人出了大门，说“您走好啊”；对熟人则说“您有空常来啊”。

家里吃饭的时候，如果长辈还没到，晚辈不能先坐下来。饭桌上长辈没有拿起筷子，晚辈也是不能先拿筷子夹菜。不能把筷子插进饭碗里，吃饭要用手平端碗底，不能吧唧嘴，喝汤不能有响声。主家请客吃饭得提前打好招呼，老话讲“三天为请，两天为叫，当天叫提溜”。婚礼请客，得提前一个月，上门去邀请人家。家里来了客人，主人要热情地给客人夹菜。讲究“茶七，饭八，酒十分”。给客人斟酒要面带笑容，倒茶不能倒太满，壶嘴不能对着人。我国古代有一种“端茶送客”的惯例，茶倒得太满或者当着客人扫地，会让人怀疑您在下逐客令。邻居用碗给您送过吃食，还碗的时候得在碗里放些食品，代表两家有来有往。借东西有借有还，唯独借药锅不能还，不能送病，用完药罐子放在自家门外窗户底下显眼的地方，等人家用的时候自己拿回去。出门遇见街坊要打招呼，问路要称您，“劳驾”“请问”“麻烦您”“谢谢”。

“局气”是老北京人的讲究，办事大方、豪爽仗义、不要小心眼。“有里有面儿”就是办事得给人留有余地，不能一言不合就把事儿闹掰了，让人下不来台，“大面儿上得过得去”。一方面要维护自己的面子，另一方面也要给对方留面子。哪怕是两拨人因为什么事情不合，要打起架来，也是先上去“盘道”。所谓“盘道”就是先相互说一下各自朋友和胡同里比较有名的人物，一旦相互有都认识的熟人，这件事就算过去了，说不定马上变成搭着肩膀一起下馆子的朋友。

过去两家有了矛盾，到对方家去讲理，用力砸门不进院，叫“找上门去”。不经通报，直接进别人的院子，被称作“私闯民宅”，便是一桩大罪。还有“踹寡妇门、挖绝户坟”等，均属为人所不齿的流氓霸道行为。

四、以诚待人，以信接物

诚信自古以来就是中华民族的传统美德。明清时期，北京的胡同里出现了一大批老字号。他们把“以诚待人，以信接物”“货真价实，童叟无欺”等中国优秀的传统文化作为经商道德，依靠傲人的技术，不断发展、不断完善，灵活运用于商品交易过程中，形成了买卖公平、保质保量、货真价实、童叟无欺的商业伦理和信用原则，成为北京胡同里独特的商业文化景观。

提起同仁堂，国内外没有不知道的。其实，北京的老字号药铺不止同仁堂一家，远近闻名的还有明永乐年间开设的万全堂，明嘉靖年间开设的西鹤年堂，明万历年间开设的永安堂、千芝堂、雅观斋，清朝以后创办的同春堂、玉和堂、仓太堂、仁一堂等。同仁堂创业于清康熙八年（1669），300多年来同仁堂金字招牌长盛不衰，与它树立的“同修仁德”精神，“修合无人见，存心有天知”的自律意识，恪守“炮制虽繁必不敢省人工，品味虽贵必不敢减物力”的训条有关。由于选药严格，诚实无欺，制药遵守规范，真材实料，一丝不苟，精益求精，其产品以“配方独特、选料上乘、工艺精湛、疗效显著”而享誉海内外。

俗话说，开门七件事，柴米油盐酱醋茶。就算胡同里不起眼的小店铺，由于坚持诚信为本，也创出为数不少的百年老店。清乾隆年间，宣武门外铁门胡同30号有家桂馨斋的小酱菜园子，因坚持诚信，制作精细，质量上乘，经营得法，尤其是店里生产的“酱佛手”“酱八宝”“铺流酱油”等，吸引了京城远近的顾客，甚至被皇室点名御用，慈禧太后几乎是每餐必备，还特别恩赐“腰牌”一块，白地红穗子帽一顶，黑色马褂一件，“桂馨斋”凭此进宫送菜。光绪三十年（1904），桂馨斋的规模进一步扩大，先后开设了南桂馨斋、桂馨栈、桂馨东记三个分号，在南横街50号拥有一座相当规模的工场，人员过百。那时，京城大部分油盐杂货店都从桂馨斋购进酱菜、腌菜等产品，销售给千家万户。据说桂馨斋门面有一副藏头门联：“桂毓燕山分冀北，馨盈易水胜江南。酱裕周官百世瓮，园留庄子八千年。”意寓流芳百世，千年不衰。

北京的小吃是北京文化的典型代表，举凡关于北京的回忆录或文学作品，几乎没有不提到北京小吃的，可见北京小吃的文化魅力和文化内涵的深厚。仅从小吃的称谓看，就是一种特殊的商标，像门框胡同的爆肚冯、天桥的爆肚石、东四牌楼的爆肚满，鲜鱼口会仙居、天兴居的炒肝，地安门外桥头福兴居、合义斋的灌肠等，其他如羊头马、年糕张、茶汤李、小肠陈、爆肚杨、奶酪魏、烤肉季、烤肉宛、窝头刘、豆汁儿何、豆腐脑白、肉饼何、馅饼周、馄饨侯、烫面饺马、素菜刘等，上口易记，还起到一定的广告作用。这些字号突出了制作者和经营者的姓氏，也表达出胡同里的摊档或小店铺对商品及服务在信用上的承诺。

第四节 节令民俗，底蕴深厚

民俗是一个民族存在的象征，凝聚着人民的力量，也是人民传承文化中最贴切身心和生活的一种文化。劳动时有生产劳动的民俗，日常生活中有日常生活的民俗，传统节日中有传统节日的民俗。在时间上，人们一代代传承它；在空间上，它由一个地域向另一个地域扩布或变异。可以说，健康的民俗多与人们的生存环境、生活习惯有关，凸显着民族特征、地域特色、时空特点，是“非物质文化遗产”的重要组成部分，体现和遵循了“天人合一”的自然法则，表达了人们对美好愿景的追求和期盼。

北京千百年流传下来的人生礼俗、岁时节令源远流长，具有深厚的文化底蕴，由此产生了众多的传说、谚语和民俗行业。传统年节与民俗的保护和发展既是北京文化推广传播的名片，也是发展第三产业的推动力，对盲目追求西方节日的人，同样有着良好的民族意识导向。始于20世纪40年代的西班牙“西红柿节”，在短短几十年里的时间里，让西班牙这个名不见经传的布尼奥尔小镇闻名世界，而作为有着几千年文化底蕴的节庆，更应该对北京胡同文化、旅游等多门类产业发挥强有力的推动作用。

一、春节团聚合家欢

老北京过年，从腊月（农历十二月）就已经开始。一进腊月，各家就忙着置办年货。腊月初八是“腊八节”，家家喝腊八粥。用各种杂米豆、核桃仁、杏仁、瓜子仁、花生仁、松仁、葡萄干等煮粥，街坊邻居亲友之间互相馈赠，以示祝福。腊八也是冬贮之期，用米醋在坛子里泡“腊八蒜”，到除夕夜吃饺子时才开坛，蒜的颜色碧绿青翠，象征着春天即将到来，增添了不少节日色彩。从腊八起，择日扫房，择吉洗澡。到扫房那天，全家大小一齐上阵搞卫生，“茅舍春回事事欢，屋尘收拾号除残”。腊月二十三为“小年”，“糖瓜祭灶，新年来到，小姑娘要花，小小子要炮”。

腊月三十除夕，北京人叫“大年三十”，是送旧迎新的“年禧”之日，自然热闹非凡。胡同里的住户之家，一般在除夕前夜，要贴好红色的春联和横批。春节贴春联是老北京民间的传统习俗，常见的春联有“又是一年芳草绿，依然十里杏花红”“松竹梅岁寒三友，桃李杏春风一家”“春风疏柳庆佳节，瑞雪浴松贺新春”。除夕夜，全家在一起吃团圆饭，名曰年夜饭，俗称合家欢。因为是团圆饭，所以过年前外出的人必须赶回来，万一有人回不了家，也要给他摆双筷子摆只碗，表示他也和家里人一起团圆了。年夜饭后，互道“新禧”，小辈给长辈拜年，长辈给未成年的小辈压岁钱，守岁吃素饺子。现在除夕边吃年夜饭，边看中央电视台的春节联欢晚会，已经成为新的时尚。“正月初一门大开，金银元宝都进来。”春节最突出的特点，是亲友、同事、街坊四邻互相拜年。春节拜年并不只限于正月初一，初二继续拜年，这天也是女儿、女婿携子女给岳父岳母拜年的日子。到了初五，俗名破五，旧例亦吃水饺。初六，歇了五天业的买卖，“开市大吉”正式营业。

立春是二十四节气之首，干支纪年法以立春作为一年即岁次的开始，所以每个人的生肖属相也从立春日起算。立春以前是上一年的属相，立春以后是新一年的属相。早年间立春又名春节、正月节、芒神节。相传芒神居住在东方，是司春之神，在民间祭祀仪式和年画中为头有双髻，手执柳鞭，春天骑牛的牧童，亦称芒童。“芒”字本义是谷类植物种子壳上或草木上的针状物，象征着万物的生育和成长。为迎接芒神的到来，民间在立春这天有东郊迎土牛、迎农祥、浴蚕种、吃“春饼合菜”等迎春习俗。“春饼合菜”用菠菜、黄芽韭菜、细粉丝、鸡蛋等合炒在一起，与天福号的酱肘子及羊角葱一起卷在薄饼里，吃起来香美可口。无论贵贱之家，生食水红萝卜，名为“咬春”。

农历正月十五是传统的元宵节，元宵节吃元宵是定式。明代，在东城有灯市，至今留有灯市口地名。灯市于正月初八“上灯”，十五“正灯”，十八落灯，为期十天。清代把“灯”与“市”分开，“市”

归琉璃厂、灵佑宫，琉璃厂的猜谜吸引了不少文人墨客参加。悬灯以正阳门的东月城下、打磨厂、西河沿、廊房巷、大栅栏为最。灯会期间，还有花会和赛灯活动。花会有《南十番》、装演大头和尚、扮稻秧歌、打“十不闲”、盘杠子、跑竹马、击太平神鼓等不可胜数。妇女到前门或其他城门洞去，摸门钉求子，祈求生活美满、人丁兴旺、平安健康。

二、祭龙盛典端阳节

北京千百年流传下来的习俗，岁时节令，农作为本，都按农历计算。不仅春节、清明、端午、七夕、中秋、重阳等年节按农历，就连庙会也按农历，直到民国时，才把每月定期开放的庙会改用公历。

端午节，又叫端阳节、重午节、端五节、女儿节，是我国民间传统的三大节之一，也是传统节日中名称最多、包含内容最广的民俗活动。“端”是开头的意思，农历五月初一为端一，初二为端二，初三为端三，初四为端四，初五为端五。农历以地支纪月，按地支顺序推算，正月为寅月、二月为卯月、三月为辰月、四月为巳月、五月为午月，端午节便为“农历午月开始”之意了。关于端午节的起源，普遍认为是始于春秋战国时代的江南地区。各家有纪念楚大夫屈原、纪念伍子胥、纪念曹娥之说，也有吴越之民举行图腾祭之说，还有始自夏商周时的夏至节或祭龙盛典一说，其中以纪念屈原最为流行。

粽子是端午节应节食品，每年端午以前，北京胡同里的街坊亲友有互相送粽子附带樱桃、桑葚、荸荠、桃、李及五毒饼、玫瑰的习俗。五毒指“蝎子、长虫（蛇）、蛤蟆、蜈蚣、蝎虎子（壁虎）”，五毒饼是盖印或用模子刻出五毒形象的糕点，馈送五毒饼表示祛疫消灾。北京市面上，有人把菖蒲、艾草扎成小捆，卖给居民。菖蒲具有消除邪气的作用，艾草是菊科多年生草本，有佐阳、辟邪、理气血、逐寒湿的功能。从五月初一起，各家便将菖蒲、艾草插在街门的两旁，谓之“蒲剑”“艾虎”，以辟邪驱瘟。后来增加了石榴花、蒜头、龙船花，合称“天中五端”，可与五毒相克。

明代以来的京城习俗，端午节又叫“女儿节”，已嫁之女亦各归家省亲。小姑娘会在节前用五色丝线，在硬纸上绕粽子，勒小葫芦、小老虎等小玩意儿。到初一这天，小女孩们臂系彩丝，谓之“长命缕”。头上戴用花红线编成的小老虎、樱桃、蝙蝠等，叫作“福儿”，鬓边插一朵石榴花，身佩五彩丝穿起来用各色花纸做成的小虎、葫芦、樱桃、桑葚、小蝙蝠、小粽子，叫“饰小闺女”。到了五月初五午时之后，要把这些东西摘下来，连同贴在门楣上的剪纸葫芦也揭下来，一并扔到门外，叫作“扔灾”。

为了对付五毒，北京在端午节还有送扇子，小孩穿五毒裹肚、佩香囊、捕蛤蟆，贴午时符，沐浴兰汤等习俗。老北京讲究到天坛避毒，过午有的到金鱼池、高梁桥、满井、草桥、积水潭携觞踏青。东便门外的二闸，游船业自五月初一开始营业，虽无竞渡之举，但三五知己，可聚于船上小酌。

三、中秋赏月人团圆

中国的农历八月十五在秋季的第二个月，古时称为仲秋，民间称为中秋。中秋节民间有吃月饼、赏月、赏桂花、猜灯谜等多种习俗。八月十五月光明，所以又叫作“月夕”“八月节”，是我国最重要的传统节日之一。

中秋节之所以成为佳节，还在于古代对月亮有种种美丽的神话传说，其中最著名的是“嫦娥奔月”。老北京过中秋，最让孩子们喜欢的，莫过于请兔儿爷。兔儿爷是泥做的，兔首人身，披甲胄，插护背旗，脸贴金泥，身施彩绘，或坐或立，或捣杵或骑兽，竖着两只大耳朵，亦谑亦谐。旧时老北京人在四合院里过中秋有许多说法和讲究。秋月是瓜果丰收之际，北京人有以瓜果供月和馈赠亲友的习俗，所以中秋又称果子节。当年果子市在前门东，八月十三、十四两日灯火如昼，并有吆喝：“今儿是几来？十三四来，您不买我这沙果苹果闻香的果来，哎！二百的四十来！”

“团圆”是中秋节的主要民俗信仰，吃月饼、庆团圆是中秋节的主要习俗。八月十五中午时，北方有糊窗户的习俗，因中秋过后天气渐凉。据说中秋午时糊窗户，能把“老爷儿”（太阳）糊在屋里，一冬不冷。中秋祭月、拜月要插红色鸡冠花和带枝的毛豆，因鸡冠花象征月亮里的婆娑树，而毛豆则是兔子最爱吃的。中秋节祭月摆供时不能放梨，因“梨”与“离”同音，此乃团圆节之大忌。过去还有“男不拜月，女不祭灶”之俗。因月亮称太阴星君，男性属阳，则不拜月。小男孩可以拜月，只是玩月的一种游戏。传说月宫中有棵永远也砍不倒的桂树，因此北京人有中秋节赏桂、饮桂花酒之俗。

四、重九江村午宴开

农历九月初九是我国的传统节日重阳节，重阳之意源于古老的《易经》。中国古代把数字分为阳数和阴数，奇数为阳，偶数为阴。阳数中九为最高，五居正中，因而以“九”和“五”象征帝王的权威，称之为“九五之尊”。九月九日，日月并阳，故有重阳或重九之称。九九与“久久”同音，又被赋予长久长寿的含意。

重阳节过去又称登高节、重九节、九月九、茱萸节、菊花节等，有登高、赏菊、饮菊花酒、佩茱萸、吃重阳糕等民俗。到了唐代，重阳被正式定为民间的节日。明代，九月重阳，皇宫上下要一起吃花糕以庆贺，皇帝要亲自到万岁山登高，以畅秋志，此风俗一直流传到清代。“重九江村午宴开，奉觞祝寿菊花醅。明年更比今年健，共把青春倒挽回。”今天的重阳节，更被赋予新的含义。我国把每年的九月九日定为老人节，传统与现代巧妙地结合，成为尊老、敬老、爱老、助老的节日。北京市各机关、团体、街道，都在此时组织退休的老人们秋游赏景或登山健体，让身心沐浴在大自然的怀抱。各社区纷纷开展“敬老孝亲传美德”活动，组织文艺、义诊等志愿者队伍，送祝福送温暖。在不少家庭中，晚辈也会搀扶着年老的长辈到郊外旅游，或全家在一起欢度节日，祝愿老人生活得安心、静心、舒心，健康长寿、安享幸福晚年。

在老龄化社会快速到来的今天，人们在欢度重阳节的时候，自当谈论起尊老、敬老、爱老、助老这些亘古不变的主题。“今之孝者，是谓能养。至于犬马，皆能有养。不敬，何以别乎！”从2010年开始，北京市每年开展万名“孝星”命名活动。2018年北京市评选出十大“孝星榜样”，至此北京的孝星已达10万人次。几千年来，敬老养老不仅体现了中国代际之间经济上的互惠互助，更重要的是体现了供养间精神上的互相慰藉，成为中华民族传统的伦理道德规范，也引起国际社会的关注。1982年联合国老龄问题世界大会指出：“以中国为代表的亚洲方式，是全世界解决老年人问题的榜样。”重阳节评选“孝星”不仅在全社会形成了一个良好的尊老敬老爱老的风尚，也为推进“和谐社区”的建设打下了坚实的基础。

中国人注重内涵、注重亲情，注重情感和慈爱。每当春节、中秋之际，我国各地都会掀起一股回乡热潮，这种场面在西方国家是绝无仅有的。为了让辛苦了一辈子的父母过一个温暖的团圆年，让苦苦等待的妻儿绽放开心的笑容，为了能和幼时伙伴兴高采烈地叙旧聊天，唤起儿时无忧无虑的时光，人们放下手中的工作，不顾购买车票的艰辛和旅途劳顿，在忙碌的间隙回到生我养我的家园，全了那份全家福、圆了那份思念。月到中秋分外明，人们期盼着“月圆人团圆”，“海上生明月，天涯共此时”。在外工作的人尽力回家团圆，实在无法回家的游子也会对着明月思念家中的亲人。在春节、端午、中秋传统三节时，不同地区有血缘关系的亲戚之间，感情深厚的朋友间也会相互来往。尊重传统民俗，过好岁时节令，一方面可以加强中华民族的文化自觉和文化认同，提高对中华文化整体性和历史连续性的认识，充分发挥非物质文化遗产对广大未成年人进行传统文化教育和爱国主义教育的重要作用；另一方面也可以更好地营造保护非物质文化遗产的良好氛围，在全社会形成共识，让传统文化世世代代流传下去。

第五节　叫卖声声，绵长悠远

北京是一座具有三千多年历史的古城，历经辽、金、元、明、清五朝建都，形成了重要的商贾聚集之地。胡同里车少人少，幽静深远，胡同叫卖声便成为小商贩沟通住户、及时交易的重要手段。为了招揽生意，他们深入城内的大小胡同，根据不同阶层四季八节对衣、食、住、行所需的购求，将各种销售的商品以吆喝的方式传递给市民，从而演变成北京胡同中一种带有朴素艺术构思，有旋律、节奏和别样情感的特殊的歌声——胡同叫卖声。

随着商业的繁荣，老北京“五行八作”众多的叫卖声和响器，以最生动、最直接、最简捷、最经济的广告宣传形式，起到了为居民传递销售信息、商品知识信息、四季时令信息以及文化娱乐信息的作用，在胡同中形成了一首首生动活泼、情景交融的和谐乐章。张恨水在《市声拾趣》中谈道，“我也走过不少的南北码头，所听到的小贩吆唤声，没有任何一地能赛过北平的。北平小贩的吆唤声，复杂而谐和，无论其是昼是夜，是寒是暑，都能给予听者一种深刻的印象”。2007年，“老北京叫卖”被正式列入第二批北京市级非物质文化遗产保护名录。

一、锣鼓板琴“报君知”

北京的胡同，像是给三百六十行修建的舞台，让他们在这里尽情发挥技艺，展现功夫。在胡同里卖货，嗓门大的靠吆唤，嗓子差点的则改用响器。响器有锣、鼓、板、琴、梆、铃、箫、笛，可谓八音俱全。响器在行里称“唤头”，俗称“报君知”，行业不同奏出的乐声也不一样，无异于多变的交响曲，可住在胡同里的人一听就知道你是干什么的。

敲锣　锣有大有小，敲法各异。耍猴的和吹糖人的都用大锣，锣径一尺三寸。但耍猴的锣声急，带着木箱道具以及猴、狗、绵羊；吹糖人的锣声缓，右手拿槌，左手拿锣，边走边敲。还有一种耍木偶戏的，用大小锣，演出时用扁担支起离地一人多高的小木屋，耍戏的钻在里面，边演边唱。卖糖的用糖锣，直径约七寸。卖冰糖的用小锣，直径约三寸。有意思的是锔锅锔碗的也用小锣，但跟卖冰糖的不同，他们把锣系在带轴的小柜子上，两边各挂一个小槌，挑担行走时，随着柜子摇摆，让它自动敲出时断时续的当当声。卖小磨香油的和算命先生用的锣叫点子，卖香油的点子没边缘，只是个面平的铜片；算命先生右手拄马竿，左胳膊挎“铜点”，提把上连着木槌，走路时自然敲击。卖针线的小贩用云锣。云锣，外径三寸五分二厘，在元朝时以十三面为一架，清代乐器中改为十面，卖针线、卖布兼卖百货的只用一面。由此可见，单是一种锣，就有这么多不同。

打鼓　在戏曲舞台上，有锣就有鼓，胡同里做买卖的也一样，有敲锣的也有打鼓的。这其中最大的鼓当数卖炭的大响鼓，其次是卖布的大摇鼓。这两种基本差不多，鼓的两侧用粗线穿着鼓坠，鼓下面有二尺来长的木柄，卖布的背布包，向下摆动摇鼓。还有一种拨浪鼓，比大摇鼓要小得多，声清而不乱，也是卖布的使用。身背木箱，卖针头小线的用货郎鼓，货郎鼓比拨浪鼓要薄，上面多了个云锣，摇起来声音更加动听。另外，卖灯油的有一种铜摇鼓，整体用铜制作，很是独特。到了冬天，有些农家小孩来北京表演“跑旱船”，则要敲鼓击钹，称鼓钹。

老北京城里有一种“打小鼓的”，他们是收购旧物的小贩，用的响器是一种直径如同银圆大小的小鼓，用一根细藤条敲打。“打小鼓的”也分为两类。一类是夹包打硬鼓的，他们身穿长衫，夹个布包，有的带个伙计挑着俩筐，专门到大宅院里收购金银首饰、宝石玉器、书画古玩、细软皮货。打硬鼓的本钱大，专门针对破落的官绅子弟，他们对古玩玉器有一定的鉴别能力，把贵重的珍宝说成不值钱，然后高价出售。那些潦倒的大户，因着急用钱，又不好意思去当铺，就把“打小鼓的”请进内宅做交易。另有一类打软鼓的，身背大筐，收购一般居民的废旧物品，像碎铜烂铁、旧衣破鞋、废旧书刊报纸、瓶罐玻璃等物品。他们用的鼓，鼓心略大，发出的声音没硬鼓那么清脆。他们本钱不多，筐里面还备有火柴，贫苦之家捡点破烂，值不了俩钱，等他们来了只能换一两盒火柴。北京人管火柴也叫“起灯”，称之为“换起灯的”。

梆子　北方以梆子为戏曲名的，有河北梆子、山西梆子、陕西梆子等多种。在胡同里敲的不同梆子，可不是为唱戏，而是卖不同东西。卖油的挑着油挑子，敲大木梆子；敲更夫用的大梆子，每次敲三下，稍等片刻再敲；卖艾窝窝、江米凉糕所敲的梆子略小；卖烧饼、油炸馃、硬面饽饽等早点和午后点心的，在梆子下面装有木棒，个头也比卖艾窝窝的要小，每天上下午各走一次；还有一种卖甑糕的，用小梆子。甑糕又叫水晶龙凤糕，以糯米、红枣为原料，相间叠放，铺三四层，用火蒸熟，红白相间，黏甜味美。

唢呐　在胡同“交响乐”中，唢呐声和耍猴、耍木偶戏的锣声无疑是最受大人小孩欢迎的音乐。只要唢呐声一响，在家里做功课的孩子都会跑出来，这是“耍耗子的”过来了。耍耗子是老北京流行的一种民间杂耍，艺人身背一米见方的木箱子，上边固定着小梯子、小木轮、小磨盘、小秋千、小桥、小房子，表演时小耗子会轮流爬梯、钻塔、荡秋千等。直到20世纪50年代，耍耗子的在胡同里还屡见不鲜。

铃铛　卖花生油的使用大铃铛，古代称贾铎。贾指商人，铎是古代的一种大铃。《说文》：“铎，大铃也。军法，五人为伍，五伍为两，两司马执铎。”贾铎是商人用的铁铃，我国晋代时已有用贾铎的记载。幸亏有卖花生油、大麻子油、梅花油等的小贩保留下这种古代的响器，让我们才能再见到它。此外，还有走方郎中和身背药箱卖药的小贩使用的“虎撑”，又称药铃或手摇串铃，他们右手举幌子，左手摇铃。卖扇子的用串铃，把二三十个小铃串在所挎木箱子的架子上，走起路来，串铃发出清脆的响声。

铁拍板　俗称挂连。铁拍板用多块铁板相穿，系唐、宋时的乐器。磨剪子、磨刀匠身扛磨刀凳，手摇挂连，招徕生意。

胡同里使用响器的行业还有不少，他们的到来，给胡同的孩子们带来了欢乐。除了打小鼓的以外，每个“交响乐”周围都会有几个小孩子围过去，大人们也会远远地站着，看看有什么新鲜玩意儿。胡同除了不似街市那样商铺林立、繁华热闹，但胡同里人情味浓，不乏观众，只要你卖的东西有人认可，就能在这里赚到钱。

二、四季八节各不同

老北京叫卖在历史上早有记载。明史玄《旧京遗事》载：“京城五月，辐凑佳蔬名果，随声唱卖，听唱一声而辨其何物品者，何人担市也。”清潘荣陛《帝京岁时纪胜·元旦》载：“闻爆竹声如击浪轰雷，遍乎朝野，彻夜无停。更间有下庙之博浪鼓声，卖瓜子解闷声，卖江米白酒击冰盏声，卖桂花头油摇唤娇娘声，卖合菜细粉声，与爆竹之声，相为上下，良可听也。”可以说，叫卖声把节气、民俗、胡同有机地融合在一处。

北京的叫卖，四季八节各有不同。进入春季，在北京的胡同里，卖小金鱼的吆喝声让人感受到春天的到来。北京人喜欢养金鱼，正月买小金鱼，有“吉庆有余”的意思。既可消遣解闷，又能颐养精神。小金鱼养在室内的玻璃盎或玻璃瓶里，大条金鱼置于雕有龙头的泥质鱼盆或“鳝鱼青”陶质缸中，摆在四合院的庭院里观赏。卖小金鱼的挑着一副柳木高粱的鱼盆，一头是用薄木板截成四至六个扇面形小格儿的圆形木槽，内放大小金鱼、龙睛鱼，上面还盖着防冻的草席，另一头放鱼苗和玻璃鱼缸。正月吆唤“买大金鱼来——喂，小金鱼儿来哟——”，院子里的人只要一听到这富有春意的叫卖声，便会兴冲冲地跨出大门，将鱼挑子团团围住。春天三、四月间，带卖蛤蟆骨朵（即蝌蚪）、大田螺蛳，吆喝为“蛤蟆骨朵大田螺蛳来哟”。蛤蟆骨朵体小而色黑，买到家中，换上清水，老人让小孩喝了说是清热去火。

“炸三角”在正月开始叫卖，逛厂甸时就能看到。售者挑一副挑子，前边放火炉、油锅，后面放圆笼，以淀粉冻、胡萝卜丝、香菜末作馅，包成三角现炸现卖。有的同时炸麻花、炸排叉，兼卖烧酒。卖“炸三角”的摇着拨浪鼓不吆喝，也有不摇拨浪鼓的，吆喝为：“三角儿，炸焦。”

北京进入四月后，青菜大量上市，卖菜的会把十几样菜一口气儿吆喝出来：“香菜、辣蓁椒哇，沟葱、嫩芹菜呀，扁豆、茄子、黄瓜、架冬瓜，买大海茄子，买青萝卜、红萝卜、嫩芽的香椿啊，蒜儿咪好韭菜！”给胡同里带来“万物华实”的感觉。

六月以后，夏日炎炎，胡同里会飘来卖甜瓜、卖冰核儿、卖酸梅汤、卖西瓜的吆喝声，给炎热的长夏灌注丝丝凉风。北京管甜瓜叫香瓜，五月下旬甜瓜已熟，开始上市，到七月为旺季。有旱金坠、青皮脆、羊角蜜、哈密酥、倭瓜瓤、老头儿乐各种。背篓的多为瓜农自卖，挑挑儿的多是城里小贩。沿街吆卖：“甘蔗味儿咪，旱秧咪，白沙蜜的好吃咪！蛤蟆酥的旱香瓜咪！青皮脆咪，旱香瓜另个味咪！老头儿乐的甜瓜咪！”

北京卖西瓜的吆喝声如同唱歌，非常好听：“来哎，远瞧瓤儿，近瞧块儿咪哎，吃了呗呶，快尝啊！”“哎，这斗大的西瓜，你就船这么大的个块儿咧，吃了呗呶快咪哎，润嗓子，甜嘞，这两个，大俩哎！”串胡同卖酸梅汤的多推两轮平板车，用大瓷罐装酸梅汤，玻璃匣子装糖块、花生、杏干等干货。售者用两个叫冰盏儿的小铜碟，在右手里上下相击，叮当作响。吆喝出来显得特别凉快：“凉咪！酸了梅的汤，多加点子桂花咪！酸酸凉凉的好喝咪！凉咪啊！”

秋三月分孟、仲、季三个阶段，是“阳消阴长”逐步推进的过程。经过天热的“苦夏”，人们的身上再无湿黏不适之感。立秋炖肉“贴秋膘”，七月七牛郎织女天河配，点荷花灯吃葡萄。胡同里的孩子以荷叶燃灯，沿街唱曰：“荷叶灯，荷叶灯，今儿个点了明儿个扔。”八月节时枣儿和葡萄大量上市，卖豆汁儿的、卖爆肚的、卖灌肠的相继进入胡同。“枣儿一声，花子一惊”，提醒主妇们该准备过冬的衣物了。

八月秋风渐起，暑气消尽，胡同里的小贩开始卖豆汁儿等北京特有的风味小吃。豆汁儿是绿豆制品的下脚料，经发酵制成，讲究用砂锅熬开饮用，就着芥菜头、辣咸菜，再加上马蹄烧饼、小焦圈，别有风味。清乾隆十八年（1753）前后，乾隆发给内务府有一道谕帖，谕帖上说："近日京师新兴豆汁一物，已派伊里布（大臣名）检察，是否清洁可饮，如无不洁之物，着蕴布（内务府大臣）招募制造豆汁匠人二三名，派在膳房当差。"看来，连皇上也喜欢喝豆汁儿。豆汁儿有甜、酸、酸甜三种，当天做成的是甜味的，次日变酸甜，第三天的只酸不甜。卖豆汁儿在下午和晚上，用车推着有火炉的锅和长板凳，车两侧各有条半尺宽的板子。卖豆汁儿的看好了地方，把车一撂，两边放好长凳，这就吆喝开了："粥，豆汁儿粥！"

北京人吃东西很怪，甚至有些"重口味"，比如说王致和的臭豆腐。据说连慈禧太后也喜欢食用，亲赐名"御青方"，从此臭豆腐成了宫廷的御膳小菜，也在北京立住了脚跟。王致和南酱园店前有彩绘龙，挂有孙家鼐、鲁琪光两位状元书写的牌匾。孙家鼐写了两副藏头对，第一副的内容是"致君美味传千里，和我天机养寸心"，另一副曰"酱配龙蟠调芍药，园开鸡跖钟芙蓉"，冠顶横读为"致和酱园"。以后该店几易其主，但王致和的牌子一直未动。胡同里卖臭豆腐的本小利薄，多是从延寿寺街王致和腐乳店趸来货，由小孩儿或老人肩挑、挎篮串街叫卖，吆唤为："酱豆腐，臭豆腐，王致和的臭豆腐。"

进入九月，柿子、山里红、鸭儿广梨上市。传说柿子曾救过朱元璋的命，被封为"凌霜侯"。卖柿子讲究大、讲究甜，吆唤："南瓜大的柿子来，涩了管换咧。"到了十一月，推车卖冻柿子，吆唤："大柿子咧，喝了蜜，涩了管换咧！"卖糖葫芦的旺季在冬天，但从九月底山里红下来已经开卖。串胡同卖糖葫芦的扛着稻草桩子，上面插着各种糖葫芦，南北城吆唤不一样。北城吆唤"蜜来""蜜来哎，葫芦儿，冰糖儿多呀哎"，南城吆唤"葫芦儿冰糖的"。

入冬以后，卖白菜的推独轮车，吆唤："存大白菜来，青口白菜！"过去北方入冬蔬菜供应减少，全靠储存大白菜过冬。20世纪五六十年代，排队买大白菜可是北京冬天的一景。当时北京市实行凭副食购货本供应大白菜，凌晨要到集中卖菜点排队领发号，从早排到傍晚，按人头算，要等到菜上齐了才卖。一家买菜，各家帮忙。院里人帮着老人排队、装车、拉车、搬运，这种事每个院子里都有。菜蔬公司按菜心的密实程度将大白菜分为四个等级，一级菜1斤2分5厘，每人限量二三十斤；二级菜1分9厘，三级菜1分4厘，等外菜1分或8、9厘。一、二级菜凭证供应，三级和等外菜按街道划片敞开供应。储存大白菜时，要先放到朝阳的地方晾几天，然后再整齐地码放在房檐下，苫好草帘子、棉被，等到买不到菜时再吃。

第六节　北京土语，独特韵味

北京的土语方言源远流长，早在两千年前的汉代《方言》一书里，就有"燕之外郊……凡言置立者，谓之树，植"的记载，直到今天，北京话仍然把"置立"称为"竖"或"直"。

北京话里的儿化音

京味儿北京话，儿化音比较多，一般都是在正字后面缀个"儿"音，这个"儿"音必须与前面的字连读，绝不能把"儿"字念重。比如：

花儿：花。例："您瞧这花儿多好看，咱们买点回去。"

今儿个：今天。明天叫明儿个，后天叫后儿个。例："今儿个吃炸酱面，明儿个吃烙饼，后儿个吃饺子。"

小孩儿：小孩。例："张家那小孩儿真胖。"

老爷们儿：男人。例："你瞧他哪儿像个老爷们儿。"

抠门儿：吝啬。例："才给十块钱，您可真够抠门儿的。"

颠儿：走。例："等你半天也没来，我就颠儿了。"

胡同儿：胡同，小巷。例："这儿人多，胡同儿里头说去。"

北京方言里的词汇

北京的方言，以会意或形象表示的为多。北京的大部分方言都有一定道理，而且越想越有滋味，这就是北京语言能流传下来的魅力所在。举例如下：

挑眼：吹毛求疵的意思。例："你瞧，大姑子又挑眼了。"

念秧儿：暗示。例："想跟我要点儿钱，一通儿跟我念秧儿。"

瞜：看，瞧，瞅。例："把你那件东西拿出来，让我瞜瞜。"

嚷：大声叫。例："有话好好说，你嚷什么。"

吹：说大话，吹牛。例："你们家老三又吹上了。"

聊：闲谈，聊天。例："你回家也没事，咱们多聊会儿子。"

逛：闲游。例："老二，在家待着干嘛，跟我逛庙会去。"

遛弯儿：随意走。例："几位先聊着，我出去遛个弯儿。"

钉着他：追着走。例："你们俩钉着他，别叫他跑了。"

俏式：美。例："你看人家打扮得多俏式。"

损：刻薄。例："我说你这人，说话可太损啦。"

底根儿：初起。例："你要问这件事情，还得从底根儿说起。"

压根儿：根本。例："要说这门亲事，人家姑娘压根儿就不答应。"

脑袋：头。例："说了半天也不明白，你脑袋里头灌浆子啦。"

嗓子：喉咙。例："他一回家就说嗓子疼，我让他吃了点药。"

逗闷子：寻开心。例："你瞎说什么，少跟我逗闷子。"

北京话的语调

北京话的语调很有讲究，同是一个词汇，由于说话时候的语调不同，表现出的意思完全相反。比如有句话叫"您歇着吧"，如果语气平和，一定是句关心人的好话。"天晚了，您歇着吧，我们不打搅了"，多文明。但有时候在使用时，在说"歇"的时候把语音抬高，再拉个长音，意思就全变了："您歇着吧。管那么多事干吗，累不累啊。"

还有个常用字"得"，用在不同的地方，意思也不一样。回家吃饭，问饭做好了没有，说"饭得了吗"是询问。见人争论，走过来劝架，"得了，得了，都少说两句吧"是劝止。人家没留神，把东西摔碎了，"得，满完"，其音促，又变成了惋惜的意思。

诙谐啰唆的老北京话

地道的北京话说起来比较诙谐又有些啰唆。有个捡钱包的小品，小伙子在北京丢了钱包，遇到老大爷捡着了，只三言两语，老大爷就把钱包还给他了，显示出北京人的直爽。但是剧情并未结束，老大爷还了钱包，没完没了地劝告小伙子，从丢钱包说到对世界的影响，这也是北京人的特点。侯宝林先生有段相声叫《戏曲与方言》，将老北京话的诙谐啰唆表现得淋漓尽致：

甲　地道的北京话说起来啰唆，什么名词、副词、代名词、感叹词用得大多！

乙　那您举一个例子，啰唆的北京土话怎么说？

甲　比如说，哥儿俩，住在一个院里，一个在东房住，一个在西房住，夜间都睡觉啦，忽然那屋房门一响，这屋发觉啦，两个人一问一答，本来这点儿事讲几个字就能解决，要用北京土话能说得啰里啰唆一大堆！

乙　那怎么说？

甲　那屋房门一响，这屋发觉啦。“哟嗬！”

乙　“哟嗬？”

甲　啊！先来感叹词。

乙　好嘛。

甲　“哟嗬！那屋‘咣当’一下子，黑更半夜，这是谁出来啦？一声不言语，怪吓人的！”

乙　嗬！这一大套。

甲　回答得更啰唆啦：“啊，是我您呐，哥哥，您还没歇着呐？我出来撒泡尿。没外人，您歇您的吧，甭害怕您呐。”

乙　这是比那个啰唆。

甲　这位还关照他呐：“黑更半夜的穿上点儿衣裳，要不然冻着可不是闹着玩儿的，明儿一发烧就得感冒喽。”

乙　嗬！

甲　“不要紧的哥哥，我这儿披着衣裳呐，撒完尿我赶紧就回去，您歇着您的吧，有什么话咱们明儿再说吧您呐。”

乙　这够多少字啦？

甲　三百多字。要用精练的北京话说这个事，把它分成四句话，只用十六个字。

乙　一句话用四个字？

甲　哎。

乙　您说说。

甲　那儿屋门一响，这儿发觉啦。“这是谁呀？”

乙　嗯，四个字。

甲　回答也四个字。“是我您呐。”“你干嘛去？”“我撒泡尿。”这多省事。

……

第五章

北京胡同的传承与保护

2019年2月，习近平总书记在前门地区调研中强调：一个城市的历史遗迹、文化古迹、人文底蕴，是城市生命的一部分。文化底蕴毁掉了，城市建得再新再好，也是缺乏生命力的。要把老城区改造提升同保护历史遗迹、保存历史文脉统一起来，既要改善人居环境，又要保护历史文化底蕴，让历史文化和现代生活融为一体。老北京的一个显著特色就是胡同，要注意保留胡同特色，让城市留住记忆，让人们记住乡愁。

“北京是世界著名古都，丰富的历史文化遗产是一张金名片，传承保护好这份宝贵的历史文化遗产是首都的职责。”近年来，习近平总书记在多个场合对北京历史文化遗产保护作出指示。

第一节 北京老城的整体保护

北京城的保护，经历了文物保护、历史文化保护区的保护和历史文化名城保护三个历史阶段。1957年10月28日，北京市人民委员会发布《关于北京市第一批古建文物保护办法》，其中规定“古建文物禁止任何毁坏，修缮和建设工程须履行申报程序”。同时公布的北京市古建文物保护单位中，有故宫、颐和园、天坛、北海公园、周口店、长城、十三陵等39项。这是北京市第一项文物行政法规。从1961年3月4日至2019年10月17日，国务院分八批公布了全国重点文物保护单位，其中北京市有全国重点文物保护单位128项。1987年6月23日，北京市人大常委会颁布《北京市文物保护管理条例》，1997年10月16日对该条例进行了修改，增加了部分条款：“擅自拆除、改建、迁移文物建筑的，由文物行政管理机关责令恢复原状，对文物造成损坏的，责令赔偿损失。”“擅自变更文物建筑使用性质或者使用权的，由文物行政管理机关责令停止侵害行为，对因使用不当造成文物损坏的，责令赔偿损失。”北京市自1957年公布第一批北京市文物保护单位以来，已先后公布了八批共357项市级文物保护单位。

1982年，为保护那些曾经是古代政治、经济、文化中心或近代革命运动和重大历史事件发生地的重要城市及其文物古迹免受破坏，根据《中华人民共和国文物保护法》，对“保存文物特别丰富，具有重大历史文化价值和革命意义的城市”，国务院陆续批准北京、南京等城市为国家级历史文化名城。曾几何时，在大规模的城市建设浪潮中，历史文化名城的建设与保护面临着诸多新课题。一些城市在所谓的“旧城改造”“危房改造”中，丝毫不重视城市历史，规划割断了历史文脉，成为“千城一面”的毫无特色的居住之地。“由急功近利、经济利益驱使的大拆大建的开发方式，致使一片片积淀丰富人文信息的历史街区被夷为平地，一座座具有地域文化特色的传统民居被无情摧毁，一处处文物保护单位被拆除和破坏的事件屡见不鲜。由于忽视对文化遗产的保护，造成这些城市文化空间的破坏、历史文脉的割裂，社区邻里的解体，最终导致城市记忆的消失。”

从1990年开始，北京市对老城大规模整体改造，提出和实施了开发建设带危改、市政建设带危改、修路工程带危改等危改拆迁建设项目。2002年2月，北京市人民政府批准了北京市规划委员会组织编制的《北京旧城25片历史文化保护区保护规划》。当人们还在期盼第二批、第三批以至更多人文景观列入保护范围时，推土机已经开进老城。保护线划到哪里，拆除线也划到了哪里，强大的开发项目甚至直指保护区内的胡同和四合院。

2005年1月，国务院批复《北京城市总体规划(2004年—2020年)》(以下简称《总体规划》)，规定北京将停止大拆大建，整体保护旧城，加强新城建设，逐步改变目前单中心的空间格局，疏解旧城的部分职能。可是，一段时期以来，一直存在一种错误认识，即认为保护区之外的胡同、四合院都可以拆除。在此种错误认识的驱使下，大拆大建在保护区之外持续上演，旧城遭受无法挽回的巨大损失。就在新规划出台前后，旧城内又有多处强度极大的房地产开发项目重新启动，城区还有一大批危改的“后备项目”，这些项目大多是2003年以前批准的，“一旦实现，北京的胡同、四合院就将被基本消灭得差不多了”。当年2月，北京古都风貌保护与危房改造专家顾问小组成员郑孝燮、吴良镛、谢辰生、罗哲文、傅熹年、李准、徐苹芳与两院院士周干峙联名提交意见书，建议采取果断措施，立即制止目前在旧城内正在或即将进行的成片拆除四合院的一切建设活动。意见书提出，对过去已经批准的危改项目或其他建设项目目前尚未实施的，一律暂停实施。要按照《总体规划》要求，重新经过专家论证，进行调整和安排。凡不宜再在旧城区内建设的项目，建议政府可采取用地联动、异地赔偿的办法解决，向新城区安排，以避免造成原投资者的经济损失。同年4月19日，北京市政府对旧城内131片危改项目作出调整，决定35片撤销立项，66片直接组织实施，30片组织论证后实施。大吉片区、菜市口西片区、棉花片区均在直接组织实施的项目名单之内。

被蚕食的所谓大吉片区，从辽南京城东垣即烂缦胡同附近，向东扩建到虎坊桥以西金中都城的东城墙左近，这一带东西向主干道明显比西部密集，在东西向主干道两侧还分布有南北向次干道，包括骡马市以南、南横街以北、米市胡同以东、粉房琉璃街以西，果子巷、潘家河沿、羊肉胡同、大吉巷等辽金留下的胡同，集街坊、胡同、城门、城墙和护城河于一体，对辽金民居生活的研究具有重要的历史价值。其中70余座会馆建筑，是“公车上书”的基地、全民“反对割让台湾”的历史见证。1894年，中国在中日甲午战争战败，《马关条约》内割让台湾及辽东、赔款二万万两白银的消息突然传至，在北京应试的举人群情激愤，台籍举人更是痛哭流涕。康、梁联合在京应试的十八省举子集会，吹响了维新运动的号角。保留宣南的胡同和会馆，具有重要的历史意义，但是宣南的拆迁依然如故。

2010年3月，北京市规划委员会向北京市政协文史委员会所作的《北京市历史文化名城保护工作情况汇报》中提到的，“旧城的整体环境持续恶化的局面还没有根本扭转，如对于旧城棋盘式道路网骨架和街巷、胡同格局的保护落实不够。据有关课题研究介绍，旧城胡同1949年有3250条，1990年有2257条，2003年只剩下1571条，而且还在不断减少。33片平房保护区内仅有600多条胡同，其他胡同尚未列入重点保护范围内”。据对相关材料的分析，2003—2005年，旧城之内的胡同数量已从1571条减至1353条。据北京市规划委员会、北京市城市规划设计研究院、北京建筑工程学院编著的《北京旧城胡同实录》（2008年出版）载：“通过整理2005年东城、西城、崇文、宣武各区拟建和在建项目，我们发现涉及的胡同有419条，其中保护区121条，协调区91条，其他区域207条。”“如按照保护区内必须保留，协调区内和其他区域保留这些较好胡同的原则统计，则协调区将有30条胡同不保，其他区域有132条胡同不保。这样，胡同数量实为

1191条，其中保护区616条，协调区79条，其他区域496条。”也就是说，还有162条胡同在2005年《总体规划》被国务院批复之后仍将被继续拆除。

新时期，北京的城市战略定位是政治中心、文化中心、对外交流中心和科技创新中心。作为文化中心，北京在城市建设中应妥善处理好发展和保护的关系，真正做到像爱惜自己的生命一样保护好城市历史文化遗产。新华社高级记者、北京市政协特邀委员、现为故宫博物院研究馆员的王军在《整体性保护北京旧城：挑战与机遇》一文中重申，北京旧城是统一规划建成的不可分割的整体，是东方城市的杰出代表。为落实整体保护的要求，必须改变北京市已公布的历史文化保护区不能覆盖整个旧城的状况，坚持2004年版总体规划确立的“扩大、整合旧城现有的历史文化保护区”“增加新的历史文化保护区”的原则，采取强有力措施，将旧城内未被划入保护区的历史地段，全部公布为历史文化保护区。

2017年，北京市规划和国土资源管理委员会发布的《北京城市总体规划（2016年—2035年）》文件中提出：保护老城原有棋盘式道路网骨架和街巷胡同格局，保护1000余条现存胡同及胡同名称。实施胡同微空间改善计划，提供更多可休憩、可交往、有文化内涵的公共空间，恢复具有老北京味的街巷胡同，发展街巷文化。保持老城传统色调，以大片青灰色房屋和浓荫绿树为基调，烘托金黄琉璃瓦的皇宫及绿、蓝琉璃瓦的王府、坛庙。

2018年9月，按照《北京城市总体规划（2016年—2035年）》要求，由北京市规划国土委组织编制的《北京街道更新治理城市设计导则》在北京市规划国土委网站公示。公示稿明确了首都街道的总体规划要求、核心设计要点、机制保障与专项治理等内容，将指导全市道路、胡同、街坊路等方面的规划设计和建设管控。公示稿衔接总规“一核一主一副、两轴多点一区”的城市空间结构，对首都功能核心区、中心城区、北京城市副中心、两轴地区、五个位于平原地区的新城和生态涵养区进行总体管控。在首都核心区，坚持保护优先，尊重并保持老城内的街巷胡同格局和空间尺度，原则上不再拓宽老城内现有街道。找回胡同氛围，设置多个步行街区，远期取消胡同停车，精细组织胡同空间，改善建筑风貌与环境，还原胡同历史氛围。这一系列举措，为整体性保护北京旧城创造了良好的条件。

第二节　北京市历史文化街区的保护

2019年2月，为了体现首都风范、强化古都风韵、展现时代风貌，《北京街道更新治理城市设计导则》（以下简称《导则》）公开征求意见，旨在从技术上规范北京历史文化街区在风貌保护与更新中的“宜”与“忌”，使街区在具体规划、设计及建设时有规可依、有章可循。《导则》的适用范围为北京市老城内的33片历史文化街区，包括南长街、北长街、什刹海、大栅栏、鲜鱼口等区域，总面积20.6平方公里，占老城总面积62.5平方公里的33%，占核心区92.5平方公里的22%。中心城区范围内其他需要成片保护的地区可参照执行。

时至今日，北京市正式公布的北京历史文化街区共43片，其中包括老城区历史文化街区33片。

一、皇城历史文化保护区

皇城历史文化保护区在明清老城皇城内，是我国现存唯一保存较好的封建皇城。它拥有我国现存唯一的、规模最大、保存最完整的皇家宫殿建筑群，是北京旧城传统中轴线的精华组成部分。明皇城从明永乐四年（1406）开始营建，永乐十八年（1420）与紫禁城同时落成。清代沿袭明制，在皇城的基本格局上并未做大的改变，只是对其中的主体建筑进行了多次维修和改建。皇城的规划范围东至东黄（皇）城根，南至东、西长安街，西至西黄（皇）城根、灵境胡同、府右街，北至平安大街。内含紫禁城、太庙（今劳动人民文化宫）、社稷坛（今中山公园）、北海、中南海及南北长街，西华门大街，南北池子，东华门大街，景山东街、西街、后街、前街，地安门内大街，文津街，五四大街，陟山门街等14片第一批历史文化保护区，规划占地面积约6.8平方公里。

明北京城的布局，把紫禁城设在中央，整个都城以紫禁城为中心左右对称，皇城前左（东）建太庙，右（西）建社稷坛，并在城外四面建立天、地、日、月四坛。明清北京城的中轴线，南起永定门，由南往北依次为前门箭楼、正阳门、中华门（明代称大明门）、天安门、端门、午门、紫禁城、神武门、景山、地安门、后门桥、鼓楼和钟楼，全长7.8公里。从这条中轴线的南端永定门起，左有天坛、右有先农坛，东便门、西便门、东华门、西华门、东直门、西直门等建筑以中轴线为中心对称分布。在城市布局艺术方面，重点突出，主次分明，运用了强调中轴线的手法，造成宏伟壮丽的景象。沿中轴线还布置了城阙、牌坊、华表、桥梁和各种形体不同的广场，辅以两边的殿堂，更加强了宫殿庄严气氛，显示了封建帝王皇权至上、无比崇高的权势。中国著名建筑大师梁思成先生曾经说："北京的独有的壮美秩序就由这条中轴线的建立而产生。"永定门、中华门、地安门在新中国成立后被拆毁，近年来重新修建了永定门城楼。

紫禁城位于北京城中心，东西宽753米，南北长961米，占地面积723600余平方米，周围环以10米高的城墙和52米宽的护城河，城墙四面各设城门一座：南名午门，北称玄武门（清改神武门），左右为东、西华门。紫禁城前半部以太和殿、中和殿、保和殿三大殿为中心，东西辅以文华、武英二殿，统称为"外朝"，是明、清两代皇帝办理政务、举行朝会及其他重要庆典的场所。三大殿建于高8.13米的3层汉白玉石台基上。其中太和殿面积2370平方米，高35米，重檐庑殿黄色琉璃瓦顶，是封建皇权的象征，皇帝登极、万寿、大婚、册立皇后等要在这里举行。保和殿顶为重檐歇山式，殿内沿袭宋、元"减柱造"法式，在清代是宴请王公、举行殿试等的地方。文华、武英两殿都是皇帝的别殿，是皇帝召见臣下和斋居之所。文华殿又是读书、授课的地方，武英殿又作为皇后生辰时大臣们的"命妇"在此进贺的场所。内廷是皇室居住、生活的场所，内廷的建筑以中轴线上的乾清宫、交泰殿、坤宁宫三宫为中心，这是皇帝和皇后的住所。在其东侧有东六宫及东房五所，西侧有西六宫和西房五所，供妃子和宫女们居住。天安门是皇城的南大门，明成祖取"承天启运""受命于天"之意，命名为"承天门"。清重建后易名"天安门"，取"受命于天”“安邦治民”之意。天安门高大雄伟，是一座重檐歇山顶门楼，高度为33.7米，东西面阔九间，进深五间，其体量和规格稍次于太和殿。历朝帝王登极、选纳皇后等重大庆典时，在此举行颁诏仪式。门前五座汉白玉桥横跨金水河上，以象征天汉银河。宫城内古建筑总面积约16万平方米，整组宫殿建筑布局谨严，严格按照封建礼制和择中而立学说设计与营造，映现出帝王至高无上的权威。

北京皇城历经明清两代六百年的雨雨风风，数十朝帝王建设经营。因其庞大的建设规模和高超的建筑技艺，成为中国唯一保存完好的封建皇城，也是全世界面积最大、保存最完好的皇家建筑群。为加强皇城的整体保护，落实《北京历史文化名城保护规划》，北京市人民政府批复了《北京皇城保护规划》。规划确定皇城是以皇家宫殿、坛庙建筑群、皇家园林为主体，以平房四合院民居为衬托的，具有浓厚的皇家传统文化特色的历史文化保护区。提出重塑皇城边界，特别是皇城的西、北边界，展示皇城墙的位置；强化中轴线沿线的绿色景观，沿景山前街、后街、西街、东街的一侧或两侧，结合环境整治规划一条连续的绿化带，保护南北长街、南北池子街道两侧的行道树木；加强皇城内文物保护单位的保护、修缮、腾退和合理利用，加快对皇城内文物保护单位利用不合理情况的调整和改善，首先改善大高玄殿、宣仁庙、京师大学堂、智珠寺、万寿兴隆寺等文物的环境；加强对有历史文化价值的建筑或院落的保护和修缮，先期选择2～6片有价值院落（真如镜胡同、张自忠故居、互助巷47号、会计司旧址、帘子库、北河等周边地区）比较集中的区域进行房屋修缮、腾退居民、拆除违章建筑、改善居住环境的试点，为普通民居的保护积累经验；对在皇城环境整治过程中发现的，经考证为真实的历史建筑物或遗存，必须妥善加以保护，并加以标示；采取措施分阶段拆除一些严重影响皇城整体空间景观的多、高层建筑；中期应重点整治主要道路两侧的多、高层建筑；结合住房产权制度的改革以及旧城外新区的土地开发，逐步向外疏解皇城内的人口，降低人口密度，使居住人口达到合理规模；加大拆除皇城内违法建设的力度，不在皇城内新建大型的商业、办公、医疗卫生、学校等公共建筑等一系列措施，为保护皇城创造良好条件。

二、内城历史文化保护区

内城历史文化保护区包括皇城西北部、北部、东部和东南部的什刹海、南北锣鼓巷、国子监、南北张自忠路、新太仓、东四三条至八条、东四南、东交民巷等10片历史文化保护区，以及皇城西部阜成门内大街、西四北头条至八条、南闹市口等3片历史文化保护区。

南锣鼓巷地区建于元代，虽经数百年变迁，仍保持着元代“鱼骨式”的胡同格局，在老北京城街坊的胡同系统中是最完整的。南锣鼓巷也是北京旧城典型的传统四合院地区。悠久的历史给这一地区留下了众多的质量较好的传统四合院、名宅古园、山石碑刻。现有市级文物保护单位5处、区级文物保护单位12处（包括清代皇后婉容故宅、茅盾故居、可园、恩园等），有价值的历史遗存20余处。北锣鼓巷地区位于东城区，南至鼓楼东大街，北至车辇店、净土胡同，东至安定门内大街，西至赵府街，总面积约为46公顷。该地区与什刹海、南锣鼓巷、国子监等3个历史文化保护区相邻，是保护旧城整体风貌和沿中轴线对称格局不可缺少的地段。

张自忠路北历史文化保护区，南至张自忠路，北至香饵胡同，东至东四北大街，西至交道口南大街，总面积约为42公顷。该街区有和敬公主府、段祺瑞执政府旧址、孙中山逝世纪念地等多处文物保护单位。张自忠路南历史文化保护区，南至钱粮胡同，北至张自忠路，东至东四北大街，西至美术馆后街，总面积约为42公顷。该区域处于皇城与东四三条至八条保护区之间，现有胡同格局完整，有马辉堂花园等文物保护单位。

东四南历史文化保护区，南至干面胡同，北至前炒面胡同，东至朝内南小街，西至东四南大街。总面积约为34.32公顷，人口52000多人、19000户，院落650多处、9600多间；主要胡同14条。该区域是以典型传统的四合院落为主的居住性成片街区，风貌与质量相当完好，是展示传统四合院的极佳场所。现有礼士胡同129号院，内务部街11号院，史家胡同51号、53号、55号四合院等文物保护单位。

新太仓保护区，南至东四十条，北至东直门内大街，东至东直门内南小街，西至东四北大街。属于北京旧城区内的一片以居住性质为主的混合性传统街区。区内有大菊胡同、新太仓一巷胡同、新太仓二巷胡同、东四十四条胡同、小菊胡同、北沟沿胡同、罗车胡同等胡同23条。总面积约为56.88公顷；人口31000多人、11000多户；院落1300多处、18000多间。该区域现有胡同格局完整，有梁启超旧居、当铺遗址等文物保护单位。

阜成门内大街形成于元代，一直是北京旧城西部进出城门的重要交通道路。阜成门内大街现全长1.4公里，文物古迹十分密集，平均不足300米就有一处。其中，在大街北侧有全国重点文物保护单位妙应寺白塔、历代帝王庙和市级文物保护单位广济寺、鲁迅故居等。

西四北头条至八条，是北京旧城最大的以四合院风貌保护为主要内容的历史文化保护区。该区北至平安大街，西邻赵登禹路，南到阜内大街，东接西四北大街，整个区域略呈直角梯形。共有东西向8条胡同，即西四北头条至八条。

南闹市口北靠复兴门内大街，东临宣武门内大街，南为宣武门西大街，西界闹市口大街，包括佟麟阁路及20多条胡同。东西向的新文化街，因明宣宗顺德公主驸马石景府第在此而名石驸马大街，1966年后更名新文化街。清光绪三十四年（1908）三月，御史黄瑞麟奏请设立京师女子师范学堂，清学部决定在石驸马大街斗公府旧址（前身是始建于1901年的笃志学堂）建筑校舍，今为鲁迅中学。现教育街1号，原系清代敬谨亲王府，清光绪三十一年（1905）清政府设学部在此，1911年后为民国教育部。宣武门西大街原是内城南城墙所在，城根以北为明、清时驯象所，故名象来街。清宣统二年（1910），在象房旧址建资政院，民国时扩建为参众两院，现位于佟麟阁路62号新华社院内。

三、外城历史文化保护区

外城是北京三千多年的建城和八百余年建都的肇始之地，包含法源寺、东琉璃厂、西琉璃厂、大栅栏地区、鲜鱼口地区等五片历史文化保护区。建于唐代的法源寺庄重肃穆、古朴幽雅、闻名中外。琉璃厂所代表的京城仕文化是北京三大传统文化之一，从清代起即堪称文化产业的“集聚区”，是驰名中外的文化品牌。以大栅栏和鲜鱼口老字号为代表的传统商业文化资源、以京剧为代表的戏曲文化资源，是老北京标志性商业文化街区之一。

法源寺历史文化保护区，南至南横西街，北至法源寺后街，东至菜市口大街，西至教子胡同，南北长374米，东西宽585米，规划总面积21.50公顷。该地街区是北京胡同的发祥地，自东向西排列着南半截胡同、烂缦胡同、七井胡同、西砖胡同，整体风貌保存较好，保留有大量历史遗存，是北京城三千多年建城史和八百余年建都史的见证。这一地区历史名人会集，会馆文化突出，宗教色彩浓郁，有谭嗣同与浏阳会馆、孙中山与粤东会馆、毛泽东与湖南会馆、鲁迅与绍兴会馆等，还有中国两大宗教最高学府——中国佛学院和中国伊斯兰教经学院坐落其中。法源寺、牛街清真寺这两座千年古寺近在咫尺，形成了得天独厚的宗教文化旅游资源，吸引了国内外信教群众和旅游观光者。保护区范围内的238个院落中，有区级以上文物保护单位5处，挂牌保护院落7处。二级以上挂牌保护古树7棵。

琉璃厂街位于和平门外，被南新华街分为东西两部分，分别称为琉璃厂东街和琉璃厂西街。因明代此处为制造五色琉璃瓦的窑厂而得名。清代乾隆年间，这一带逐渐形成以古董、书籍、字画、碑帖、南纸为主的市场。新中国成立后，琉璃厂街仍集中着许多书画、文具（古玩）店铺，其中荣宝斋等老店最为著名。琉璃厂厂甸还是北京春节传统活动地区之一。琉璃厂街在20世纪80年代初期进行了全面改建，但仍保留着传统建筑风貌和文化街的经营特色。

大栅栏是北京著名的传统商业街，建于明代永乐十八年（1420），至今已有600年历史。自清代以后，这条街的商业更加繁华，进而促进了娱乐业、服务业、旅馆业的发展，清末及民国以来，成为北京综合性的商业中心和金融中心。新中国成立后，大栅栏仍是北京最繁华最具传统特色的商业街，至今保留着瑞蚨祥绸布店、同仁堂药店、六必居酱园、内联升鞋店、步瀛斋鞋店、马聚源帽店、张一元茶庄等京城百年老字号。大栅栏附近的廊房二条、廊房三条、门框胡同、钱市胡同、劝业场等仍基本保持着原有街区胡同的空间特色，并有较多的历史遗存。大栅栏西街—铁树斜街、杨梅竹斜街—樱桃斜街等反映了从金中都、元大都到明清两代北京城变迁的部分历史痕迹。

鲜鱼口街位于前门大街东侧，隔前门大街与大栅栏街相对应。建于明代，清代始成规模，也是前门地区一条传统的商业街，至今仍有便宜坊烤鸭店、都一处烧卖店、兴华园浴池等多处老字号。鲜鱼口街往东的草厂三条至九条，是一个传统胡同和四合院区。该区的特点是：胡同为北京旧城中少见的南北走向；胡同密集，间隔仅约30米；四合院大门不是常见的南、北开门，而是东、西开门。鲜鱼口地区整个街区占地面积不大，但遗存的传统风貌甚浓。

《北京第三批3片历史文化保护区保护规划》还扩大了什刹海、国子监、皇城、北锣鼓巷4个历史文化保护区的范围。通过划定历史文化保护区保护和控制范围，并结合落实旧城文物保护单位规划，处于南北中轴线上的皇城、后三海、钟鼓楼地区以及前门外的大栅栏、天坛、先农坛等地区将连成一片，形成以传统中轴线为骨架的旧城历史文化精华地段核心保护区域，从而基本体现出北京旧城保护的整体格局与风貌特色。

第三节　为保留胡同特色所做的努力

2017年1月，为深入贯彻落实党的十八大和十八届三中、四中、五中、六中全会及中央城市工作会议精神，坚持以习近平总书记视察北京重要讲话精神为根本遵循，按照市委十一届十二次全会部署，2017年至2020年间，在全市范围内组织开展“疏解整治促提升”专项行动。核心区严整私自开墙打洞、占道经营，以疏解非首都功能、治理“大城市病”、优化提升首都核心功能为目标，恢复历史风貌，突出胡同特色。

一、疏解整治促提升

根据2017年1月公布的北京市政府工作报告，北京将坚决遏制新增违法建设，拆除违法建筑4000万平方米以上；集中开展直管公房违规转租转借和“商改住”清理整治，持续整治群租房和出租大院；严厉打击“开墙打洞”、占道经营、无证无照经营等行为。“开墙打洞”现象始于20世纪80年代末90年代初。有的四合院打开临街的后山墙，开起了小店；还有的破坏居民楼一层的承重墙，把居住用房改造成商铺。由于经济利益诱使，有的住户和租户甚至侵占街道，加盖二层、三层违法建筑，造成交通拥堵和安全隐患。

故宫被誉为世界五大宫之首，1961年被列为第一批全国重点文物保护单位，1987年被列为世界文化遗产。但从东华门走出故宫，在东华门大街道路两侧，临街几乎全是商铺，小餐馆、旅游纪念品店、食品店，加盖二层、三层违建比比皆是。所卖的东西也良莠不齐，以低端的居多，极少能体现古都北京特色。截至2017年5月中旬，东华门街道重点针对无证照、超范围、占道经营以及擅自改变房屋结构和使用性质的行为开展治理。封堵“开墙打洞”486处，拆除违法建设64处。曾经的开墙破洞点位，已经砌上灰砖，和原有墙体连成一片。下一步将按照明清皇城风格对故宫周边景观进行设计规划改造，恢复该地区的皇城特色。

西城区长安街以南，包括新文化街、闹市口中街、宣武门西大街、太平湖东里等地区及周边胡同，位于明清内城，拥有诸多历史文化遗产。但多年来，在这个古朴宁静的胡同内，私自搭建违建、“开墙打洞”经营等现象很严重，环境脏乱、交通拥挤。胡同内不少临街民宅被随意拆改，两侧密集分布着门脸房，大多面积仅有十几平方米。由于不少“开墙”行为没有经过规划，对墙体结构造成了破坏，存在严重的安全隐患。2017年2月，北京西城区金融街街道在新文化街启动封堵“开墙打洞”行动，76户沿街门脸得到整治。经过整治，整条街道将统一规划和修缮，恢复历史风貌，配以灰墙灰瓦红门，突出老北京的胡同特色。

天坛位于北京南二环北侧，是北京传统中轴线的一部分，始建于明永乐四年（1406），完工于永乐十八年（1420），历时14年之久。初名天地坛，配有日月、星辰、云雨、风雷四从坛，当时天地日月等一起祭祀。到了明嘉靖九年（1530），才对诸神分郊祭祀，在安定门外建方泽坛（地坛），在朝阳门外建朝日坛（日坛），在阜成门外建夕月坛（月坛），在天地坛（今祈年殿，又名祈谷坛）南端建圜丘坛（天坛）。天坛有内、外两重围墙，围墙北部均为半圆形，南部为方形，象征“天圆地方”。天坛的内坛主要建筑分为南、北两部分，北部的主要建筑有祈谷坛，上建有大祀殿，嘉靖二十四年（1545）经改修后，称为大享殿。天坛南部，以圜丘坛为中心，包括皇穹宇、神厨等附属建筑的一组建筑群，是皇帝每年冬至这天祭天的场所。1961年，国务院公布天坛为全国重点文物保护单位。1998年被联合国教科文组织确认为世界文化遗产。

但是，民国年间，天坛经历了军阀争战、日军占领，遭受到严重的破坏，许多建筑倾塌，古树凋零。解放军围城时，国民党守军困守北平，竟扒毁天坛的南坛墙，拆毁明代石牌坊，伐除古松柏千余株，造成了天坛历史上一场空前的浩劫。20世纪60年代，为修建地铁1号线，天坛周围原本规划为绿地的一些空地，在半年时间内相继盖起了18栋简易楼，专门安置地铁建设者及其家属。随着时间的推移，越来越多的单位开始将简易楼建在天坛周围。到20世纪70年代，天坛外围东侧、西侧、南侧的三个方向已被65栋简易楼团团包围。唐山大地震后，居民搭建的地震棚翻建成违章住房。有的居民将违建房改成街边杂货铺、小饭馆甚至是出租房，杂乱无章的违建把天坛古老的坛墙遮挡得严严实实。当年的简易楼也变成房屋开裂、窗户变形、各种设施老化、存在安全隐患的“危楼”。

据天坛公园的一项统计显示，外坛约72公顷土地被外单位和居民楼占用，占整个外坛面积一半之多。致使环绕天坛一周的外坛墙“缺东少南”。根据申遗承诺，天坛保护区不得兴建新建筑，必须按规划逐渐拆除坛域内非古代建筑，并恢复为绿地，最终达到世界遗产“完整性”要求。按照北京市的城市规划，作为中轴线南二环边上重要的历史建筑之一，天坛周边通过人口疏解和环境整治，让古老的坛墙展露它亮丽的真容。2011年，东城区恢复中轴线上标志性建筑，启动南中轴申遗，钟鼓楼、天坛周边整体外迁。到2018年8月底，天坛腾退房屋面积累计达8700多平方米。随着北京最大规模天坛简易楼腾退项目，居民陆续迁入新建小区，位于内外坛墙之间的天坛医院将迁至丰台花乡地区的新址，北京口腔医院也将迁至天坛医院新址附近。腾退后，天坛启动泰元门修缮工作，内坛将恢复古代皇家祭坛规制，展现其完整格局。

特别值得称道的是，在治理“开墙打洞”期间，三里河绿化景观正式亮相，这是北京城区近年来重新挖通河道、恢复古都历史风貌的尝试。三里河位于珠市口东大街北侧，因距正阳门三里而得名。明正统四年（1439），为排泄内城南濠积水，开凿三里河减水河。这条减水河的凿成，导致附近街巷胡同呈现斜街形状。从明朝到清中叶，三里河从前门护城河由西北往东南流过，当初河面很宽，可以行船，在此河湾处建有汉白玉的三里河桥，成为三里河与西侧小市街的分界。1953年修路时曾经挖出此桥，又原地埋在地下。恢复的三里河绿化景观北起西打磨厂街，东至长巷二条、正义路南沿，总长约900米。

三里河景观工程启动后，拆除164处违建，疏解河道范围内480户居民，展现了胡同、院落与三里河“水穿街巷”“庭院人家”的美好意境，率先成为前门东区的生态环境范本。按照政府的整体规划，这个地区还完成了草厂14条胡同市政提升工作，进一步改善公共环境，提升原住民的居住和生活品质。

二、不再成片“推倒重来”

“十三五”期间，东城区首次确定了历史街区整体修缮更新指标体系，完成南锣鼓巷、东四三至八条、鲜鱼口等六片“历史文化精华区”的保护修缮等重点项目；西城区将完成大栅栏核心区域“珠粮街区”（即珠宝市街、粮食店街）、廊房二条、门框胡同、施家胡同等胡同整体风貌保护，恢复吉祥戏院、广和戏楼、中和戏院等老戏园，在钱市胡同建成银钱业博物馆，在谭鑫培故居建成京剧文化博物馆。

位于北京前门地区的月亮湾绿地可谓京味儿十足，月亮湾是前门大街的起始地，当年前三门护城河从正阳门（即前门）下流过，因正阳门瓮城形如扇面，护城河流经这里时恰似一轮弯月而得名。自明成祖迁都北京以来，前门大街就是皇帝去天坛、先农坛祭祀的必经御道。明清间，在大街两侧陆续形成鲜鱼市、肉市、草市、猪市、粮食市、珠宝市等许多专业集市。附近胡同内随之出现许多工匠作坊、货栈、车马店、旅店、会馆以及庆乐、三庆等戏园，成为京中著名商业街。20世纪60年代后，护城河被埋在地下成为暗河，原先的河道被填平成马路。新建成的月亮湾绿地在正阳门西南，西侧即西后河沿和西河沿街。现在，象征当年护城河的弯弯水流，环绕着交通银行旧址、盐业银行旧址，水流两侧种植着花草，映衬着内联升、同仁堂、戴月轩等老字号的灰色浮雕，在体现大栅栏深厚历史文化底蕴的同时，为市民提供了一处近万平方米的休闲场地。

珠宝市街西，有一条长40米、宽1.5米的死胡同，名钱市胡同。胡同的最窄处仅40厘米，为北京最窄的胡同。清《朝市丛载》记载：“银钱市，在前门外珠宝市中间路西小胡同。”清代，钱市胡同是炉行最集中的地段。历史上，我国使用银锭和制钱作为现金支付工具。制钱以文为单位，法定一千文为一串，合银一两。但在实际流通中，银钱比价时有波动。“炉行”即官府批准熔铸银锭的作坊，或将大块银两剪成碎银，或用坩埚熔化散碎银两铸成大小元宝。最早官方批准这里有“大通银号”“万丰银号”等十八家炉房，俗称“十八案”。当时北京全城的钱庄、粮栈及各行各业较大的商号，每天早晨都要到钱市参加交易将银两换成制钱，或将制钱换成银两，于是钱市就变成了当时的重要金融市场。民国建立之后，炉行失去了政府授予的特许经营权，加之币制改革，对贵重金属熔铸的市场需求萎缩，致使钱市无市，炉行萧条，才改建成银号铺房，称钱市胡同。以后胡同两侧的银号不断向外扩建，侵吞公共通道，遂成北京最窄的胡同。这里是中国现存最早，也是最完整的金融交易市场。钱市胡同是西城区级保护单位，与珠宝市街、粮食店街等腾退后将恢复原貌，重现清朝小银号群，同时建为“银钱业博物馆”。

粮食店街在珠宝市街南，因曾为粮食交易市场，清时称粮食夹道，后改称粮食店，1965年改称今名。街内有火德真君庙，早废。街北口路西是著名的老字号六必居酱菜园，建于明嘉靖九年（1530）。“六必”原指售卖“开门七件事”中的六件，除了茶叶不经营外，柴米油盐酱醋这六样生活必需品都卖，故名“六必居”。它所经营的甜酱黑菜、甜酱八宝瓜、甜酱黄瓜、甜酱甘露等十二种传统产品，色泽鲜亮，酱味浓郁，脆嫩清香，咸甜适度，成为北京人居家饮膳必备之物。据说，六必居的酱菜曾贡奉宫廷御用，慈禧太后还专门发给黄马褂、腰牌，以为入宫便利。六必居曾被更名为“北京宣武酱菜门市部”。1972年，日本田中首相访华，向周总理打听北京的六必居。第二天，周总理指示“把六必居的老匾挂出来”，从此旧匾重悬，恢复了数百年的老字号。

中和戏园在六必居南侧，始建于清道光年间（1821—1850），旧称“中和园”。著名京剧演员梅兰芳、马连良、程砚秋、尚小云、李万春、吴素秋、姜铁麟等常在此演出。1949年改名中和戏院。戏曲团体多以中和戏院为演出场所。1951年新戏曲研究会成立，会址设在中和戏院。1957年10月13日，北京市京剧工作者联谊会为配合传统剧目开放，组织了一场老艺术家联合演出《战宛城》。侯喜瑞的曹操，孙毓坤的张绣，筱翠花的邹氏恢复踩跷绝活儿，杨鸣庆饰典韦，詹世辅饰胡车。那天名角齐聚，待到激动的时候，不只鼓掌喝彩，还有人站了起来，弄得后排的观众只能站在椅子上伸着脖子看。当戏将结束，张绣追杀曹操，许褚救曹上马时，侯喜瑞先生扮的曹操先用韵白“本当逃命”，接着突然改念京白“可是我又舍不得我的师弟筱翠花”，引得台下掌声、笑声响成一片。这次演出轰动京城，一批买不到票的戏迷在中和戏院前要求加票，主办单位只好决定在16日加演一场才算满足广大戏迷愿望，可见好戏的魅力有多大。

施家胡同位于前门大街西侧，呈东西走向，长279米，宽3米。明称施家胡同，因施姓巨商在胡同北开设银号并居此而名。历史上，施家胡同以众多银号和钱庄著名，有“北京最早金融街”的美誉。胡同内保留有传统四合院，旧时店堂、门脸、门雕，日欧式尖顶小楼。清中期起，施家胡同逐渐发展成以银钱和旅店业为主的商业街。清末民初，与西河沿、钱市胡同并列为北京最集中的金融区，胡同内汇聚有众多私家银号和江浙、山西、山东、潮州等地巨商。1914年后，相继开设浙江兴业银行北京分行、东陆银行北京分行、华北银行、华孚银行北京分行等，1949年前均关闭。新中国成立后，施家胡同的私家银号合营，银号遂成人民银行的宿舍。施家胡同4号，为三义镖局旧址，始建于清朝同治年间，至今建筑格局未变，现为较有特色的一家三星级四合院酒店。21号为三聚源银号旧址，曾经沦为一个大杂院，2018年进行保护和利用改造后，为社区居民所用，并打造成煤东示范区社区共建平台“大家客厅”。

粮食店街73至77号为国营第十旅馆，约建于20世纪，距今已有百年的历史。整栋建筑坐西朝东，砖木结构，两层，面阔7间，平面呈“日”字形。据说这里原来是镖局，后为“通新客栈”，1949年后改为旅馆。现在已对这座清末的老客栈保护修缮。建筑立面是青砖清水墙，腰檐上有小垂花头雕饰。正中大门，门头之上，老招牌被清理干净，“通新客栈”四个大字阴刻石上。大门两侧，方窗依次排开，窗边线脚略作雕饰，门前的台阶也剔除掉了后来砌上的水泥砖头，露出了最早的长条方砖，步入楼中，透亮的天井、朱红的柱子、宽敞的庭院，一如其始建的样子。不再搞成片“推倒重来”的危房改造和四合院改造，才能留住京味儿和乡愁。

大栅栏地区中部的百花园，前身为人称大棚的天陶市场。由于市场扰民、垃圾成堆、污水横流，居民举报不断。西城区政府按照全市疏解非首都功能和环境综合整治的要求，拆除了原有市场，新设便民菜店，在樱桃胡同建起500米半径的百花园，让居民享受到宁静的绿色生活。新亮相的街心花园，建在京剧文化聚集的百顺社区，紧邻晋阳饭庄、纪晓岚故居以及2016年落成的京剧发祥地地标石广场。清乾隆五十五年（1790）“四大徽班”陆续进京，三庆班曾设在韩家潭，后迁到百顺胡同，1900年梅兰芳也迁至此地居住过。四喜班在陕西巷。谭鑫培住在大外廊营1号，他的后人谭小培、谭富英、谭元寿、谭孝增都出生在这里。1931年，张伯驹、梅兰芳等在虎坊桥纪晓岚故居内成立“北京国剧学会”，后又成为“富连成”京剧科班社址，使得这一地区成为京剧的发祥地，具有深厚的历史文化价值。这种注重将景观打造与文化传承相结合的做法，充满了北京千年古都的历史文化气息，也为市民提供了一个休闲娱乐的好去处，值得借鉴和推广。

三、小规模、渐进式保护模式

在街区胡同保护中，除了一直提倡的整体改造模式外，小规模、渐进式、微循环保护模式正日益受到越来越多的关注，成为街巷胡同保护的主要探讨模式。以法国、日本、英国等国家的历史街区保护经验来说，比较重视保护与更新的均衡关系，重视可持续发展，重视“以人为本”，采取渐进式方式有机更新历史文化街区。目前国内许多历史街区也采用了循序渐进的更新发展模式，如“三坊七巷”“宽窄巷子”等历史文化保护区。与“大拆大建”的大规模改造方式相比较，小规模、渐进式、微循环保护更新方式在改造的目的、改造的主体、资金筹措、改造的方式等方面有着较大的区别。这种方式有利于保护历史文化环境，有利于居民对改造的积极参与，有利于减轻改造带给政府的经济负担，化解和减少社会矛盾。

2010年，市发改委选取杨梅竹斜街保护修缮试点项目，在文物保护区建设运作模式、业态调整、后期发展等方面都进行了有益尝试和积极探索。杨梅竹斜街在大栅栏西，东连煤市街，西通樱桃斜街和东琉璃厂，是大栅栏商业街与琉璃厂东街的贯通线，也是整个大栅栏及东琉璃厂文物保护区的核心区域，属于历史风貌控制区。杨梅竹斜街试点项目通过社区共建，将民生改善与人口疏解相结合，将历史文化保护与城市有机更新相结合，遵循“系统思考，整体规划、划小单位、分步实施、动态调整、统筹推进”的基本原则，以“小范围、渐进式、分片、分类推进”为实施策略，按照平等自愿、协议腾退的方式进行人口疏解和空间腾退，采取货币补偿及定向房安置的方式，人口疏解和房屋腾退走在全市旧城保护试点项目的前列，居民居住条件得到有效改善。值得称道的是，该地在开展腾退工作的同时，对杨梅竹斜街进行市政基础设施改造及道路建设工作。通过尊重现状胡同肌理、采用渐进式改造的模式，完成雨污水、燃气、架空线入地、违章拆除、牌匾规范等项目，切实解决旧城区居民的实际民生问题，在保持原汁原味特色的同时植入了新的活力。在新时代背景下，初步搭建了“居民自觉自愿、社会资源共同参与”的主动改造机制，共同探索并实践历史文化街区的可持续有机更新，实现共建共治共享的社区生态营造正在进行。正像有人说的那样，杨梅竹斜街能绕开前门大街和南锣鼓巷的弯路，最大原因在于没有人那么着急推倒一切。

特别要介绍的是东四南大街东侧的史家胡同，现已建成北京第一座胡同博物馆，成为北京老胡同又一处新景观。史家胡同博物馆的建立，成为小规模、渐进式、微循环保护北京的胡同更新方式的范例。史家胡同博物馆历时三年，两年的修旧如旧，一年的布展陈设，街道申请名城保护资金加以填充内容，其间诸多专家学者、保护人士参与其中，尤其社区居民起到了核心作用，他们的见解和心愿熔铸其中，陈西滢、凌叔华两位先生的家人故交贡献了特殊力量，终于成就了这座花园宅院里的小小社区博物馆。这个博物馆的特点在于：一是没有突出什么文物古玩，它凭着对往日的珍惜和对传统的尊重、对一砖一瓦的收集、对过往的执着，赢得了人们的心；二是将博物馆办成展示厅、会客厅和议事厅的质朴定位；三是它集中展示陈列了满满三个展厅的居民提供的老物件。多少老北京人站在这里久久无言，沉浸在对往日故人的怀念中，产生出亲切的感觉。博物馆成立后，这里也成为不少人来北京旅游的必逛之处，此外还有国内外的团体参观和文化交流，更多则是慕名而来的背包客，长假期间的人气更是引起了媒体的关注。这里对社区居民和公益人士敞开大门，几乎每天都有固定的社区文化活动，还定期举办老北京文化讲座、专题展览以及读书活动。胡同居民自发成了博物馆的志愿者，热心地给来往游客讲述发生在胡同的历史。

居民保护意识的提升和街道的重视，让人们看到了整体保护胡同风貌的希望。2014年9月，北京首个由居民、居委会以及热心胡同保护的专业人士发起的胡同保护社会组织——史家胡同风貌保护协会落户史家胡同博物馆。发起人中有居民、社区工作者、民间保护人士、专家学者、政府代表，他们将民生问题与胡同保护相结合，从一砖一瓦着手，开辟了一块胡同风貌保护的试验田。据了解，他们最初只想制定一个居民公约，让大家在胡同风貌保护上有一个君子协定，一种共同的遵守，但这远远不够。他们认识到，只有自下而上的共同努力，才能凝聚起力量。居民和来自博物馆界、文物界、规划界的专家学者联手，生于斯长于斯的当地居民最有发言权也最关键，成为保护胡同的核心力量。这协会虽小，却得到了东城区名城办、规划分局、旅游委、文保等部门的支持。朝阳门街道办事处的负责人介绍说，如何用好这些资源，首要的是明确路径，走基层治理同风貌保护相结合的路子。博物馆是第一个台阶，协会是第二个台阶，第三个台阶就是让整条胡同成为一个活的博物馆。这个博物馆不是展示死的文物或化石标本之处，而是老树新枝、有机延续，生动展现原态胡同文化之所。不单纯提风貌，还要有民生，不单纯提保护，还要促进治理，既传承文化，保护了风貌，又实现了宜居，推动了善治。

北京是一座具有三千多年历史的古城，胡同作为北京传统文化的发祥地，众多的胡同街巷同时串联起了众多的世界文化遗产、历史文化街区、文物保护单位、历史建筑等历史遗存。所以，保留胡同特色就成为保护北京旧城古都风貌、城市格局与传统文化中的一项重要因素。

期待经过“疏解整治促提升”，让更多的胡同居民参与其中，为擦亮北京金名片、构建北京“看得见历史、留得住乡愁”交出一份满意的答卷。

参考文献

[南朝梁]萧子显,《南齐书》,中华书局,2003年10月

[宋]陈元靓,《事林广记》,中华书局,1999年2月

[辽]行均,《龙龛手镜》,中华书局,1985年7月

[元]脱脱等,《辽史》,中华书局,1974年10月

[元]脱脱等,《金史》,中华书局,1975年7月

[元]熊梦祥,北京图书馆善本组辑,《析津志辑佚》,北京古籍出版社,1983年9月

[明]宋濂等,《元史》,中华书局,1976年4月

[明]张爵,《京师五城坊巷衚衕集》,北京古籍出版社,1982年1月

[明]徐霞客,《徐霞客游记》,上海古籍出版社,1980年11月

[明]沈榜,《宛署杂记》,北京古籍出版社,1980年11月

[明]刘若愚,《明宫史》,北京古籍出版社,1980年11月

[明]刘侗、于奕正,《帝京景物略》,北京古籍出版社,1980年10月

[清]朱一新,《京师坊巷志稿》,北京古籍出版社,1982年1月

[清]高士奇,《金鳌退食笔记》,北京古籍出版社,1980年1月

[清]于敏中等,《日下旧闻考》,北京古籍出版社,1981年10月

[清]周家楣等,《光绪顺天府志》,北京古籍出版社,1989年12月

[清]吴长元,《宸垣识略》,北京古籍出版社,1981年2月

[清]孙承泽,《天府广记》,北京古籍出版社,1982年1月
[清]震钧,《天咫偶闻》,北京古籍出版社,1982年9月
[清]励宗万,《京城古籍考》,北京古籍出版社,1981年10月
[清]阙名,《日下尊闻录》,北京古籍出版社,1981年10月
[清]徐珂,《清稗类钞》,中华书局,1986年7月
陈宗蕃,《燕都丛考》,北京古籍出版社,1991年10月
孙殿起,《琉璃厂小志》,北京古籍出版社,1982年9月
汪维辉,《朝鲜时代汉语教科书丛刊》,中华书局,2005年
《房山石经题记汇编》,书目文献出版社,1987年
侯仁之,《北京历史地图册》,北京出版社,1988年5月
侯仁之,《北京城市历史地理》,北京燕山出版社,2000年5月
尹钧科等,《古代北京城市管理》,同心出版社,2002年4月
尹钧科、孙冬虎,《北京地名研究》,北京燕山出版社,2009年3月
于杰、于光度,《金中都》,北京出版社,1989年9月
卢迎红,《金中都水关遗址考览》,北京燕山出版社,2001年4月
陈开俊等,《马可·波罗游记》,福建科学技术出版社,1982年4月
北京市规划局等,《北京旧城胡同现状与历史变迁调查研究》,2005年5月
北京市地方志编委会,《北京胡同志》,北京出版社,2007年4月
朱祖希,《营国匠意》,中华书局,2007年4月
赵其昌,《京华集》,文物出版社,2008年7月
北京市地名词典编纂委员会,《中华人民共和国地名词典·北京市卷》,商务印书馆,1991年4月
王彬,《实用北京街巷指南》,北京燕山出版社,1987年6月
吴廷燮等,《北京市志稿》,北京燕山出版社,1998年6月
徐苹芳,《明清北京城图》,中国地图出版社,1986年6月
曹子西,《北京历史纲要》,北京燕山出版社,1990年2月

北京正阳门管理处，《旧京史照》，北京出版社，1996年5月
马芷庠，《老北京旅行指南》，《北平旅行指南》重排本，北京燕山出版社，1997年7月
王岗，《北京专史集成》，人民出版社，2008年11月
［日］冈田玉山，《唐土名胜图会》，北京古籍出版社，1991年
北京市古建研究所，《加摹乾隆京城全图》，北京燕山出版社，1996年2月
白宝泉、白鹤群，《北京街巷胡同分类图志》，金城出版社，2006年1月
孙冬虎，《北京地名发展史》，北京燕山出版社，2010年11月
绥远通志馆，《绥远通志稿》，内蒙古人民出版社，2007年8月
舒了，《最美乡愁》，北京燕山出版社，2016年5月
朱祖希，《北京城——中国历代都城的最后结晶》，北京联合出版公司，2018年3月

后 记

本书是“北京文化书系·古都文化丛书”的《胡同——守望相助》卷。本卷从北京胡同的历史演进、胡同的“京味”特色、胡同的地理区域特征、胡同的人文气氛等内容，介绍北京胡同文化以及北京悠久城市文化的魅力。胡同是北京的一大特色，甚至可以说，“没有胡同，就不叫北京城”。街巷胡同依托城市，是宜居城市的细胞，是连接人与社会乃至北京城的血脉。宜居的环境、和睦相处、守望相助的邻里关系，敦厚而略带诙谐的北京人，在胡同里总是演绎着那些令人回味无穷、难以忘怀的人间故事。历史悠久的北京胡同构成了北京独具特色的“京味”氛围，成为北京生命印记的重要组成部分。

我生在北京，求学在北京，工作在北京，生活在北京，自幼和胡同里的小伙伴一起成长，和每个在北京胡同里生活过的人一样，都有一种难以割舍、深入骨髓的胡同情结。还记得在1980年的时候，北京市地名办公室主任王海岐先生找到我，约我参加《中华人民共和国地名词典·北京市卷》的考察和编辑工作，从此开启了我的北京胡同研究之路。先是各区县完成地名录，直到1991年《北京市卷》正式出版，断断续续进行了11年。《北京市卷》由侯仁之先生、林超先生担任顾问，我大学的系主任褚亚平先生担任主编，学友张成秋女士担任编审，王灿炽、卢云亭、尹钧科、罗保平、张惠岐等一大批卓有成就的学者也都参加进来，对这些良师益友的帮助我一直心存感激，至今不忘。

从2018年5月召开“北京文化书系·古都文化丛书”编纂启动

会，到《胡同——守望相助》完成和出版，得益于北京市委宣传部、北京市社会科学院的领导和专家所做的艰苦卓绝的工作。早在“古都文化丛书”编纂启动会前，他们就根据市推进全国文化中心建设领导小组工作安排，反复讨论、研究、制订出高标准并详尽可行的编纂方案，其间有计划地推进和指导。这些一直鞭策着我不断地努力以期精益求精。

我谨在此对北京市委宣传部、北京市社会科学院、北京出版集团，主编阎崇年研究员，北京市社科院党组书记王学勤院长、历史所刘仲华所长、吴建雍研究员、王岗研究员、孙冬虎研究员、王建伟研究员、高福美副研究员、科研处朱霞辉副处长，北京市文史研究馆馆员杨良志先生，北京出版集团有关专家学者的支持和帮助表示真诚的感谢。

感谢北京地理学会副理事长朱祖希先生为本书作序。朱祖希先生是侯仁之先生的弟子，对北京城的研究颇有建树，有多部大作获奖。我们兴趣相投，他研究北京城，我研究北京的胡同，在一起可讨论的话题很多。当然，更多的是我向他请教和学习。这次他破例为本书写序，阐述了“没有胡同，就不叫北京城”的深层次的文化含义，为本书增色不少。最后，我对北京出版集团编辑所做的大量工作致以敬意。书中参考资料，恕不能一一开列作者和书目，在此一并致谢。

王　越

2019年7月25日